天津《红楼梦》与古典文学论丛

赵建忠 ◎ 主编

荣辱毁誉之间
——纵谈俞平伯与《红楼梦》

孙玉蓉 ◎ 著

RONGRU HUIYU ZHIJIAN
ZONGTAN YU PINGBO YU
HONGLOUMENG

知识产权出版社
全国百佳图书出版单位
北京

图书在版编目（CIP）数据

荣辱毁誉之间：纵谈俞平伯与《红楼梦》/孙玉蓉著．—北京：知识产权出版社，2019.12

（天津《红楼梦》与古典文学论丛／赵建忠主编）

ISBN 978-7-5130-6574-0

Ⅰ.①荣… Ⅱ.①孙… Ⅲ.①俞平伯—人物研究 Ⅳ.①K825.6

中国版本图书馆 CIP 数据核字（2019）第 251056 号

内容提要

俞平伯是我国"五四"以来的著名诗人、散文家、红学家、古典诗词曲研究专家。本书主要讲述俞平伯先生研究《红楼梦》的学术历程，包括俞平伯的学术经历、俞平伯与友朋的交往、俞平伯《红楼梦》研究年谱三个篇章，全面系统梳理了俞平伯先生对《红楼梦》的研究历程，并展现了他与同时代友朋之间的深厚友谊。

责任编辑：卢媛媛　　　　　　　　　　　责任印制：刘译文

天津《红楼梦》与古典文学论丛　赵建忠　主编

荣辱毁誉之间——纵谈俞平伯与《红楼梦》

孙玉蓉　著

出版发行：	知识产权出版社有限责任公司	网　址：	http://www.ipph.cn
电　话：	010-82004826		http://www.laichushu.com
社　址：	北京市海淀区气象路 50 号院	邮　编：	100081
责编电话：	010-82000860 转 8597	责编邮箱：	luyuanyuan@cnipr.com
发行电话：	010-82000860 转 8101	发行传真：	010-82000893/82005070/82000270
印　刷：	北京中献拓方科技发展有限公司	经　销：	各大网上书店、新华书店及相关专业书店
开　本：	880mm×1230mm　1/32	印　张：	10.25
版　次：	2019 年 12 月第 1 版	印　次：	2019 年 12 月第 1 次印刷
字　数：	262 千字	定　价：	52.00 元

ISBN 978-7-5130-6574-0

出版权专有　侵权必究

如有印装质量问题，本社负责调换。

津沽红学研究概述
——《天津〈红楼梦〉与古典文学论丛》导言

"津沽红学"系指出生于或籍贯为天津以及长期在津工作的学者作出的学界公认的红学成果。早在新中国成立之初,周汝昌先生就出版了红学代表作《红楼梦新证》,奠定了其全国红学大家的地位。老一辈中取得重要红学成果的还有:出生在天津并且曾经在这座城市学习、生活过的杨宪益先生及其英籍夫人戴乃迭女士共同完成的《红楼梦》英文全译本,得到了红学界和翻译界的广泛肯定,他们的译作在忠实原著的基础上,文学性和创造性都很突出;出生在天津的美籍华人学者余英时的文章《近代红学的发展与红学革命》,由于涉及百年红学发展历程的很多问题,在红学界产生了巨大反响,围绕此文论点中对索隐、考证、批评等红学主要流派的争鸣思想交锋激烈,至今余波未息;长期在南开大学任教的加拿大籍华人学人叶嘉莹先生,写过《从王国维〈红楼梦评论〉之得失谈到〈红楼梦〉之文学成就及贾宝玉之感情心态》的长篇论文,系统地评析了王国维红学的得失,这是一篇很有分量的红学力作;"脂学"是红学的重要分支,毕生致力于中国古代小说文献整理的南开大学朱一玄老教授,红学资料整理方面的成果就包括《红楼梦脂评校录》。

由天津红学家与古典文学教授共同策划完成的《天津〈红楼梦〉与古典文学论丛》(以下简称"论丛")即将由北京的知识产权出版社郑重推出,这不仅是天津红学及学术圈的大事,也是值得进入天津文化史的事件！出版前夕，出版社审稿人和论丛撰稿人希望我写一篇"导言"性质的文字置于卷首，以便向广大读者介绍这套书的基本内容和特色，作为本论丛主编，于公于私都是义不容辞的。《天津〈红楼梦〉与古典文学论丛》收录的文章以红学为主，兼及明清小说及古典文学，本论丛集中收录了改革开放后天津学人取得的重要学术成果。下面按照出版社编排次序重点介绍本论丛收录的相关红学论述：

宁宗一教授《走进心灵深处的〈红楼梦〉》分为上、中、下三篇，上篇为小说研究总论性质，中篇为经典文本赏析，下篇专谈天才伟构《红楼梦》。其中，《心灵的绝唱：〈红楼梦〉论痕》，开宗明义强调"读者面对小说中人生的乖戾和悖论，承受着由人及己的震动。这种心灵的战栗和震动，无疑是《红楼梦》所追求的最佳效应"。《追寻心灵文本——解读〈红楼梦〉的一种策略》具体指出"《红楼梦》心灵文本的追寻，使这部旷世杰作的多义性成了它艺术文化内涵的常态，而对《红楼梦》任何单一的解读都成了它艺术内涵的非常态。事实上，对《红楼梦》心灵文本的追寻，极大地调动了读者思考的积极性。每一位读者都有可能根据自己的生活经验和审美体验，思考《红楼梦》文本提出的问题并且得出完全属于自己的结论"。面对《红楼梦》"死活读不下去"的尴尬与困窘，作者仍提出应努力进入心灵世界去解读曹雪芹这部文学经典，为读者构建一条心灵通道。本书结尾篇《为新时代天津〈红楼梦〉研究进言》，系作者在京津冀红学研讨会上所提三点建议，即：第一，珍重、维护和强化《红楼梦》研究共同体，使《红楼梦》研究群体得以健康发展；第二，"红学"永远在进行时，为此，反思旧模式，挑战新模式是必然的前进过程；第三，为了拓展《红楼梦》的研究空间，我们亟须创造性思维。此文最后仍满怀深情地呼唤"曹雪芹以他的心灵智慧创造了他的小说，我们同样需要智慧的心灵去解读《红楼梦》"，足见与作者倡导的回归"心灵文本"一脉相承。

陈洪教授《红楼内外看稗田》收《由"林下"进入文本深处——〈红楼梦〉的"互文"解读》篇，该文结合《世说新语·贤媛》《晋书·列女传》记载，尝试对《红楼梦》的深层内涵进行探索。作者通过互文研究的方法，找到孳乳《红楼梦》的文化/文学的渊源。与此相联系，运用"互文"的思路，在《红楼"碍语"说"木石"》篇中对小说成书背景等方面的研究也有新收获。作者指出，"《红楼梦》中的'只念木石''偏说木石'，是和历代文士歌咏的'木石'有着文化血脉的联系，显示出作者在价值取向上的自我放逐，同时又是和当时统治者标榜的主流话语'非木石'构成特殊的互文关系，曲折地流露出作者倔强地'唱反调'情绪"。"碍语"者何？该文认为"木石"系其首选，并引述瑶华对爱新觉罗·永忠《因墨香得观〈红楼梦〉小说吊雪芹三绝句》诗批注"此三章诗极妙。第《红楼梦》非传世小说，余闻之久矣！而终不欲一见，恐其中有碍语也"为证，可备一说。而《〈红楼梦〉中癞僧跛道的文化血脉》一篇，也是把目光向文化传统的深层透视，认为"癞"与"跛"承载了讽世、批判的思想内涵。至于《〈红楼梦〉脂评中"囫囵语"说的理论意义》篇，则是站在中国古代小说批评发展史的角度去论证，按脂砚斋批语云"宝玉之语全作囫囵意……只合如此写方是宝玉"，而在贾宝玉囫囵难解的话语中，最有代表性，与全书主题密切相关的，莫过于"水、泥论"，印证这观点的，正是所收《〈红楼梦〉"水、泥论"探源》。

《畸轩谭红》系赵建忠教授红学论文选，分四个专题。（1）红学新史迹。近年来作者一直致力于红学史方面的探索，并获批2013年度国家项目"红学流派批评史论"，有些思考形成了文章发表，如《红学史模式转型与建构的学术意义》等。（2）红学新观点。如作者提出的《红楼梦》作者问题的"家族累积说"以及《曹雪芹家世研究存在的观点争鸣及当代新进展》《〈红楼梦〉后四十回的不同观点论争及新进展》等,介绍了改革开放以来较重要的红学争鸣。(3)红学新文献。本专题侧重收录了一组与《红楼梦》续书新文献相关文章,如《新发现的程伟元佚诗及相关红学史料考辨》《红学史上首部续书〈后红楼梦〉作者考辨》《〈红楼梦〉续书的最新统计、类型分梳及创作缘起》等。(4)红学新视角。如收入本专题的《"非经典阅读理论"在〈红楼梦〉续书研究中的尝试》,系作者为《红楼梦学刊》编审张云在中华书局出版的《谁能炼石补苍天:清代红楼梦续书研究》专著的书评。还有《大观园"原型"探索及〈红楼梦〉研究中的两种思路》,是作者对大观园问题研究、思考的产物。《〈红楼梦〉小说艺术的现当代继承问题》一篇,系作者为女作家计文君《谁是继承人:红楼梦小说艺术现当代继承问题研究》写的书评,意在借助于《红楼梦》经典在传播中的呈现特别是对后世作家的影响,以逆向的方式显现《红楼梦》的文学意义和真实内容。另外,为方便读者明了红学发展史的轮廓概貌、脉络流变,书末附了"曹雪芹与《红楼梦》研究史事系年(1630—2018)"。

鲁德才教授《〈红楼梦〉——说书体小说向小说化小说转型》,专门收录有"红学篇",其中《〈红楼梦〉读法》特别强调,第一回至五回是《红楼梦》总纲,读者尤其应该仔细品味,并具体指出"第一回开篇作者就明确向读者提示小说的创作意旨,不否认和作家的经历有关,可又特别强调将真事隐去,'假语村言(贾雨村言),敷演故事',别把小说看成是作者的自传";"第二回,积极入世的贾雨村充当林黛玉教习,不过是为日后由他护送林黛玉至荣国府做引线。而冷子兴向贾雨村演说荣、宁二府,则概括介绍了荣、宁二府的发展历史及主要代表人物的性格特征";"第三回,由于小说家将宝、黛设置为表兄妹关系……这样,林黛玉进入荣国府同贾宝玉会合,透过林黛玉的视点介绍荣国府";"第四回,贾雨村借贾政题奏,复职应天府……为小说中的人物提供了社会背景。贾家由盛而衰的历程,也影响了人物发展的轨迹,可能是小说家要表现的一种意旨,但不是主要主题。贾雨村为讨好薛家而徇情枉法的错判,却又把薛宝钗推进贾府,这样,宝、黛、钗拧在一起,展开了木石前盟与金玉良缘的矛盾冲突";"第五回,小说家虚构贾宝玉神游太虚境,看金陵十二钗正副册,听唱红楼梦曲子预示了贾宝玉与众裙钗的悲剧命运。红楼幻梦仍是小说的主色调,甚或是作家认识世界的主要视点"。此外,同专题文章还包括《传统文化心理与〈红楼梦〉的典型观念》《〈红楼梦〉打破传统写法了吗?》《贾宝玉的理想人格与庄禅精神》等,也颇给人启发。

《〈红楼梦〉论说及其他》系滕云先生所著,除外篇部分收录的评论明清小说《三国演义》《水浒传》《儒林外史》及当时的评点家李卓吾、金圣叹外,内篇全部讨论红学方面内容,如《也谈贾宝玉的鄙弃功名利禄》《曹雪芹典型观初探——〈红楼梦〉人物性格刻画的艺术成就》《〈红楼梦〉人物形象的客观性》《〈红楼梦〉文学语言论》等。值得注意的是,《抽丝剥茧说脂批》一文系统地表述了作者的学术见解,如认为脂批不具备李卓吾、金圣叹、毛氏父子、张竹坡之批所显示的各自的世界观、历史观、政治观、哲学观、文学观、小说观,尤其是社会现实观的大理识。脂砚斋不懂得曹雪芹何以发愤、何所发愤、所发何愤作《红楼梦》……尽管脂砚斋作为评点名家成色不足,但脂砚斋毕竟做出了具有历史性的、属于他的大贡献:第一,脂评本有传承并开来的贡献。请注意笔者说的是脂评本而非脂评的贡献。脂评本是曹雪芹创作《红楼梦》未完成就已经以手抄本形式流传于世的众多抄本之一……第二,由于脂评本原藏带雪芹自评注,或混入小说正文,或被裹入脂批混同脂批,遂使在《红楼梦》文本之外,雪芹思想的另一种载体,记录雪芹初创《红楼梦》时措笔情形和想法的另一种亲笔,获得保存,这也是脂评本贡献于中国文化史的特功……第三,脂批提供了有关雪芹生平的若干信息……第四，脂批提供了有关《红楼梦》八十回后情节的若干信息，包括贾家及一些人物的命运变迁、结局，包括若干关目，以及八十回后全书回数规模的信息。

《〈红楼梦〉与明清小说研究》系李厚基先生遗著，由其早年研究生林骅、郑祺整理完成。"明清小说研究部分"的文章有《〈聊斋志异〉刻画人物性格的几点特色》《浅谈〈聊斋志异〉的艺术心理节奏美》《〈三国演义〉的主题和它的认识作用》《试论〈三国演义〉的结构特色》等；红学部分主要包括《闪闪发光的思想性格 无法摆脱的悲剧命运——谈贾、林等为代表的恋爱婚姻悲剧》《漫话〈红楼梦〉的作者和读者——红楼艺苑掇琐之一》等。收入丛书中的《景不盈尺 游目无穷——从金钏儿事件看〈红楼梦〉艺术构思》，体现出作者的治学特色。文章透过金钏儿这个"小人物"，进入《红楼梦》的整体宏观艺术构思，诚如作者所论述的"从金钏儿事件来看，真是以小概大，咫尺千里。虽然景不盈尺，但令人游目无穷。一个情节包涵了多少丰富的内容：不仅清晰地写出了这个天真的少女惨遭残害，以此对封建社会提出强烈的抗议；通过这个事件也巡视了许多人物的思想性格，烛照了他们（她们）的灵魂；同时，从一旁有力地推进了全书的主要矛盾线索，用来揭示出恋爱婚姻悲剧的必然的社会原因，反映出这个行将崩溃的封建贵族家庭的真实的生活面貌。自然，还必须从整体来看，曹雪芹所创造的每一个情节、故事，每一个人物，既有独立存在的意义，又互相依存，和其他各个方面有千丝万缕的联系，如果脱离了整个作品，是难以理解它的作用和所居的地位的"，正所谓"景不盈尺 游目无穷"。作者毕业于北京大学，曾受教于中国红楼梦学会首任会长吴组缃教授，收入本丛书的文章就有《吴组缃先生教我们读〈红楼梦〉》。

《〈红楼梦〉与史传文学》系汪道伦先生遗著，宋健同志整理完成。红学部分主要由《人性发展的艺术画卷——试论〈红楼梦〉是怎样一部书》《〈红楼梦〉风格浅论》《无材补天 枉入红尘——〈红楼梦〉思想赘述》《中国传统文化中的情学与〈红楼梦〉》《中国封建伦理文化的解体与〈红楼梦〉女冠男亚的新座次》《〈红楼梦〉彼岸世界中的文化雏形》《〈红楼梦〉的真假两个世界》《〈红楼梦〉中的隐线脉络》《哲理与艺术的交融——〈红楼梦〉哲理内涵探微》《〈红楼梦〉"注彼而写此"的艺术手法管见》《〈红楼梦〉塑造形象中的人物相生法》《以虚出实 以幻出真——谈〈红楼梦〉中的虚幻手法》《〈红楼梦〉平中见奇的艺术》《以儿女常情谱写儿女真情——论林黛玉性格内涵》《〈红楼梦〉对曲艺的融会贯通》《〈红楼梦〉中的枢纽性人物——贾母》《试说"说不得"的贾宝玉》《美丑正反的辩证人物——王熙凤》《兼并立冠军之美而居殿军——秦可卿排位深思》等研究文章组成,文章侧重于《红楼梦》的艺术理论研讨,作者对古代史论、文论、诗论、画论和小说理论具有极为丰富的知识,且能融会贯通,左右逢源。此外,作者对中国古典小说与史传文学的关系问题也进行了探讨,收入本丛书的文章就包括《从踵事增华到虚实相生——中国古典小说与史传文学艺术渊源发微》《略其形迹 伸其神理——中国小说与史传文学艺术渊源探微》《文其言与文其人——谈经典与小说的渊源关系》《传奇事写奇人——谈经史与小说的渊源关系》《记言与写心——谈经史与小说的渊源关系》等。

孙玉蓉先生著《荣辱毁誉之间——纵谈俞平伯与〈红楼梦〉》,上编重点谈了俞平伯的学术经历及与友朋的交往,下编系俞平伯《红楼梦》研究年谱。作为"新红学"的开创者之一,俞平伯的《红楼梦辨》在红学史上具有不可替代的地位,但晚年对自己曾主张的"自传说"进行了反省,指出"自传之说,明引书文,或失题旨,成绩局于材料,遂或以赝鼎滥竽,斯足惜也",进而认为,"虚构原不必排斥实在,如所谓'亲睹亲闻'者是。但这些素材已被统一于作者意图之下而化实为虚。故以虚为主,而实从之;以实为宾,而虚运之。此种分寸,必须掌握,若颠倒虚实,喧宾夺主,化灵活为板滞,变微婉以质直,又不几成黑漆断纹琴耶"。他还进一步指出自己早年对高鹗续补的《红楼梦》后四十回肯定得不够。在他生命的最后时刻,念念不忘的是对《红楼梦》后四十回的再研究,感到自己对高鹗保全《红楼梦》的功劳评价得还不够。俞平伯认为《红楼梦》续书的版本很多,唯有高鹗是成功的。不管怎么说,《红楼梦》现在是完整的,如果只有前八十回,它是否能有现在的影响都很难说。他为高鹗辩护说:续书中有败笔,不能求全责备。前八十回就没有败笔了吗?他要重新撰文评论后四十回的价值,给高鹗一个公正恰当评价,然而,晚年的俞平伯已力不从心。

《文学·文献·方法——"红学"路径及其他》,系由南开大学两位青年博士孙勇进、张昊苏合著。他俩的共同导师陈洪教授在"序"中谈及高足时说:"入选丛书的作者多为红学界的耆宿,八十高龄以上者超过半数。这显示了津门红学悠久而深厚的传统……不过,'江山代有才人出',诸多前辈奠定了坚实的基础,发展还要寄希望于后昆……勇进、昊苏的研究,对于方法与路径有较多的关注。二十年前,霍国玲姐弟活跃于京师时,勇进便著长文讨论文献材料使用的学术规则问题。黄一农'e考据'提出后,昊苏也就其价值与限度著文讨论。"具体而言,"勇进篇"主要包括《"索隐"辩证》《索隐派红学史概观》《一种奇特的阐释现象:析索隐派红学之成因》《无法走出的困境——析索隐派红学之阐释理路》《〈红楼梦〉与中国人生悲剧意识》《〈红楼梦〉对中国古代小说叙事艺术的全面继承与创新》《〈红楼梦〉的写实艺术与诗化风格》等;"昊苏篇"主要包括《〈红楼梦〉文本研究的初步反思》《经学·红学·学术范式:百年红学的经学化倾向及其学术史意义》《对胡适〈红楼梦〉研究的反思——兼论当代红学的范式转换》《红学与"e考据"的"二重奏"——读黄一农〈二重奏:红学与清史的对话〉》《〈红楼梦〉书名异称考》《"作践南华庄子"考：兼及〈红楼梦〉涉〈庄〉文本的学术意义》《畸笏叟批语丛考》等。

收入本丛书中的《红楼与中华名物谭》与前九种写作风格迥异，作者罗文华多年来致力于文物收藏和鉴赏，因而从屏风、如意、茶具、钱币这四种《红楼梦》中的重要名物为主题和角度切入就比较得心应手。作者充分挖掘和利用历史文献和实物资源，详征博引，不仅提示和解读了《红楼梦》中一些很有价值的文化问题，而且在更加广阔深厚的中华文化背景下证实了这些名物的重要意义和特殊作用。从解读《红楼梦》的角度看，作者写出了名物在标志人物身份、塑造人物性格、展示人物关系、推动情节发展等方面所发挥的特殊作用。作者还通过很多名物与《红楼梦》文字之间关系的解读，印证了《红楼梦》的写作年代。如名物中的如意，是中国特有的一种象征吉祥的民族传统器物，古代帝王、豪族、文士、僧人等都有执握如意之好，以此求得称心如意与平安祥和。尤其是清代中期，是中国封建文化和传统工艺集大成时期，也是如意发展的鼎盛时期。帝王们的推崇，更使如意的制作水平登峰造极，而最喜欢如意的人则非乾隆皇帝莫属，他不仅刻意搜集民间的精美如意，还令宫中造办处制作如意，而且大量接受地方官员进贡的如意。作者介绍了很多乾隆皇帝喜爱如意的史实，指出"《红楼梦》中，对贾府这个皇亲国戚之家，多有关于如意的描写，尤其是元妃对贾府最高人物贾母的赏赐，首选金、玉如意，这些情节完全符合乾隆皇帝重视如意的历史背景。"证明《红楼梦》写作于乾隆时期，有力地支持了曹雪芹对《红楼梦》的著作权。

这套丛书是对天津地区《红楼梦》与古典小说研究成果的一次集中检阅。丛书中的老、中、青三代学人的十部著作，基本代表了天津该领域学人研究的总体水平，反映出天津《红楼梦》与古典文学小说研究的发展历程及方向。某种意义上讲，这套丛书也折射出天津

《红楼梦》与古典文学小说研究史。需要说明的是，上述文字只是作为丛书主编的简单介绍以便导读，作品究竟如何，读者才是最权威的裁判。

赵建忠　己亥仲夏于聚红厅

目 录

上编一： 俞平伯的学术经历

文章惊宇内　道德著春秋——记俞平伯先生 …………………… 3
宠也红学　辱也红学——记红学家俞平伯的坎坷经历 ………… 18
治学终生　宠辱不惊——记俞平伯先生 ………………………… 32
俞平伯是一位爱国知识分子 ……………………………………… 35
俞平伯的室名 ……………………………………………………… 40
《红楼梦辨》的奇遇 ……………………………………………… 45
俞平伯夫妇手抄《红楼梦》 ……………………………………… 47
俞平伯夫妇的干校生活 …………………………………………… 50
记忆有时是靠不住的 ……………………………………………… 73
编选《俞平伯全集》得失谈 ……………………………………… 76
张冠李戴　劳而无功 ……………………………………………… 80
俞平伯纪念馆巡礼 ………………………………………………… 84
《儿女英雄传》与《红楼梦》 …………………………………… 87

上编二：俞平伯与友朋的交往

北大双才子　友谊贯终生——记俞平伯与傅斯年的交往 ………… 91
患难之中见真情——记俞平伯与王伯祥、顾颉刚的友谊………… 104
知音可遇　友谊长存——记陈寅恪与俞平伯 ………… 107
俞平伯与吴玉如的唱和诗 ………… 112
柳亚子与俞氏书札 ………… 114
俞平伯致知堂谈《红》书札考评 ………… 116
至诚的朋友——记何其芳与俞平伯的交往 ………… 123
一份不多见的友谊——纪念叶圣陶与俞平伯 ………… 131
叶圣陶、俞平伯悼念冯雪峰 ………… 146
书简中的友谊 ………… 147
"红学"结友谊　薪火再相传——记周策纵与俞平伯的交往 ………… 153
古道热肠的世纪老人——张中行先生 ………… 160
张贤亮与俞平伯 ………… 167
魏同贤与俞平伯的一段往事 ………… 170
冯其庸与俞平伯的交往 ………… 175

下编：俞平伯《红楼梦》研究年谱

俞平伯《红楼梦》研究年谱 ………… 185
逝世以后出版、发表的俞平伯红学论著 ………… 302
逝世以后出版的部分研究俞平伯论著及纪念活动 ………… 305
后　记 ………… 309

上编一：俞平伯的学术经历

文章惊宇内　道德著春秋
——记俞平伯先生

俞平伯是我国"五四"以来的著名诗人、散文家、红学家、古典诗词曲研究专家。他生于1900年1月8日，农历己亥年腊月初八，卒于1990年10月15日，农历庚午年八月廿七日，在坎坷中度过了91个春秋。可以说他是一位有卓越学术贡献的爱国知识分子，是20世纪的著名文学家。

俞平伯名铭衡，字平伯，小名僧宝，法名福庆，别名古槐居士。祖籍浙江德清，出生于苏州他曾祖父俞樾的老宅曲园乐知堂，并在曾祖父身边度过了童年。曾祖父俞樾是清代著名学者，父亲俞陛云是晚清探花、词人、文学家。俞平伯从小受到良好的教育，1915年考入北京大学文科国文门，在黄侃教授的指导下，开始研读周邦彦的《清真词》。后在新文学运动的影响下，开始创作并在《新青年》杂志上发表新诗和白话文。1918年年底，他与傅斯年、罗家伦等同学一起发起组织新潮社，创办《新潮》月刊，成为该社的主要成员，并成为《新潮》杂志的主要撰稿人。1919年，他亲身经历了"五四"运动的洗礼，这让他一生引为光荣和自豪。争取民主、追求科学，成为他终生的奋斗目标。

作为诗人，他于1917年已经开始写作旧体诗，次年春，受新文化运动的影响，开始尝试作新诗，成为新诗坛上一位最年轻的拓荒者。1918年5月，他的第一首新诗发表在《新青年》月刊上。1922年3月，他的第一部新诗集《冬夜》由上海亚东图书馆出版，成为新诗坛上继胡适的《尝试集》和郭沫若的《女神》之后的第三部新诗集。不久，他又结集出版了《西还》和《忆》两部新诗集，还与朱自清、周作人等八人结集出版了新诗合集《雪朝》。这些作品在新诗坛上都曾产生过影响。当时，周作人、康白情等都认为俞平伯是具有"诗的天分的人"，所以，俞平伯终生与诗结缘，都在他们的预料之中。但是，他们也从俞平伯的新诗中看出了他旧诗词功力的深厚。康白情说他的新诗旖旎缠绵，得力于词；朱自清说他能融旧诗的音节入白话，又能利用旧诗里的情境表现新意；但是，胡适认为有旧诗词的鬼影在新诗里，新诗的解放就不彻底。20世纪20年代末，由于在大学讲授古典诗词的需要，他不再写作新诗了。从那时到辞世，六十余年间他写作的旧体诗和词就有一千余首。"文革"运动初期，在"牛棚"接受改造时，中午，他常用三把木椅拼起来，躺在窗下午休，靠冬日的阳光取暖。就在这种状况下，他还写下了纪实小诗："未辨饔飧（音yong sun，指早餐和晚餐——笔者注）一饱同，黄绵袄子（指冬日——笔者注）暖烘烘，并三椅卧南窗下，偶得朦胧半忽功。"他的豁达、乐观、随遇而安，都从这首小诗中体现出来。1966年前，他将自己的旧体诗手稿编成《古槐书屋诗》八卷，未及出版，便被抄家焚毁。三十余年诗情诗思的结晶，眼瞅着化为灰烬，让人怎么能不心痛呢！从此，他再不想出诗集了，虽然诗仍照旧写，但是，不再保存了。1980年，香港书谱出版社为他影印出版了《古槐书屋词》二卷本，仅收词七十三首。随后，笔者协助他搜集旧作，编辑出版了《俞平伯旧体诗钞》，收入作品二百余首。俞平伯自己称它为劫后余灰，可见与他原来的《古槐书屋诗》八卷手稿相差甚远。俞平伯原已同意接着编"续集"，后因出版困难，作罢了。晚年，他没有忘记叮嘱笔者，如果在他身后搜集出版他的佚诗，不要称为《俞平伯旧体诗钞续集》，因为旧体诗的格律要求十分严格。他为他的佚诗拟名《零篇诗草》，即诗的草稿，这样有不完备的地方，读者就可以谅解了。从这件小事也可以看出他严谨、认真的态度是一以贯之的。

俞平伯在尝试写作新诗的同时，也开始从理论上探讨新诗的发展途径。他先后写作发表了《白话诗的三大条件》《社会上对于新诗的各种心理观》《做诗的一点经验》《从经验上所得做"诗"的教训》《诗底自由和普遍》《诗底进化的还原论》等一系列论诗的文章。他认为艺术本来是平民的，应该努力创造平民化的诗，他断言将来社会进步了，好的诗应都是平民的；凡以平民的生活做题材的诗，都应为平民所了解。他说歌谣便是原始的诗，经过几千年的变迁，诗与歌谣成了文野划然的两物。其实，若按文学的质素看，它们的不同只在形貌。他主张诗的"还淳返朴"，他要为歌谣争一席之地。他说："我们应当竭我们所有底力，去破坏特殊阶级的艺术而建设全人类的艺术。"他对"诗的解放"的理解，比他的老师周作人更全面、更彻底。当时，他的北大同学、诗友康白情就说："平民的诗是理想，是主义，而诗是贵族的，却是事实，是真理。"朱自清在总结新诗坛初期状况时，说，那时"另一个理想是平民化，当时只俞平伯氏坚持，他'要恢复诗的共和国'；康白情氏和周启明氏都说诗是贵族的。诗到底怕是贵族的"。就在他的诗友和师长都认为"诗是贵族的"情况下，他仍坚持自己的观点和主张，实在难能可贵。他早年的新诗观点，今天看来，仍有其进步意义和借鉴作用。

20世纪70年代末，他在比较多地写作旧体诗和词的同时，又产生了探讨用白话写旧体诗的兴趣。他拟订了六条改革旧体诗的方法，即多用白话句法；少用词藻；不用典，极熟易知者酌用；情思清楚健康，不居革命之名，而有更新之实；不忌重字，避重韵（异义者不计）；笺而不注，凡述本事皆笺，不用密码则注自少。注若过多，便有喧宾夺主之弊，不能眉清目朗。他说，自古就有以白话入诗者，从唐代杜甫就开了一条通向白话的新路。宋代诗词、南北曲、弹词唱本、民歌等，这些创作，在当时虽不曾标榜、宣传为新诗，事实上走的是新的道路。到了元曲，诗歌和戏剧相通，就更向白话方面发展了。对于用典,他说:"拿来表现意思,在恰当的时候,最为经济,最为得力,而且最为醒豁。有时明明是自己想出来的话,说出来不知怎的,活像人家说过的一样;也有时完全袭用,只换一两个字,或竟一字不易,古为我用,反而会像自己的话语。"这就要细细体会用典的趣味和需要。此后,他自己写诗和词,就努力实践自己的构想,力避"好幻思缛采"之病,尽量让诗词能够上口易懂。他不喜欢因循守旧,虽已是八十岁的老人,思想仍能跟得上时代的步伐。

作为"五四"以来的散文家,俞平伯从1918年开始,积极响应新文学运动的号召,从读古典诗词、学习骈文,一下子转入尝试写作白话文。最初几年,以白话写论文、书信、序跋、札记为主。1923年8月,他与朱自清写作了同题散文《桨声灯影里的秦淮河》,两篇作品同时发表在1924年1月25日《东方杂志》"二十周年纪念号"上。这是俞平伯抒情散文的优秀代表作,也是中国现代散文史上的一篇佳作。数十年来,这篇作品一直被选入中学语文课本,成为中学生必读之作。此后,他陆续写作了《陶然亭的雪》《湖楼小撷》《西湖的六月十八夜》《杭州城站》《清河坊》《眠月》《雪晚归船》《月下老人祠下》等许多抒情散文。连同其他散文作品,他先后结集出版了《剑鞘》(与叶圣陶合集)、《杂拌儿》《杂拌儿之二》《燕知草》《燕郊集》《古槐梦遇》等散文集。1936年以后的散文作品因为多种原因,未再结集。20世纪80年代,除江西人民出版社重印出版了《杂拌儿》和《杂拌儿之二》,上海书店影印出版了《燕知草》外,京、津、沪等地又分别出版了《俞平伯序跋集》《俞平伯散文》和《俞平伯散文选集》等。20世纪90年代,可以说是出版俞平伯作品的高峰期。这期间仅散文作品就出版了《俞平伯书信集》《俞平伯周颖南通信集》《俞平伯家书》《俞平伯日记选》《俞平伯散文杂论编》《俞平伯美文精粹》《俞平伯作品精选》《俞平伯名作欣赏》等近二十部集子。改革开放的二十年中,俞平伯的散文作品在文坛上重新受到关注。从俞平伯散文作品的出版情况,也可以看出俞平伯人生道路的沉浮。1997年,花山文艺出版社还出版了十卷本《俞平伯全集》。虽然20世纪90年代出版的这些书,俞平伯自己已经看不到了,但是,他身后的辉煌,已经显示出社会对他的认可,人民对他的欢迎,读者对他的喜爱,文坛对他的敬重。这也是对俞平伯人生价值的最佳肯定和褒扬。俞平伯地下有知,也可稍稍自慰了。

俞平伯很有文学天才,他在风华正茂的大学时代,就已经成为文学创作的多面手。可是,在当时"科学救国"思想的影响下,他也决定出国留学深造。1920年年初,他赴英国留学,拟学经济专业,不久,因客观上的经费不足和主观上的想家心切,他便急急忙忙地返回了祖国。1922年夏,他作为浙江省视学,又被派赴美国留学,拟学心理学专业。当时,他的好友顾颉刚极力反对他出国留学,不赞成他搞学术研究工作,希望他能发展自己的文学天赋。顾颉刚在1922年3月23日致俞平伯的信中说:"我以为你大可不必留学。我以为你只要率性而行,做文学家的生活,不必做学问工夫。文学家不懂得学问,原无可羞;文学家因为弄学问而思想受了学问的限制,不能一任天机,乃大可悲。"顾颉刚劝俞平伯:"不必得了学问的资格去处世,正可充量发展你的文学天才。"顾颉刚建议他:这次出国,带了夫人同去游历,可以多添一些诗料。钱快用光了,夫妇俩就回国来。顾颉刚的话确实是肺腑之言,充满了预见性,无奈俞平伯也有自己的主见,他是不容易被别人的观点所左右的。结果,这次出国又与第一次一样,7月8日出发,9月下旬到达美国纽约,11月19日已经回到了杭州的家中。来去匆匆,终以失败告终。

就在顾颉刚写信劝他不要出国留学,不要做学问的工夫之后,他仍然按照自己的兴趣,用出国前的三个月时间,完成了红学研究专著《红楼梦辨》的写作任务。在这部书稿写完一半的时候,他曾带着手稿去苏州看望顾颉刚,于是,发生了半部书稿失而复得的经历。那一天，顾颉刚邀请王伯祥、叶圣陶和俞平伯同游石湖。然后，大家一起乘马车送俞平伯去火车站，回杭州。俞平伯生怕弄丢了稿件，所以，他不把手稿放在手提箱里，而是把它放在自己的身边。然而，马车颠簸，手稿还是在不知不觉中被颠下了马车，丢在了路上。俞平伯发现后，急出一身冷汗。顾颉刚当机立断，命马车倒回去，沿途寻找。王伯祥更是机智，专门对准迎面来的人的手里看，终于远远地看见一个乡下人手里拿着报纸包着的东西。王伯祥走上前去询问，打开报纸包一看，果然是俞平伯的手稿。大家的惊喜可想而知。俞平伯抱着失而复得的手稿说："倘使我这稿子真的丢了，这件事我一定不做了。"然而，事实是手稿又找回来了，这不仅坚定了他搞《红楼梦》研究工作的信心，而且使他一生与《红楼梦》结缘。

1923年4月，《红楼梦辨》由上海亚东图书馆出版。该书出版后不久，他就发现了书中的错误，如以"《红楼梦》为作者的自叙传"这一观点，就"不曾确定自叙传与自叙传的文学的区别"。他认为，这"无异不分析历史与历史的小说的界线"。于是，他写了《修正〈红楼梦辨〉的一个楔子》和《〈红楼梦辨〉的修正》两篇文章发表，他只"希望过失不致因愈改削而愈多"，其他别无所求。此后，他本着严谨的治学态度，不断地修正自己的观点，不断地补充新的见解，但是，他的所有努力，仍然未能避免1954年在全国范围内对他的红学思想的批判。

耿直的俞平伯对这场突如其来的批判，很长时间都不能理解，直到1967年5月27日在《人民日报》上看到毛泽东主席1954年10月16日《关于红楼梦研究问题的信》之后，这才如梦初醒。20世纪80年代，他的表弟许宝骙又与他谈起了当年丢失《红楼梦辨》手稿的往事，俞平伯说："稿子失而复得，有似塞翁故事，信乎'一饮一啄莫非前定'也。垂老话旧，情味弥永；而前尘如梦，迹之愈觉迷糊，又不禁为之黯然矣！"他在写给友人的信中也说："早年曾将《红楼梦辨》的原稿遗失，……如稿不找回来，亦即无可批判也。"一方面，他相信事有前定，不可强求；另一方面，他又幻想稿子真的丢失，就不会遭到批判，命运或许会好一些。可见1954年的批判对俞平伯心灵上的伤害太深了，他无论如何不能释怀。

1986年1月20日，中国社会科学院文学研究所举行了"庆贺俞平伯从事学术活动六十五周年纪念会"，胡绳院长在会上庄严宣布为俞平伯1954年的遭遇彻底平反。俞平伯期盼了三十余年的河清之日，终于出现了。他的亲属、学生、朋友和同事，无不为之高兴，而坐在主席台上的俞平伯却表现得十分平静，好像什么事情也未曾发生过，又好像所发生的一切都与他无关。他经历的磨难太多了，宠辱对于他来说已经无所谓了。此时，他唯一思念的是已经仙逝四年，曾经跟着他担惊受怕，"文革"中为着他挨批挨斗，遭受人格侮辱，后又以古稀高龄陪他下放农村干校的夫人许宝驯，他深感对不起夫人。那一天，他来参加平反大会时，他的手上意外地戴上了结婚戒指，那是七十年前夫人送给他的结婚纪念物，见到戒指就如同见到了夫人，他要让夫人和他一起听到平反的消息，和他一起分享这难得的欣喜。

1986年11月，俞平伯应邀赴香港讲学。沉默了三十余年后，他重新走上讲台，谈《红楼梦》研究，这在香港引起了很大的轰动。香港中文大学的教授集体来拜访；中国作家协会香港会员集体宴请；新华社驻香港分社社长招宴；记者争先恐后地采访他，各报刊纷纷邀请他题字。作为一位有建树的老知识分子，俞平伯没想到在香港竟使他感受到了全社会的尊重，他感到了从未有过的心情舒畅和一身轻松。

晚年，俞平伯对《红楼梦》的研究显得比较超脱。首先，他对早年所主张的"自传说"进行了反省，承认自己"深中其毒，又屡发为文章，推波助澜，迷误后人。这是我生平的悲愧之一"。他回忆清末民初，"索隐派"蔡元培和"考证派"胡适"平分秋色，各具门庭，考证之视索隐，本属后来居上，及大量脂批出笼，自传之说更风靡一时"。他指出：索隐、自传虽然门庭迥别，论证抵牾，但是，他们都把《红楼梦》当作历史资料看待。他认为"考证之学原是共通的，出以审慎，不蔓不支，非无益者"。如将《红楼梦》的后四十回从一百二十回中分出去，即为考证的成果。考证与自传说并无必然的联系，考证之功不掩自传之累。他把"索隐派"与自传说详加比较后，认为"索隐派"的猜谜，即使猜不着也无大碍，聊发一笑而已。"只自传之说，明引书文，或失题旨，成绩局于材料，遂或以赝鼎滥竽，斯足惜也"。

其次，他明确提出《红楼梦》毕竟是小说，应该多从文学和哲学方面加以研究和探讨。他说：《红楼梦》究竟好到什么程度，不从小说的角度去理解它，是说不到点子上的。而小说往往是虚构的，"虚构原不必排斥实在，如所谓'亲睹亲闻'者是。但这些素材已被统一于作者意图之下而化实为虚。故以虚为主，而实从之；以实为宾，而虚运之。此种分寸，必须掌握，若颠倒虚实，喧宾夺主，化灵活为板滞，变微婉以质直，又不几成黑漆断纹琴耶"。

最后，他认为自己对高鹗续补的《红楼梦》后四十回肯定得还不够。在他生命的最后时刻，他念念不忘的是对《红楼梦》后四十回的再研究，他感到自己对高鹗保全《红楼梦》的功劳评价得还不够。他说《红楼梦》续书的版本很多，唯有高鹗是成功的。不管怎么说，《红楼梦》现在是完整的，如果只有前八十回，它是否能有现在的影响都很难说。他为高鹗辩护说："续书中有败笔，不能求全责备。前八十回就没有败笔了吗？"他要重新撰文评论后四十回的价值，给高鹗一个公正恰当的评价，然而，他已力不从心。

俞平伯从不承认自己是红学家，然而，他对《红楼梦》的研究又是如此执着，如此魂牵梦萦。他是带着《红楼梦》研究中的诸多遗憾走向天国的。

俞平伯搞古典诗词曲研究与他搞《红楼梦》研究一样，起步很早，成绩卓著。1983年，上海古籍出版社将他的《读诗札记》《读词偶得》《清真词释》以及散见于报刊上的论诗词曲的作品，结集为《论诗词曲杂著》出版。除《唐宋词选释》未被收入外，他对古典诗词曲的理解、欣赏、分析和研究，几乎都汇集在这本巨著中。

对于古典诗词曲的学习和欣赏，他主张以诵读为主，反复吟诵，则真意自见。他说："古人做文章时，感情充沛，情感勃发故形之于声。作者当日由情思而声音，而文字；今天的读者要了解当时的作品，也只有遵循原来轨道，逆溯上去。"凭借吟哦背诵，借以了解、体会古人的心情。书读百遍，其意自见。他说他小时候背熟了的书，终生受益。他主张搞古典诗词研究的人，最好自己也写一写诗词，这样才能体会到其中的一些甘苦。

他不赞成依赖注释去理解和欣赏诗词。他认为注释虽然可以帮助或增进对诗词的了解，但是，它是有限度的。注释过多，其一难免有误，其二往往限制了读者的思维。所以，他主张篇章之意还要凭自己体会。一篇作品，其作者往往有本义与引申义之别。"本义者意在言中，引申者音寄弦外。读者宜先求本义而旁及其他"。毕竟"本旨重于引申"。再者，欣赏也允许见仁见智，不必强同。正因为彼此今昔联想不同，作品才有可能被流传下来。他告诉我们：锲而不舍和真积力久，是学习和欣赏古典诗词的捷径。

博闻强记是俞平伯从小养成的读书习惯。他一生博览群书，中国的书，外国的书；古典的书，当代的书；文学的书，历史的书，宗教哲学的书，无所不读。20世纪70年代，他又第三次通读了《资治通鉴》《天演论》以及林纾翻译的小说等。直到晚年病卧期间，他仍每日以书遮眼。知识渊博，融会贯通，由博返约，博中求精，这便是他学术论文的特点。又因为他本身就是诗人、昆曲爱好者，对写作诗词曲的甘苦深有体会，从感情上比较容易与古代诗人沟通。作为研究者，他又能够身处局外去欣赏和评价作品，所以，他对古典诗词曲的研究都有其独到的见解，这就很自然地形成了一家之言。

俞平伯对我国传统文化中的尊师重教思想十分推崇，他自己就是一位尊师的典范。如他与周作人之间有着近五十年的师生情，虽然抗日战争期间，周作人不听朋友们的劝告，走错了人生之路，但是，作为昔日传道授业解惑之师，俞平伯仍然尊敬他。

1917年，俞平伯在北京大学读书期间，就曾师从周作人。那时，周作人与胡适、刘半农共同担任北京大学文科研究所小说组的导师，俞平伯选择的恰恰是小说组的研究课题。周作人与胡适对俞平伯这个学生是很赏识的。俞平伯对周作人这个老师也做到了"一日为师，终身为父"，诚惶诚恐，感恩戴德。1919年，俞平伯从北京大学毕业后，直至1966年"文革"运动爆发前夕，他与周作人的书信往来或密或疏，始终没有间断过。1923年夏秋之间，他因在上海大学任教之需，曾请周作人帮助向鲁迅先生借阅小说史讲义。那时，周作人与鲁迅已经反目，但是，周作人仍然通过孙伏园为俞平伯借到了小说史讲义。1924年11月，《语丝》周刊创刊后，周作人曾写信向身居杭州的俞平伯组稿。20世纪二三十年代，是俞平伯与周作人交往最多的时期，自然，保存下来的书信也最丰富。那时，俞平伯曾将1924年8月至1932年2月，周作人的近两百封来信，先后装裱成十分精致的三大册页，精心保存。每册的首尾均有薄木板夹护，上面贴着自题签条"春在堂藏苦雨翁书札"。每册的卷末均有周作人的题跋。这批早年的珍贵书信因为保存在亲属家中，才幸免于"文革"劫难。

我们从俞平伯为周作人书信的题签中，可以看到两个不妥之处。首先，"春在堂"是俞平伯曾祖父俞樾的室名，且此屋在苏州曲园故居内，俞平伯此时已定居北京，怎么可以说是"春在堂藏"呢！退一步说，既然写了"春在堂藏"，那么，就不可以称"苦雨翁书札"，这分明是俞平伯的口吻。其实，俞平伯在北京也有自己的书房，曰

"古槐书屋",如果册页的题签写为"古槐书屋藏苦雨翁书札",就无可挑剔了。他之所以写成"春在堂藏",无非是表示对周作人的敬重和对其手书的珍爱。

俞平伯写给周作人的信,早期均称"岂明先生""岂明师";稍后一点,称"知堂先生""知堂师";落款一律称"学生""弟子"。就是在他留下的有限的一点20世纪30年代的日记中,凡记载走访周作人处,一律写作"谒苦雨斋",记载来往信札,均写作"得知堂师书""复上知堂笺"。从这些细小的地方,也足以看出他对周作人的尊敬是由衷的,发自肺腑的,也是无以复加的。

抗日战争爆发后,俞平伯因需要照顾年迈的双亲,未能随清华大学师生南迁,留在了沦陷区北平,闭门索居。周作人因为家累沉重,也没有离开北平,然而他在朋友们一片诚挚的劝告声中,却选择了不抗日的道路,以至后来"落水"当了汉奸。很明显,师生走的不是一条路。随着周作人任职的不断增多,他在外面的应酬也就更多了。俞平伯偶尔过访,也碰上过不遇和被拒之门外的时候,如1941年12月31日,岁末除日,俞平伯至苦雨斋造访,被看门人以主人"行将外出"为由,拒之门外;尽管俞平伯告诉看门人:不多耽搁,只见一面就走,看门人也没有一点通融之意。俞平伯只好怅怅而返。二十年来,俞平伯一直是苦雨斋的座上客,被看门人拒之门外,这还是第一次,俞平伯感到有些冷落。但是,在文字上,他仍表达得十分委婉,只说"容迟日再趋前也"。

抗战期间,俞平伯只在私立中国大学教很少的课,收入微薄,家庭生活十分艰难。他几次求周作人帮忙变卖家中的藏书、藏墨等,希望能卖个好价钱。有一次,他竟把家中珍藏多年的一部《四部丛刊》初编也卖掉了。就是这样,他也没有求周作人为他谋职,表现出了一位中国知识分子的民族气节。

抗日战争胜利后,周作人以汉奸罪被关入监狱,受到惩罚。按说，这是他罪有应得，谁能帮得了他呢！然而，明知人微言轻的俞平伯还是决定帮他一把。他先是给远在美国的胡适写信，谈在周作人初任伪职时，自己未能以"切直之谏言"劝阻其下水，深感愧疚。他说周作人"躬膺伪府显要"，毫无疑问是有罪的，但是，北京大学的图书仪器能够保存完好，没有受到损失，无疑也有周的功劳在。他请胡适向政府呼吁，对周作人做出公正的评判，"薄其罪责，使就炳烛之余光，遂其未竟之著译"。不久，他又与各大学教授沈兼士、董洗凡、顾随、陈雪屏、邓以蛰等十五人联名为周作人案呈文国民政府南京高等法院，以1943年在东京举行"大东亚文学者大会"上，日本文学报国会代表片冈铁兵对周作人指斥之语，说明周作人"在伪组织中言行有于敌寇不利"，且附呈《周作人服务伪组织之经过》一文，证明周作人"保护文化之举""确有实绩"，要求南京高等法院"依据实绩，减其罪戾，俾就炳烛之余光，完其未竟之著译"。这份呈文，最终还是起了作用，周作人得到了从轻判决，并于1949年1月被保释出狱。晚年，周作人仍居北京八道湾寓所，以著书、译书终其余生。

像俞平伯这样敢于为有罪之师仗义执言的，其实是不多见的。1954年秋，因为《红楼梦》研究的学术观点问题，俞平伯在没有任何思想准备的情况下，受到了来自四面八方的围攻，著名学者、教授、老同事们被迫所写的言过其实的批判文章，竟然结集出版了几大册。当时，又有几人敢为俞平伯这个清白学者仗义执言、伸张正义！冯雪峰在《文艺报》上说了几句公道话，就遭了大殃。像陈寅恪先生那样，能够保持缄默而不随声附和的，已经是最好的态度了。

"十年浩劫"初期，俞平伯住进了"牛棚"。在那泥菩萨过河自身难保的日子里，他竟然还有心情惦念他的老师周作人。一次，他向前来看他的学生吴小如悄悄打听周作人的消息。这种真挚的师生情是很值得珍惜的。韩愈说过：师不必贤于弟子，弟子不必不如师。但是师生的关系不会因此而改变。俞平伯对周作人终生以师相敬，从无半点怠慢，这同历次政治运动中出现的以揪斗老师为代价，来表明自己清白的人相比，俞平伯的人格不是更值得我们尊敬吗！

俞平伯的交友始终恪守着孔子教诲的益者三友：友直、友谅、友多闻。他与朱自清的友谊就是建立在这个基础之上的。

出于对新诗和白话散文共同的爱好和追求，1920年秋，到杭州第一师范学校任教的俞平伯与朱自清一见面，就成了无话不谈的好朋友。1925年，清华学校增设大学部，胡适推荐俞平伯去清华任教。俞平伯当时刚刚就任了燕京大学的教职，不便遽辞；而朱自清此时正希望到北京觅职，于是，俞平伯推荐朱自清到清华学校大学部任教。这在朱自清的人生道路中，是非常关键的一步，从此，朱自清终生服务于清华大学，成为具有组织领导才能的著名教授。

俞平伯与朱自清不仅有学问上的切磋，也有生活上的关照。朱自清有困难时，俞平伯没有不帮忙的。抗战前后，朱自清家里人口多，常常入不敷出。俞平伯虽然也不宽裕，但是仍借钱给朱自清。20世纪40年代初期，朱自清在西南联大时，夫人带着三个孩子在成都，另有几个孩子在家乡扬州，一家人分三处，生活十分拮据。俞平伯便在北平代他售卖藏书，并设法多得价，又将售书款按照朱自清的吩咐，按月寄至他在扬州的家中，以补生活之需。朱自清终生感激俞平伯，他在1941年作的《怀平伯北平》诗中就明白地写道："延誉凭君列上庠，古槐书屋久彷徉。""平生爱我君为最，不止津梁百一方。"

俞平伯帮朱自清做的事情，他从来没有张扬过。他终生牢记的，是朱自清对他由衷的批评和理解。1924年9月初，江浙战争爆发时，俞平伯曾作了《"义战"》一文，发表在同年9月14日上海出版的《文学》周报第139期。文章讨论了战与义的三种关连，第一说，义非战，战非义；即不承认有义战。第二说，战非义，应战则义。即为侵略而战非义，为保护而战则义。第三说，有正当理由的战是义，反之，非义。他认为这三种说法都有缺陷。他提出义战"是正当的战"，"是单纯的战争"，"是除战争直接所生影响以外，不发生其他残暴行为的"。然而，他自知他所谈的仍然是书生之见，少实行的可能的。

　　1924年9月17日，朱自清读了《"义战"》一文后，对作者的态度深感不满，他写道："前两日读《申报》时评及自由谈，总觉他们对于战事，好似外国人一般，偏有许多闲情逸致，说些不关痛痒的，或准幸灾乐祸的话，我深以为恨。昨阅平伯《"义战"》一文，不幸也有这种态度！他文中颇有掉弄文笔之处，将两边一笔抹杀。抹杀原不要紧，但说话何徐徐尔！他所立义与不义的标准，虽有可议，但亦非全无理由，而态度亦闲闲出之，遂觉说风凉话一般，毫不恳切，只增反感而已。我以为这种态度，亦缘各人秉性和环境，不可勉强；但同情之薄，则无待言。其故由于后天者尤多。因如平伯，幼娇养，罕接人事，自私之心遂有加无已，为人说话，自然就不切实了。我呢，年来牵于家累，也几有同感！所以'到民间去'，'到青年中去'，现在我们真是十分紧要！若是真不能如此，我想亦有一法，便是'沉默'。虽有这种态度，而不向人言论，不以笔属文，庶不致引起人的反感，或使人转灰其进取之心；这是无论如何，现在的我们所能做的。"

　　朱自清的这篇读后感写成后，就夹在了书中，渐渐忘却了。抗战期间，他把书寄存在俞平伯家中。抗战胜利前夕，因在西南联大教学所需，他又让俞平伯从中找出有用的书，交朋友带给他，这样，俞平伯才从朱自清的书堆中偶然看到了这篇作品，"词虽峻绝，而语长心重"，他感到很惭愧。他看到了朱自清"对自己，对朋友，对人间都是这般的严肃"，"他责备我和责备他自己一样认真"。朱自清病逝后，他慨叹："像这样的朋友更从哪儿去找呢！我以后恐永不复闻我的过失了。"

　　时隔二十余年,俞平伯看到朱自清这篇读后感时,人事沧桑都已经发生了很大变化,即使是朱自清自己对这篇旧作或许也已经有了新的认识,然而,俞平伯仍然把这篇作品抄录保存下来,后来又写入了怀念朱自清的文章中,以此纪念耿直、真诚而又见多识广的净友朱自清先生。

　　俞平伯是一位受中国传统文化影响甚深的正派而又有骨气的知识分子,他一生光明磊落,豁达大度。他靠真诚,靠学问,在学术界结交了许多朋友,如叶圣陶、王伯祥、顾颉刚、章元善、黄君坦、郑振铎、何其芳、许德珩等,很多朋友都有六七十年的老交情。半生的坎坷,没能改变他耿直的性格,他从未谄媚过领导,更未伤害过他人。对于经历了社会重大变迁和新中国成立后历次政治运动的老知识分子来说,能够做到俯仰无愧,是多么不容易呀!

(曾收入朝华出版社 2000 年 3 月版《学林往事》。收入本书时略有增补。)

宠也红学　辱也红学
——记红学家俞平伯的坎坷经历

著名红学家、散文家、诗人、古典诗词曲研究专家俞平伯是我国20世纪文坛上的一位多面手。搞文学创作，他具有学者的功底；从事文学研究，他又具有作家的聪慧和文采。他祖籍浙江德清，出生于苏州曲园寓所的乐知堂。他家世代都是读书人：高祖父俞鸿渐是清代举人、诗人；曾祖父俞樾是道光三十年（1850）进士，清末经学大师；父亲俞陛云是清光绪二十四年（1898）探花，官翰林院编修，曾参与《清史稿》的编纂工作；母亲也精通诗文。家庭中浓厚的文化氛围和他自身所具有的文学天分，决定了他一生必然走上文学之路。而他最终与《红楼梦》研究结缘却是未曾想到的。

熟读《红楼梦》　初涉红学论坛

俞平伯在十二三岁时，已经开始阅读《红楼梦》，但那时是当作闲书看的。当时，他对《西游记》《三国演义》《荡寇志》等小说的喜爱，远在《红楼梦》之上。1915年秋，他考入北京大学文科国文门读书时，他的兴趣爱好十分广泛。他喜欢《清真词》，也喜欢中国古典小说。1917年下半年，在选择导师和研究科目时，他选择了由胡适、周作人、刘半农担任指导教师的小说研究，只是选题并非《红楼梦》，而是"唐人小说六种"。这似乎已流露出他日后从事古典小说研究的端倪。然而，事情并非如此简单。当时，他攻读的是中国文学专业，可是同时他也喜欢法学、心理学和社会学专业。就在他投入小说研究科目学习的同时，他也曾为转入新兴的社会学专业而写信向蔡元培校长请教。可见他当时尚未定准自己的发展方向。

大学毕业后的1920年年初，他在与同班同学傅斯年一起赴英国留学的海行船上，才再次熟读《红楼梦》，并与傅斯年研讨《红楼梦》。随着年龄的增长和知识阅历的丰富，他对《红楼梦》的理解已不比儿时。加上傅斯年每每用文学的眼光评价《红楼梦》，从艺术欣赏的角度去分析《红楼梦》，这给了俞平伯很大的启发。

1921年春，俞平伯从杭州回北京探亲期间，正好是胡适的《红楼梦考证》初稿完成，他的北大同学、好友顾颉刚（1893—1980）为其补充史料，与之通信讨论《红楼梦》的时候。俞平伯因此受到感染，也加入到讨论之中。他们互相启发，彼此辩驳，受益良多。从4月到7月，在不足四个月的时间里，他与顾颉刚的通信就已装订了几大本。那时，北京刚刚发生了新华门军警打伤教职员事件，俞平伯感到"京事一切沉闷"，几乎无话可说，唯有通信讨论《红楼梦》能够为他带来乐趣，"因每一执笔必奕奕如有神助也"，他忘却了心中的烦忧，忘记了夏日的炎热，全身心沉浸在讨论《红楼梦》的愉悦中。这几大本来往信札，就是他后来写作《红楼梦辨》的基本素材。

得到好友鼓励　红学专著杀青

1921年7月中旬，俞平伯从北京回到杭州后，因为忙于教学和写作新诗以及诗论的文章，通信讨论《红楼梦》之事就暂时搁下了。1922年2月，当他读了蔡元培先生的《〈石头记索隐〉第六版自序——对于胡适之先生〈红楼梦考证〉之商榷》一文后，受到触动，又产生了讨论《红楼梦》的兴致。于是，他写了《对于〈石头记索隐第六版自序〉的批评》，发表在当年3月7日上海《时事新报·学灯》副刊上。由此也促发他产生了将讨论《红楼梦》的通信，整理成专著《红楼梦辨》的念头。1922年4月中旬，他专程赴苏州，看望正在家中休养的顾颉刚，与其面商合写《红楼梦辨》的事。顾颉刚十分赞同这个意见，只是因为太忙，不能参与其事。于是，他鼓励俞平伯独立完成书稿的写作任务，并答应为之作序。到了5月下旬，《红楼梦辨》书稿已经完成了一半。5月底，俞平伯带着已完成的半部手稿，再次去苏州与顾颉刚商谈，于是，意外地发生了半部书稿失而复得的经历。

那是1922年5月30日上午，顾颉刚特邀同乡好友王伯祥、叶圣陶和俞平伯同游石湖。俞平伯的青少年时代虽在苏州度过，但是，与朋友们一起游览苏州名迹石湖却是第一次，因此，玩得比较尽兴。为了不误俞平伯赶下午的火车回杭州，三个好朋友便雇乘马车送俞平伯去火车站。俞平伯生怕弄丢了辛苦写就的手稿，所以，他不把手稿放在手提箱里，而是把它用报纸包裹后，放在自己的身边。然而，越加小心越出事。马车颠簸，手稿还是在不知不觉中被颠下了马车，丢在了路上。待俞平伯发现后，立即急出了一身冷汗。顾颉刚当机立断，命马车调转头往回走，沿途寻找。王伯祥更是机智，跳下马车专门对准迎面来的人的手里看，一路走去，终于远远地看见一个乡下人手里拿着报纸包着的东西，王伯祥走上前去询问，打开报纸包儿一看，果然是俞平伯的手稿。大家的惊喜可想而知。俞平伯抱着失而复得的手稿说：ّ"倘使我这稿子真的丢了，这件事我一定不做了。"顾颉刚对此话不敢苟同，他笑着对俞平伯说："你的稿子丢了，发急到这样，古人的著作失传的有多少，他们死而有知，在九泉之下不知如何的痛哭呢！"是啊，这点小挫折算得了什么呢？更何况稿子已经及时找到了，何必再说气短的话呢！在顾颉刚的激励下，回到杭州后，俞平伯一鼓作气，于7月初完成了《红楼梦辨》全书的写作任务。7月9日，在他由上海乘船，赴美国考察教育的当天，他将书稿交给了前来送行的顾颉刚,并委托顾颉刚请人抄写录副。

力作问世受到关注　新红学家脱颖而出

1923年4月,《红楼梦辨》由上海亚东图书馆出版了。全书共三卷十七篇。书中详细论述了《红楼梦》是曹雪芹的自叙传的观点,论证了《红楼梦》原书只有八十回是曹雪芹所作,而后四十回出于高鹗续作的观点。俞平伯认为高鹗续作的心思是审慎的,态度是正当的,只是因为"《红楼梦》本非可以续作的书",又因"高鹗与曹雪芹个性相差太远",以致续作有误。总而观之,他认为高鹗续作是"功多而罪少"。可以说《红楼梦辨》在胡适《红楼梦考证》的基础上,把对《红楼梦》的研究又向前推进了一步。顾颉刚在序文中称赞《红楼梦辨》是以"实际的材料做前导",用考证的新方法研究出来的"一部系统完备的著作"。《红楼梦辨》出版后,立即引起学界广泛关注。书中的《〈红楼梦〉底年表》曾被鲁迅撮要采入《中国小说史略》一书中。随着《红楼梦辨》的出版,它的作者——年轻的红学家俞平伯也脱颖而出,名声大振。当年如果没有顾颉刚与胡适讨论《红楼梦》开风气之先,如果没有俞平伯与顾颉刚讨论《红楼梦》的几大本通信,如果没有他们对"可信的道理"和"真确的知识"的追求,如果没有顾颉刚的热情鼓励和无私提供宝贵的红学资料,如果没有俞平伯不失时机地研究和写作,《红楼梦辨》绝不可能那么快问世。正是这部新红学派的力作《红楼梦辨》奠定了俞平伯在红学史上的地位。

修订红学专著　研究渐入佳境

《红楼梦辨》出版后不久,俞平伯就发现了书中有待修正和完善的地方还很多,尤其是以"《红楼梦》为作者的自叙传"这一观点,就是"不曾确定自叙传与自叙传的文学的区别","无异不分析历史与历史的小说的界线"。于是,他写作了《修正〈红楼梦辨〉的一个楔子》和《〈红楼梦辨〉的修正》两篇文章发表,他只"希望过失不致因愈改削而愈多",其他别无所求了。此后,他本着严谨的治学态度,不断修正自己的观点,不断补充新的见解。1950年,他按照棠棣出版社的要求,对《红楼梦辨》进行了修订增补,改名为《红楼梦研究》,于1952年9月出版。以此为契机,形成了他研究《红楼梦》的第二个高峰期。从1953年6月至1954年3月,仅仅十个月的时间,他就发表了《〈红楼梦〉的著作年代》《〈红楼梦〉简说》《读〈红楼梦〉随笔》《我们怎样读〈红楼梦〉》《〈红楼梦〉的思想性与艺术性》《曹雪芹的卒年》以及《〈红楼梦〉简论》等许多文章,篇幅早已超过了《红楼梦辨》。他所在的文学研究所也为他的研究工作提供了许多方便。所长郑振铎不仅把自己收藏的《红楼梦》资料提供给俞平伯使用,而且选派了北京大学高材生王佩璋做他的得力助手。正当他的红学研究进入最佳境界时,一场全国范围内声势浩大的批判俞平伯在《红楼梦》研究中的资产阶级唯心论的运动拉开了序幕。

红学观点发生分歧　"权威学者"受到批判

1954年9月1日,山东大学《文史哲》月刊第9期发表了李希凡、蓝翎的《关于〈红楼梦简论〉及其他》一文,批评俞平伯在《红楼梦》研究中的唯心主义观点。9月30日,《文艺报》半月刊第18号转载此文时,由主编冯雪峰加了按语,说:"作者是两个在开始研究中国古典文学的青年;他们试着从科学的观点对俞平伯先生在《红楼梦》简论》一文中的论点提出了批评,我们觉得这是值得引起大家注意的。"又说:"作者的意见显然还有不够周密和不够全面的地方，但他们这样地去认识《红楼梦》，在基本上是正确的。"10月10日，《光明日报·文学遗产》副刊第24期又发表了李希凡、蓝翎的《评〈红楼梦研究〉》一文。此事很快引起了毛泽东主席的重视。10月16日，他在写给中央政治局和其他有关同志的《关于〈红楼梦〉研究问题的信》中，指出：李希凡、蓝翎所写的驳俞平伯的两篇文章"是三十多年以来向所谓《红楼梦》研究权威作家的错误观点的第一次认真的开火"，"看样子，这个反对在古典文学领域毒害青年三十余年的胡适派资产阶级唯心论的斗争，也许可以开展起来了。事情是两个'小人物'做起来的，而'大人物'往往不注意，并往往加以阻拦，他们同资产阶级作家在唯心论方面讲统一战线，甘心作资产阶级的俘虏"。他说："俞平伯这一类资产阶级知识分子，当然是应当对他们采取团结态度的，但应当批判他们的毒害青年的错误思想，不应当对他们投降。"两天后，中国作家协会党组开会，传达了毛泽东主席的这封信。接着，10月23日、24日和28日，《人民日报》分别发表了钟洛的《应该重视对〈红楼梦〉研究中的错误观点的批判》、李希凡、蓝翎的《走什么样的路？——再评俞平伯先生关于〈红楼梦〉研究的错误观点》和袁水拍的《质问〈文艺报〉编者》三篇文章。其中后者指责冯雪峰在转载李希凡、蓝翎文章时所写的按语是"对于'权威学者'的资产阶级思想表示委曲求全，对于生气勃勃的马克思主义思想摆出老爷态度"，指责《文艺报》"在这里跟资产阶级唯心论和资产阶级名人有密切联系，跟马克思主义和宣传马克思主义的新生力量却疏远得很"。随着这些火药味十足的文章的发表，对俞平伯批判的调子也在逐步升级。

在这场运动中，全国各地的古典文学研究专家、教授，几乎都发表了批判俞平伯的文章：有为俞平伯挖掘资产阶级思想根源的，有剖析俞平伯《红楼梦研究》给予青年的毒害的，有论证俞平伯错误文艺思想的一贯性的，也有说俞平伯的《红楼梦研究》是反爱国主义的。什么自然主义、实用主义、颓废主义、客观主义、主观主义以及反马克思主义的文艺理论思想、资产阶级的美学观点等用语，纷纷出现在批判文章中。

王伯祥来访送宽慰　陈寅恪作诗表关切

面对这场突如其来的批判运动，俞平伯很长时间都不能理解，他感到十分痛苦，心灰意懒。面对中国文联、中国作协等部门举行的大大小小的批判会和报刊上连篇累牍的批判文章，他感到有些招架不住了。就在这时，他的好朋友、同事王伯祥专程来访，特意邀请他同游北海公园看菊花，并请他到北京名店"烤肉季"小酌、叙谈。从菊花耐严寒、面对风雨仍傲然挺立的品格中，俞平伯已经领会了老朋友对他的鼓励和宽慰，心情舒畅了许多。回到家中，他即赋诗二首，赠送王伯祥先生。诗曰："交游零落似晨星，过客残晖又凤城。借得临河楼小坐，悠然尊酒慰平生。""门巷萧萧落叶深，跫然客至快披襟。凡情何似秋云暖，珍重寒天日暮心。"两首诗中真实地表述了作者当时门庭冷落、朋友稀疏的处境和孤寂的心情。

正当批判俞平伯的运动如火如荼之时，远在中山大学任教、双目失明已多年的著名历史学家、国学大师陈寅恪却在用心关注着事态的发展，牵挂着俞平伯的安危。因为他们是相识近三十年的老朋友。陈寅恪以一首《无题》诗记下了他对俞平伯的同情和怀念。诗中写道："世人欲杀一轩渠，弄墨然脂作计疏。猧子吠声情可悯，狙公赋芧意何居。早宗小雅能谈梦，未觅名山便著书。回首卅年题尾在，处身夷惠泣枯鱼。"作者认为俞平伯因为"弄墨然脂"考虑欠周，这才惹来了"世人欲杀"这一闹剧。他认为群起而攻者其实并不知真实原因所在，不过是听风即雨，人云亦云。他认为俞平伯昔日为《红楼梦》一书所写下的文字还是可以的，如今"未觅名山便著书"就找来麻烦了。他想起了三十年前他在《俞曲园先生〈病中呓语〉跋》中所说的话，如今的处境仍然如此。末一句表达了他怀念俞平伯的感伤情怀。从"泣枯鱼"三字可知，他对俞平伯命运的估计比事实还要严峻些。全诗蕴含着为文弱书生俞平伯抱不平的思想，更有"物伤其类，唇亡齿寒"之意。陈寅恪对俞平伯的挂念，直到1957年，俞平伯才辗转得知。而这场运动是到1955年3月，俞平伯发表了《坚决与反动的胡适思想划清界限——关于有关个人〈红楼梦〉研究的初步检讨》之后，对他的批判才算告一段落。而俞平伯直到十多年后的1967年5月27日，才从《人民日报》上读到公开发表的毛泽东主席《关于〈红楼梦〉研究问题的信》。

何其芳坚持实事求是　顾颉刚公然批评"围剿"

在批判大潮铺天盖地而来，"棍子""帽子"满天飞的时候，俞平伯在何其芳任副所长的文学研究所里，没有受到歧视，仍然享有批评和反批评的权利。何其芳清楚地认识到学术观点和政治问题是不能混为一谈的。他要求全体研究人员对俞平伯的有关著作进行全面分析，采取实事求是的态度和正确的方法展开讨论。在讨论过程中，他让俞平伯充分发表自己的意见，并对他讲的有道理的地方，都予以肯定。当时曾有人落井下石，在报上指责俞平伯垄断古籍资料。何其芳对此十分重视，专门做了调查，证明纯属不实之词后，他积极为俞平伯伸张正义，在他的要求下，1956年5月26日，中宣部部长陆定一在《百花齐放，百家争鸣》的报告中，特为俞平伯澄清事实，做了必要的解释。

1956年，在文学研究所讨论晋升职称时，经何其芳提议，学术委员会讨论通过，俞平伯被定为一级研究员。何其芳认为俞平伯是有真才实学的专家，在社会上是有影响的，不能因受了批判而影响他晋升职称。在今天看来，以俞平伯的渊博学识和他在学术上的建树，被评为一级研究员是公正的。可是，在当时的政治氛围下，作为文学研究所的领导何其芳能够做到坚持实事求是，正确对待老知识分子，也的确是不容易的。

更有甚者，1957年春，顾颉刚居然在接受记者关于"双百方针"问题的采访时，公然为俞平伯鸣不平。他说：在批判俞平伯"红楼梦研究"的思想的时候，把他骂得一钱不值，这是一种"围剿"的办法。他指出："围剿"对开展"百家争鸣"妨碍很大，它会使很多人有话无处说，或有话而不敢说。他认为俞平伯对于《红楼梦》的看法有片面性，说他为不全面则可，断定他是绝对的错误而且出之以谩骂的态度那就不对。他说：倘使把这种态度发展下去，那陡然高筑了宗派主义的壁垒，走上汉武帝式的"罢黜百家，独尊儒术"，哪里说得上"百家争鸣"！顾颉刚这些尖锐的意见，就发表在《光明日报》上。俞平伯阅读后，会是一种什么心情？他会感到温暖，还是感到舒畅，我们已经无从知道了。四个月后，"反右"斗争开始了。顾颉刚的谈话成了绝唱。

"书生气"撰文险酿祸　何其芳退稿保平安

受过批判后的俞平伯变得更加谨小慎微，他默默地从事着自己的工作。他辑录出版了《脂砚斋〈红楼梦〉辑评》；他与助手王佩璋合作校订出版了《红楼梦八十回校本》，并为此书作了长序；他还为中华书局影印《脂砚斋重评石头记》十六回本作了《后记》。20世纪60年代初，生活在中国台湾的胡适曾多次在致友人信中，称赞俞平伯的《红楼梦八十回校本》是一部最好的"汇校本"，认为"此本真不愧为他三十年的功力的结果"。

俞平伯是公认的《红楼梦》研究专家，然而，在政治问题面前却显得十分"愚钝"。1959年年初,俞平伯受当时政治用语的启示,曾写了《〈红楼梦〉札记两则》,其中第一则谈了"东风与西风"的比喻问题。他说:《红楼梦》"第八十一回,林黛玉向袭人说:'不是东风压了西风,就是西风压了东风。'"他考证东风、西风作为两种势力的对比,并非始于林黛玉,而在南宋作家刘辰翁的《六州歌头》词中,就已有"便一朝符瑞,四十万人同。说甚东风,怕西风"。词中的"东风"指当时住在东边的宋朝皇帝,"西风"指当时住在西边的专权跋扈的贾似道。因为皇帝都有点怕贾似道,所以词中说"东风怕西风"。文章写成后,他交给了何其芳。何其芳本拟将其发表在1959年5月31日《光明日报·文学遗产》副刊第263期,然而,没过几天,何却突然退稿了,在退稿信中也未详谈退稿的原因。就是这封纸已泛黄的短信,经过"十年浩劫",竟被俞平伯奇迹般地保存下来,这才使我们从这封短信中看到了何其芳对俞平伯的爱护与关照。

那是1957年11月17日,毛泽东主席在莫斯科大学会见中国留学生时,曾引用"东风""西风"作为国际政治形势的比喻。他说:"社会主义阵营和资本主义阵营之间的斗争不是西风压倒东风,就是东风压倒西风。"他在分析了当时两大阵营的实力后,说:"现在不是西风压倒东风,而是东风压倒西风。"而俞平伯所引的典故却是"东风怕西风"的故事,与毛泽东主席所讲的大相径庭。虽然经历了1954年的批判和1957年的反右斗争,但是,书生气十足的俞平伯仍显得那样迂不可及、不识时务。试想这篇札记发表后,会是什么结果!何其芳深知其中的利害关系,因此决定不发表。这一退稿,可以说帮了俞平伯的大忙,为他避免了一场新的麻烦和事端。

1963年上半年,为纪念曹雪芹逝世两百周年,俞平伯应约完成了长篇论文《〈红楼梦〉中关于"十二钗"的描写》,发表在同年8月《文学评论》双月刊第4期。文章发表后,立即又招来了学术界的批评,《文汇报》《文艺报》《文学评论》等报刊都有批评文章发表。动辄得咎，俞平伯感到进退维谷，如履薄冰。为此，他曾在打油诗中写道："何用卑词乞稻粱，天然清水好阳光。倘教再把真经取，请换西天辟谷方。"

学术研究工作到了如此艰难的地步，俞平伯似乎也该改弦更张了。但是，积习难改已成定局。1964年6月和10月，他又完成了《记毛国瑶所见靖应鹍藏本〈红楼梦〉》和《记"夕葵书屋〈石头记〉卷一"的批语》两篇论文，均不再立即发表。然而，他仍未能躲过"文化大革命"的磨难。

"文革"运动全面爆发　红学权威再度受辱

"文革"期间，一篇《横扫一切牛鬼蛇神》的社论，把俞平伯和所有著名学者都打入了"牛棚"。俞平伯的家被抄，藏书、手稿被烧，一时间整个四合宅院纸灰盈地。而且在学术上，旧账、新账一块儿算，批判俞平伯的大字报从文学研究所贴到了北京最繁华的王府井大街，被批斗、陪斗不计其数。俞平伯再次处于被动挨打的境地。一次，从外地串联来到北京的一批红卫兵，跑到文学研究所，点名道姓要批斗俞平伯，质问他："《红楼梦》是不是你写的？""你是怎样用《红楼梦》研究对抗毛主席的？"俞平伯的耳朵本来就有些失聪，又不善言谈，面对这一连串不着边际的审问，他支支吾吾竟不知从何答起。这一下可惹怒了红卫兵小将，不容分说，把他推拉到屋外楼顶平台上，按倒在地，一路拳打脚踢之后，非让他承认自己是"反动权威"不可。他当即承认自己"反动"，却怎么也不承认自己是"权威"，他坚持说："我不是权威，我不够。"他由衷的谦虚，却被红卫兵看成是顽固不化，一直把他折磨得匍匐在地，他也没有承认自己是"权威"，仍说自己不够。当时是文化遭劫、是非颠倒、假话充斥的年代，如果他在红卫兵面前承认自己是"反动权威"，就表明他态度老实，可以少受一些皮肉之苦。可是，他宁可受皮肉之苦，也绝不说违心的话。在他羸弱的身上，表现出了老知识分子理性的顽强。

1969年11月，他以古稀高龄，随中国科学院哲学社会科学部文学研究所下放到河南干校。1971年1月，在国务院总理周恩来的关照下，他与何其芳、吕叔湘等十余位老学者一起提前返回了北京。

"河清之日"姗姗来迟　荣辱不惊泰然处之

改革开放的春风使俞平伯也焕发了青春。1979年5月20日，他应邀出席了红楼梦学刊编委会成立大会。次年，他被聘为"中国红楼梦学会"顾问。他对《红楼梦》研究的贡献，受到海内外学术界的关注。1980年，他作为中国红学大师首选，受到美国威斯康辛大学"国际红楼梦研讨会"的邀请，后因年老体弱，未能出席，只在致"国际红楼梦研讨会"的信中，就红学研究的现状问题，谈了自己的意见。1981年4月，他代表中国红学家会晤了日本红学家松枝茂夫和伊藤漱石。

1986年1月20日，俞平伯所在单位——中国社会科学院文学研究所为"庆贺俞平伯从事学术活动六十五周年"举行了纪念会，胡绳院长在会上庄严宣布：为俞平伯在1954年所受到的不公正待遇彻底平反。他称俞平伯先生是有学术贡献的爱国学者，承认他在20世纪20年代开始的红学研究是有开拓性的；承认1954年因《红楼梦》的学术问题而对俞平伯实行的政治性围攻是不正确的，是不符合中国共产党的"双百"方针的。从顾颉刚的鸣不平，到胡绳院长的正式平反，这中间经历了漫长的三十年的岁月。这种"正名"来得何等姗姗！俞平伯以八十七岁高龄迎来自己的河清之日，这也可说是他学术生涯中不幸中的大幸了。他的亲属、学生、朋友和同事，无不为他感到高兴，而坐在主席台上的俞平伯却处之泰然，心静如水，超然物外。他经历的磨难太多了,荣辱对于他来说已经无所谓了。

此时,他唯一思念的是已经仙逝四年,曾经跟着他担惊受怕、"文革"中为着他挨批挨斗,遭人格侮辱,尔后又以古稀高龄陪他下放农村干校的夫人许宝驯,他深感对不起夫人。那一天,他来参加平反大会时,他的手上意外地戴上了结婚戒指,那是七十年前夫人送给他的结婚纪念物,见到戒指就如同见到了夫人,他要让夫人和他一起听到平反的消息,和他一起分享这难得的欣喜。

1986 年 11 月,俞平伯应邀赴香港讲学。沉默了三十余年后,重新走上讲台,与听众谈《红楼梦》研究,这在香港引起了极大轰动。香港中文大学的教授集体来拜访他;中国作家协会香港会员集体宴请他。他还受到新华社驻香港分社社长的宴请。记者们争先恐后地发表采访报道,各大报刊都邀请他题字。作为一位有建树的老知识分子、红学家,俞平伯在香港受到了全社会的尊重。

1988 年 3 月,77 万字的《俞平伯论〈红楼梦〉》一书由上海古籍出版社和三联书店(香港)有限公司联合出版。这是俞平伯数十年来红学研究成果的集大成者。他一生对《红楼梦》研究所付出的心血,都凝聚在这本厚重的书中。

晚年的冷静思考　不解的红学情缘

晚年,俞平伯对《红楼梦》的研究显得比较超脱。首先,他对早年所主张的"自传说"再次进行了反省,承认自己"深中其毒,又屡发为文章,推波助澜,迷误后人。这是我生平的悲愧之一"。其次,他明确提出《红楼梦》毕竟是小说,应该多从文学和哲学方面加以研究和探讨。他说:《红楼梦》究竟好到什么程度,不从小说的角度去理解它,是说不到点子上的。而小说往往是虚构的,"虚构原不必排斥实在,如所谓'亲睹亲闻'者是。但这些素材已被统一于作者意图之下而化实为虚。故以虚为主，而实从之；以实为宾，而虚运之。此种分寸，必须掌握，若颠倒虚实，喧宾夺主，化灵活为板滞，变微婉以质直，又不几成黑漆断纹琴耶。"第三，他认为自己对高鹗续补的《红楼梦》后四十回肯定得还不够。在他生命的最后时刻，他念念不忘的是对《红楼梦》后四十回的再研究，他感到自己对高鹗保全《红楼梦》的功劳评价得还不够。他说《红楼梦》续书的版本很多，唯有高鹗是成功的。不管怎么说，《红楼梦》现在是完整的，如果只有前八十回，它是否能有现在的影响都很难说。续书中有败笔，不能求全责备。前八十回就没有败笔了吗？他要重新撰文，给高鹗一个公正恰当的评价，然而，他已力不从心。1990年10月15日，他带着《红楼梦》研究中的诸多遗憾走向了天国。

俞平伯一生执着于《红楼梦》的研究工作，就在被迫中断研究的年代里，他也在眠里梦里想着它。1970年，他在河南干校时，在借住的农家小院里，第一次见到楝树，他竟兴奋得由楝树想到了《楝亭诗稿》，想到了曹雪芹的生平，更想到了对《红楼梦》艺术价值的再探讨。他的心里也有矛盾的时候，他曾想到当年《红楼梦辨》书稿失而复得，有似塞翁故事，信乎"一饮一啄莫非前定"也。可是他又想到如果书稿不找回来，亦即无可批判也。一方面，他相信事有前定，不可强求；一方面，他又幻想稿子真的丢失，就不会遭到批判，命运或许会好一些。这只能说明1954年的批判对俞平伯心灵上的伤害太深了，他无法摆脱心灵上的阴影，他也无法解开与《红楼梦》研究的这份情缘。就这样，他在《红楼梦》研究的领域里矻矻耕耘了一生。可以说，他这位才华横溢的作家，有着卓越贡献的学者，有骨气、有节操的爱国知识分子的一生，为20世纪的中国文坛留下了一道绚丽的彩虹。

（原载台湾《传记文学》2001年7月第79卷第1期）

治学终生　宠辱不惊
——记俞平伯先生

俞平伯先生不仅是"五四"以来的著名作家，而且是著名的古典文学研究专家。他一生致力于《红楼梦》和古典诗、词、曲的研究工作。读书治学给他带来了许多乐趣，也给他带来了许多痛苦和烦恼，然而，他一生淡泊自持，宠辱不惊，矢志不渝。

俞平伯，祖籍浙江德清，1900年出生于苏州。他的曾祖父俞樾（曲园）、父亲俞陛云（阶青）都是著名学者。他继承了家学，也接受了新文化运动的洗礼。1915年，他考入北京大学文科国文门。1918年春，他开始创作新诗，并陆续发表在《新青年》《新潮》杂志上。他是北京大学新潮社的首批社员，他也参加了邓中夏等人组织的北京大学平民教育讲演团。1922年1月，他与叶圣陶、刘延陵、朱自清一起创办了我国第一个新诗刊《诗》月刊。他的第一部新诗集《冬夜》作为我国新诗坛上继胡适的《尝试集》、郭沫若的《女神》之后的第三部新诗集而被载入史册。他在尝试写作新诗的同时，也开始写作白话散文。1923年，他与朱自清写作的同题散文《桨声灯影里的秦淮河》，成为新文坛上享誉至今的散文佳作。二三十年代，他先后结集出版了《杂拌儿》《杂拌儿之二》《燕知草》《燕郊集》《古槐梦遇》等散文集。他的散文具有自然、大方的风度，周作人当时曾评价"平伯所写的文章，自具有一种独特的风致"。他称"平伯为近来的一派新散文的代表，是最有文学意味的一种"。

俞平伯最具文学的天才，可是，他一生却以红学家而著称。20世纪20年代初，他与胡适一起开创了"新红学"。1923年，他的红学专著《红楼梦辨》一经出版，便成为新红学派的代表作。他在书中详细论述了《红楼梦》是曹雪芹的自叙传的观点，详细论证了《红楼梦》原书只有八十回是曹雪芹所作，而后四十回出于高鹗续作的观点。他认为高鹗续作的心思是审慎的，态度是正当的，只是因为"《红楼梦》本非可以续作的书"，又因"高鹗与曹雪芹个性相差太远"，以致续作有误。总而观之，他认为高鹗续作是"功多而罪少"。《红楼梦辨》出版不久，他便发现书中"以《红楼梦》为作者的自叙传"这一观点是错误的，是"不曾确定自叙传与自叙传的文学的区别"，"无异不分析历史与历史的小说的界线"。1950年，他按照棠棣出版社的要求，将《红楼梦辨》修订，改名为《红楼梦研究》，于1952年9月出版，形成他研究《红楼梦》的第二个高峰期。从1953年6月至1954年3月，仅仅十个月时间，他就发表了《〈红楼梦〉的著作年代》《〈红楼梦〉简说》《读〈红楼梦〉随笔》《我们怎样读〈红楼梦〉？》《〈红楼梦〉的思想性与艺术性》《曹雪芹的卒年》以及《〈红楼梦〉简论》等许多文章，篇幅早已超过了《红楼梦辨》。

正当他的红学研究进入最佳境界时，一场全国范围内声势浩大的批判俞平伯在《红楼梦》研究中的资产阶级唯心论的运动，几乎给他带来了灭顶之灾。"文革"中，他也未能幸免。就是在这样的磨难之下，也未能终止他对《红楼梦》的研究和思考。

他对《红楼梦》研究的贡献，受到海内外同行的关注。1980年，他作为中国红学大师首选，被美国威斯康辛大学"国际红楼梦研讨会"邀请，后因年老体弱，未能出席。

除"红学"外，俞平伯先生对古典诗、词、曲的研究成绩也十分可观。他先后出版的《读诗札记》《读词偶得》《清真词释》《唐宋词选释》等，都是用功甚深，见解精辟，具有许多创见的佳作。20世纪80年代，上海古籍出版社为他结集出版了《论诗词曲杂著》《俞平伯论红楼梦》以及《俞平伯散文杂论编》。20世纪90年代，花山文艺出版社出版了精装十卷本《俞平伯全集》，全面反映了他一生中多方面的才华和突出的学术贡献。

晚年，俞平伯念念不忘的是对《红楼梦》后四十回的再研究，他感到自己对高鹗保全《红楼梦》的功劳评价得还不够。1990年10月15日，他带着许多遗憾离开了人世。他经历了太多的风雨，他在最该出成果的年代，却被无端浪费了许多时光。他留给我们的何尝不是遗憾呢！

（原载1999年《文史知识》第1期）

俞平伯是一位爱国知识分子

俞平伯是"五四"以来的著名文学家。1900年出生于苏州，原籍浙江省德清县。取名铭衡，字平伯，乳名僧宝，以字行。他出身于旧中国的一个知识分子家庭，高祖父俞鸿渐是清朝举人、诗人，著有《印雪轩文集》《印雪轩诗集》等。曾祖父俞樾是清代的经学大师，著有《春在堂全书》五百余卷。他的童年就是跟着曾祖父在苏州度过的。父亲俞陛云是晚清探花，官翰林院编修，能诗文，著有《绚华室诗忆》《蜀輶诗记》《小竹里馆吟草》《乐静词》《诗境浅说》和《唐五代两宋词选释》等。母亲许之仙是杭州名门之女，也工诗文。

俞平伯从小受到良好的家庭教育和古文化的熏陶，奠定了雄厚的旧学基础。辛亥革命以后，他开始接受新学教育，曾到上海学习英文和算学。1915年，他考入国立北京大学国文门，并举家迁居北京，与当时北京大学文科学长陈独秀睦邻。

1920年，毕业于北京大学的俞平伯与傅斯年一起赴英国留学，因经费不足，数月即归。尔后，在杭州第一师范学校任教。

1922年夏，他赴美国考察教育，在纽约仅住一个月，即因病回国。翌年，他到中国共产党创办的上海大学任教。1924年，他又回到北京，先后在燕京大学、清华大学、北京大学、中国大学任教。新中国成立后，他任北京大学教授，后被调到中国科学院文学研究所（现为中国社会科学院文学研究所）古典文学研究室任研究员。

俞平伯知识渊博，兴趣广泛。作为散文家，有散文集《剑鞘》（与叶圣陶合集）、《杂拌儿》《燕知草》《杂拌儿之二》《古槐梦遇》《燕郊集》等行世；作为"五四"时期的新诗人，他有诗集

《冬夜》《西还》《忆》以及与朱自清等八人的新诗合集《雪朝》；作为红学家，他的论著有七十余万字，包括他早年的《红楼梦辨》和后来改版的《红楼梦研究》，均收在《俞平伯论〈红楼梦〉》中；作为古典文学研究专家，他先后出版了《读诗札记》《读词偶得》《清真词释》《唐宋词选释》，他的五十余万字的《论诗词曲杂著》，则是集大成者。他还出版了《古槐书屋词》和《俞平伯旧体诗钞》等。

俞平伯是一位爱国知识分子，他的思想曾经历一个曲折发展的心路历程。在蓬勃昂扬的"五四"时期，俞平伯有过一段思想激进的光辉历史。

1918年初，他在北京大学读书期间，受新文化运动的影响，凭着青年人特有的敏感和热情，开始试作白话诗。随后，他参加了进步学生组织新潮社的筹备工作，并被推选为新潮社干事部书记。1919年4月，他加入了"以增进平民智识，唤起平民之自觉心为宗旨"的平民教育讲演团，为民众的觉醒奔走呼号。"五四运动"爆发时，他刚好是大学四年级的学生，他憧憬光明，向往民主，积极投身于反帝反封建的"五四运动"之中。1921年初，他以自己新文学创作的实绩，加入了文学研究会，并成为骨干成员。1922年1月，他和朱自清、叶圣陶、刘延陵创办了新文学史上第一个专刊新诗的《诗》月刊，并在创刊号上发表了长篇论文《诗底进化的还原论》，提出诗是平民的，而且应该回到平民的主张。

1922年7月，他赴美国考察教育时，在海行船上思考救治中国的方法，他认为政治、工商业人才是中国的中坚，总结历史的经验，提出"现在最要紧的是联合（人才集中），更要紧的，是有主义的联合，不是私人的联合"。他说："我们不当忠于一个人，应当忠于一个主义。近来国内发生新的政治运动，我很欣喜，希望他们能真实地做出一点事，不要随波逐流，蹈前车的覆辙，反为他人造机会。"

(《东游杂志》）真诚地寄希望于新生的中国共产党。

1923年4月，他的红学专著《红楼梦辨》问世。这是一本以考证为主的新红学派的代表作，对《红楼梦》的研究是有开拓性意义和卓越贡献的。由于红学资料的欠缺，书中个别观点的不成熟和论证的不全面也是难免的。然而，他没有居功，却是严以自责的。他发现了书中的一些错误后，即写了《〈红楼梦辨〉的修正》和《修正〈红楼梦辨〉的一个楔子》等文章，提出首先要修正的是"《红楼梦》为作者的自叙传"这一观点。他检讨自己在书中"不曾确定自叙传与自叙传的文学的区别"，"无异不分析历史与历史的小说的界线"，希望"净扫以影射人事为中心观念的索隐派的'红学'"。他敢于坚持正确的观点，也敢于修正自己的错误，这种治学态度，贯穿他学术研究的始终。

但是，1925年"五卅"惨案发生后，面对黑暗的社会现实，俞平伯的思想一度陷入消沉和混乱之中，创作也日益脱离现实。他写了《雪耻与御侮》一文，认为"被侮之责在人，我之耻小；自侮之责在我，我之耻大"，年来国耻大于外辱，所以主张必先自强，然后能御侮。文章发表后，郑振铎曾代表叶圣陶、沈雁冰、王伯祥等人，连续写文，给予批评。对此，俞平伯并不讳言。1928年，他仍将《雪耻与御侮》收入《杂拌儿》文集，意在"存此以见吾拙"。三十年后，他在《哀念郑振铎同志》和《忆振铎兄》中，均忆及此事，并肯定郑振铎所主张的"以群众的武力来抵抗强暴才是当务之急，切要之图"是对的，说"他已认清了中国的敌人是帝国主义"，"而革命的第一步就是'反帝'"。

尽管如此，俞平伯始终关心着祖国的命运。1931年"九·一八"事变后，他曾写信给胡适，述忧国忧民之心，以为知识分子救国之道唯有出普及本单行周刊，从精神上开发民智，抵御外侮。

1932年元旦，他在《贡献给今日的青年》献词中，告诫青年们要自信，要有救国之心，要手造救国的因缘，"不存此心，不得名为中国人"，表现出一个"不敢放弃国民之天责"的知识分子的气节。

同年"一·二八"淞沪之战后，他写信给叶圣陶，谈对战争的看法，认为"政府既不守三省于前，又不战淞沪于后，其意无非欲和耳"。"财阀营私，军阀拥兵，而洋奴媚外，此三者苟合以误国，不和焉可得哉！"政府既然"忍辱苟合"，"淞沪之牺牲未免冤之又冤"。"弟虽现不居闸北，得幸免于无代价之牺牲，然如此苟全，亦何聊赖。"观点极其鲜明。

抗战期间，他因照顾年迈的双亲，未能同清华大学一起南迁。在北平沦陷区，日伪办的北京大学多次邀请他去任教，他都断然拒绝，宁肯过着清苦的生活。20世纪40年代初，他曾作《什刹后海观荷》律句："野塘十顷几荷田，一水含清出玉泉。菱蒂无端牵昨梦，萍根难值况今年。红妆飘粉谁怜藕，翠袖分珠不是圆。莫怯荒闉归去早，西山娟碧晚来鲜。"其中"一水含清出玉泉""西山娟碧晚来鲜"，都是双关语，他借此表明索居荒城、一片清白的心迹。对于周作人的附逆，他感到惋惜，也为自己与周作人"同在一城，不能出切直之谏言，尼其沾裳濡足之厄于万一"而深自愧咎。

抗战胜利后，经许德珩介绍，他加入了提倡民主与科学的知识分子的进步团体九三学社；他还参加了党的外围组织"中国民主革命同盟"。1947年，他和同仁们先后发表了《保障人权宣言》《北京大学教授宣言》和《告学生与政府书》等，支持青年学生反饥饿、反内战的运动。1948年，他和北平各大学教授联名在报纸上发表声明，抗议国民党轰炸开封古城，严正斥责国民党大打内战的罪行。同年7月，他在关于《知识分子今天的任务》的座谈会上，谈道：知识分子今天的任务，即是"天下兴亡，匹夫有责"。强调知识分子要保持自己的气节。

1949年1月，北平围城期间，他与北京大学等校教授三十人发表了对全面和平的书面意见，一致拥护中国共产党主席毛泽东提出的和平八项主张。同年7月1日，他冒雨参加了中国共产党建党二十八周年集会，对中国共产党艰苦卓绝、不屈不挠的斗争精神佩服不已，对"群众的庄严的秩序和那高度的觉醒"深为震惊，情不自禁地作了充满激情的六十一行新诗《七月一日红旗的雨》，抒发自己的欣喜之情，并在7月10日的中华全国文学艺术工作者代表大会第八天的会上，朗诵了这首诗。他以一个爱国知识分子的喜悦和虔诚的心情，迎接了新中国的诞生。他当选为全国文联委员、全国文学工作者协会委员，第一、二、三届全国人民代表大会代表和中国人民政治协商会议第五、六届全国委员会委员，九三学社第四、五、六届中央委员会委员。1959年，他在纪念五四运动四十周年的《五四忆往》中，谈到四十年前，自己还坚信古人之言："俟河之清，人寿几何！""却想不到'河清'真被咱们等着了。"欣喜、兴奋之情溢于字里行间，觉得自己也年轻了许多。作为一位从旧社会生活过来的老知识分子，他对新中国是充满了希望与期待的。他没有想到建国仅仅五年，他就因为《红楼梦》研究观点上的分歧，受到不公正的批判，又在"十年浩劫"中吃尽了苦头。

党的十一届三中全会以后，政治上拨乱反正，经济上整顿提高，国家建设走上了正轨，人民在充满希望中前进。八十岁的俞平伯有感于此，又作了《近闻书感》诗："襟怀奋发感人人，言路宏开才路新，整顿提高三载绩，同看前景是青春。"在他心中，对祖国的未来始终是乐观的，充满信心的。他就是这样"脚踏实地，步步前进，数十年如一日"（叶圣陶语），真诚地追求着进步与光明。

（原载1996年1月《德清文史资料》第五辑：
《德清籍现代著名文学家俞平伯》专集）

俞平伯的室名

古往今来的许多文人、学者都喜欢根据自己的志趣，为自己的书房或居室命名。著名学者、红学家俞平伯也不例外，而且，他在不同时期和不同地点，还各有不同的室名。

葺芷缭衡室

1923年秋，俞平伯在上海大学中国文学系任教，居住在上海闸北永兴里的一座小楼上，室名为"葺芷缭衡室"。它取自《楚辞·九歌·湘夫人》中的"筑室兮水中，……芷葺兮荷屋，缭之兮杜衡"句，意即用芷这种香草覆盖筑于水中的荷叶屋，用杜衡这种香草缠绕在屋上。小楼上的居室何以会"葺芷缭衡"？不过是作者想象中和夫人共同生活的环境罢了。这是一嵌字格室名，其中的"芷"字是俞夫人许宝驯的小名，"衡"字是俞平伯的大名。俞平伯名铭衡，字平伯，因此，"葺芷缭衡室"有特指夫妇二人的居室兼书房。俞平伯《读诗札记》书中的大部分篇章写于"葺芷缭衡室"，有些篇章曾以《葺芷缭衡室读诗札记》为题，发表在各种刊物上。他在1923年11月12日《文学》周报第96期上发表的《葺芷缭衡室杂记》一文，还署名"环"，这是俞夫人的字"长环"的简称。俞平伯在20世纪二三十年代曾用过十余个笔名，而用"环"署名的，却只有这一次。1924年春，俞平伯辞去上海大学的教职，移居杭州，"葺芷缭衡室"不复存在，"环"的笔名也就不再使用。这或许可旁证嵌字格室名是名副其实的。十余年后，俞平伯将《〈读诗札记〉自序》收入《燕郊集》时，还特意改题目为《莴苣缭衡室读诗札记序》，以表示对那段生活的纪念。转瞬又是三十余年，到1969年年底，俞平伯偕夫人下放河南息县东岳集干校时，住在农家的一间小土屋里，生活十分艰苦，可是，他在那淳朴的农村风气中，却自感到一种新的乐趣，因此，想到"何期莴苣缭衡想，化作茅檐土壁真"。可见，俞平伯自己也未曾想到四十余年前所想望的"莴苣缭衡室"，却在这一偶然的处境中变成了现实。

秋荔亭

20世纪20年代后期，俞平伯到清华学校大学部国文系任教，由于家住东城，距学校甚远，平时遇上风雨天就尤为不便，遂于1930年秋移家清华园南院七号宅，居东屋，其南有窗者一室，是俞平伯夫妇和幼子的居室，室名为"秋荔亭"。室内设有一张不大的书桌，这就使居室又兼做了工作室，俞平伯的很多作品都是在这里写成的。

在此期间，有些随笔文章还多以《秋荔亭随笔》名之，发表在各种刊物上。四年后，他迁居清华园新南院，从此与"秋荔亭"绝缘。秋荔亭不复存在，可是直到20世纪40年代末期，以秋荔亭命名的《秋荔亭随笔》和《侨秋荔亭随笔》仍不断出现于报端。那么，"秋荔亭"室名是怎样产生的呢？俞平伯原居清华园南院七号宅的东屋，他说："东屋必西向，西向必岁有西风，是不适于冬也，又必日有西阳，是不适于夏也。""而人道宜秋，聊以秋专荔，以荔颜亭"。（《秋荔亭记》）所谓"亭"，一是形容此屋之小，若上海的亭子间；一是取"暂且停停"之意，若亭午息脚之所在也。当然，秋荔亭本身也有很多好的地方，居之数年的俞平伯对此是深有所感的。然而，一个小小的室名哪里兼顾得了这许多，于是，名之曰"秋荔亭"。

古槐书屋

"古槐书屋"是指北京朝内老君堂七十九号宅内,最前院那棵比屋还老的大榆树密荫下的那间倒座。俞平伯在1934年曾说:曰古槐书屋,"屋诚有之,自昔无槐,今无书矣",只因好友一呼之,"遂百呼之尔"。这有周作人的话为证。周作人在《〈古槐梦遇〉序》的开篇就写道:"平伯说,在他书房前有一棵大槐树,故称为古槐书屋。有一天我走去看他,坐南窗下而共阴凉,窗外有一棵大树,其大几可蔽牛,其古准此。及我走院子里一看,则似是大榆树也。"俞平伯自1919年随父搬入老君堂宅,至1969年冬去河南干校止,他在老君堂一住就是五十年,其间虽有迁居清华园之时,然每遇暑天必入城居住。所以,老君堂宅是他居住最久的地方。可是,"古槐书屋"他却一天也没有住过,因为没有多久,它就被派作别用了。作为书屋,它只是昙花一现。然而,"古槐书屋"这个斋名却被俞平伯使用了几十年,因此,"古槐书屋"被很多人所熟知。1936年出版的《古槐梦遇》和写刻本《古槐书屋词》,就是他以书屋命名的作品。1971年,俞平伯从干校回到北京后,没能再回老君堂,改寓建国门外的永安南里。1977年秋,移居北京西城三里河新寓,有大女儿一家与之同住。由老君堂宅到三里河新寓,时过境迁,可是,"古槐书屋"室名却是常使常新,愈叫愈响。1979年春,俞平伯在《〈古槐书屋词〉叶遐庵序》后记中,仍钤有"古槐书屋"的红印章;1980年,由香港书谱出版社出版的二卷本《古槐书屋词》,将1971年自豫归京后所填之词也都收在内,仍统称《古槐书屋词》。俞平伯于20世纪60年代初曾编辑《古槐书屋诗》八卷,未及出版,便被焚毁,笔者近年来为俞平伯《古槐书屋诗》的辑佚,虽与原稿相差甚远,而俞平伯仍非常高兴,名之曰《槐屋幸草》,"槐屋"即"古槐书屋"的简称。可知俞平伯对"古槐书屋"室名是何等钟爱。

1949年8月,俞平伯在怀念朱自清逝世一周年之际,明确谈了"古槐书屋"室名与朱自清的关系。他说:"'古槐书屋'这个名词,并非我难忘文人旧习,取个室名耍耍,乃是佩弦进城时每住在那边,有意戏呼的。现在非但这三间破屋租给人家了,连那棵老树似乎也变了质,假如考证起来,不折不扣地是棵榆树。这也可以算它的'奇迹'吧。"

无眠爱夜两当二乐之轩

同是在北京朝内老君堂宅内,后院南屋还有一室,曰"无眠爱夜两当二乐之轩"。俞平伯在《无眠爱夜》一文中,曾谈道:"觉得这'无眠'两字怪有意思的,曾取作室名:'无眠爱夜两当二乐之轩',因太长了,刻个图章太贵,做斋匾更了不起,而且这样狭长的匾,蜗居也容它不下,只好说说算数。"看得出他对这个室名是喜欢的,虽然因为太长而不便刻图章和做斋匾,俞平伯仍然舍不得丢掉它。他在1948年年初发表的《杜诗蒙诵》文后,即署"槐居士平伯识于无眠爱夜两当二乐轩之北窗下"。文后缀上室名,即使长点儿也是无妨的。

从"无眠爱夜"看,它当是卧室名。这个室名的产生是颇有意思的。读过俞平伯诗集《忆》的人,可能都知道他是"爱夜"的。《忆》中有不少诗是描写各季节的夜色的,他认为"夜是很好的境界,可惜被我们的眠哩梦哩给耽搁了"。朱自清在《〈忆〉跋》中解释了俞平伯"爱夜"的原因,他说:"夜是浑融的,夜是神秘的,夜张开了她无长不长的两臂,拥抱着所有的所有的,但您却瞧不着她的面目,摸不着她的下巴;这便因可惊而觉着十三分的可爱。"那么"无眠"呢?俞平伯说:"盖无眠者,虽然不是一定不要睡,也不是纯粹

43

的睡不着，不知因不要睡而睡不着呢，还不知因睡不着而索性不睡了呢，反正有点像狐狸之于蒲桃，又好像小孩子摔勒交就地打个滚。"而"两当二乐"则有典可寻。"两当"取自《战国策·卷十一》"晚食以当肉，安步以当车"句。而"二乐"则出自《孟子·尽心上》。孟子曰："君子有三乐，而王天下不与存焉。父母俱存，兄弟无故，一乐也；仰不愧于天，俯不怍于人，二乐也；得天下英才而教育之，三乐也。"其时，俞平伯三乐兼具，只是出于谦逊，不敢自矜有"得天下英才而教育之"之"三乐"，因此，只取其"二乐"。

20世纪40年代末，俞平伯在勉励外甥徐家昌努力求学的诗里，有"愿与衰宗成宅相，莫令二乐久咨嗟"之句，就是以二乐轩客自称的。

以上所介绍的室名，除古槐书屋稍纵即逝外，其余三个居室都是不同时期的卧室兼写作间，俞平伯始终就未曾有过真正的书斋。了解了俞平伯不同时期的不同室名，对于我们理解他以室名为题目的作品，是十分有益的。

晚年，俞平伯的室名又有了新的变化。如诺斋、三宜等新室名就是在这种情况下产生的。1983年4月，他为自己新拟一"三宜"室名，他在当月14日写给叶圣陶的信中说："近拟室名曰'三宜'，却并不真用，释之曰：'醒少谓之梦室，忏悔谓之丈室，屏居谓之静室；此三宜也。'"

（原载1985年1月13–15日香港《大公报》）

《红楼梦辨》的奇遇

俞平伯早期红学论著《红楼梦辨》问世已经数十年了，谁能想到当年这部书稿也曾有过一段失而复得的经历呢。1923年初，顾颉刚在为《红楼梦辨》所作序言初稿中，曾记下了这段往事。

1922年5月底，俞平伯带着已经完成了一半的《红楼梦辨》手稿，从杭州到苏州去看望顾颉刚，并商谈书稿的事。顾颉刚便邀请同乡好友王伯祥、叶圣陶和俞平伯同游石湖。顾颉刚后来在序言初稿中回忆道：当时平伯"急于回杭，下午船到胥门，赶乘马车到车站。这稿件是他一个多月中的精力所寄，所以他不放在手提箱里而是放在身边。马车行过阊门，他向身边摸着，忽然这一份稿子不见了。这一急真急得大家十分慌张。我说：'马车倒回去吧！看路上有没有纸包。'伯祥主意好，跳了下去，对准迎面来的人的手里看。一路过去，他忽然远远看见有一个乡下人，手里拿着报纸包着的东西，就上前问道：'这是什么？'拿来一看，果然就是平伯的稿子！于是他抢了回来，大声喊道：'找到了！找到了！'我们都上了马车，我笑着对平伯道：'你的稿子丢了，发急到这样，古人的著作失传的有多少，他们死而有知，在九泉之下不知如何的痛哭呢！'平伯道：'倘使我这稿子真的丢了，这件事我一定不做了。'"多么精彩的记载，可惜顾颉刚在定稿时偏偏删去了这一段，致使此事至今几乎无人知晓了。

20世纪80年代末，俞平伯的表弟、团结报社社长许宝骙也曾忆及失稿往迹，他说："当年平伯以三个月之努力写完他的《红楼梦辨》，精神上一轻松，兴兴头头地抱着一捆红格纸上誊写清楚的原稿，出门去看朋友，大概就是到出版商家去交稿。傍晚回家时，却见神情发愣，废然若有所失，不料竟真有所失——稿子丢了！原来是雇乘黄包车，将纸卷放置座上，下车忘记拿，及至想起去追时，车已扬长而去，犹如断线风筝，无处寻找了。这可真够别扭的。他夫妻俩木然相对，我姊懊丧欲涕，当时情景至今历历在目。无巧不成书，过了几天，顾颉刚先生（或是朱自清先生，记不准了）来信了，报道他一日在马路上看见一个收买旧货的鼓儿担上赫然放着一叠文稿，不免走近去瞧，原来却是'大作'。他惊诧之下，当然花了点小钱收买回来：于是失而复得，'完璧归赵'了。"事隔六十余年，记忆的模糊已为此事渲染上传奇的色彩。

俞平伯生前谈及这段"已全然忘却"的往事，也颇多感慨。

（原载 1992 年 3 月 6 日《厦门日报》）

俞平伯夫妇手抄《红楼梦》

红学家俞平伯不仅研究《红楼梦》，而且亲手抄写过《红楼梦》，俞家至今仍保存着这部手抄本《红楼梦》，如果不是亲眼所见，真让人难以置信。

1993年初春时节，我到北京拜访俞平伯先生的哲嗣俞润民夫妇，有幸看到了这部"俞平伯手抄本"《红楼梦》。据说，它是在俞平伯去世后，家人整理遗物时，从老人床下的木箱里找到的。此抄本用北京东四西同和兴印刷厂印制的朱丝栏双面稿纸抄写，每面10行，每行25字，中缝印着"同和兴印"四个红字。开本长25.5厘米，宽18厘米，线装，现存共有19册，总厚度约11厘米。抄本为繁体字，直行，无标点，蝇头小楷抄写，一丝不苟。全书共八十回，其中六十三回以前的部分，均为每三回钉一册；此后部分，也有两回钉一册的，如第六十九至七十回；也有一回钉一册的，如第七十四回和第七十五回。从笔迹上看，可以判断出是俞平伯夫妇俩合抄的：俞平伯的字体稍大，显得丰满遒劲；俞夫人的字体稍小，看上去更纤秀一些。有的整回均由俞平伯或夫人所抄，也有的一回内就有夫妇俩的笔墨。如第八十回，开首为俞夫人所抄，一页半后，由俞平伯接抄，五页半后，又由俞夫人接抄至终。这种情况在全书中屡见不鲜，让人想见夫妇俩似乎是在赶时间抄写这本书。他们究竟为什么要抄写《红楼梦》？抄的是哪一个版本？又是在什么时间抄写的呢？这些事情连他的亲属也不清楚，因为他们也不曾听老人谈起过此事。经查对发现，俞平伯夫妇手抄的原来就是20世纪50年代俞平伯整理校勘的《红楼梦八十回校本》。

早在20世纪20年代，俞平伯刚刚开始研究《红楼梦》时，他就想做版本校勘的工作。他愿意把许多《红楼梦》的本子聚集拢来校勘，以为校勘的结果一定可以得到许多新见解。他的这个夙愿直到三十年后才得以实现。

1953年2月22日，北京大学文学研究所宣告成立。俞平伯由北京大学中国文学系调到文学研究所古典文学研究室任研究员。随后，他接受了辑录脂砚斋本《红楼梦》评注的工作，不久，又承担了整理校勘《红楼梦八十回本》的任务。1953年10月，他写成了《辑录脂砚斋本〈红楼梦〉评注的经过》，发表在1954年7月10日《光明日报·文学遗产》第11期。同年，他还发表了《读〈红楼梦〉随笔》38则和《曹雪芹的卒年》等作品。1954年秋，他即受到了那场不公正的批判。直至1955年年初，他写出"自我检讨"为止，批判运动持续了半年多。

此后的一年多时间里，俞平伯几乎没有发表作品。据推测，这段时间正是他集中精力校勘八十回本《红楼梦》的时候，因为1956年5月，他的《〈红楼梦八十回校本〉序言》发表在《新建设》杂志第5期上，这说明校勘工作已经基本完成。1958年2月，《红楼梦八十回校本》由人民文学出版社出版。由此推测，俞平伯夫妇手抄《红楼梦》的时间在1955年至1956年之间，即校勘《红楼梦》的工作基本完成而稿子尚未交到出版社的时候。他们究竟用了多少时日如此精心完整地抄写了这部近70万字的《红楼梦》八十回校本，现在已经无从知道了。只是从这部手抄《红楼梦》中，我们看到了俞平伯先生对这部书感情的深厚，对《红楼梦》研究工作的执着，以及处世的豁达大度；同时，也看到了贤惠的俞夫人对俞平伯的理解以及在精神上所给予的巨大支持。

"文革"运动初期，俞平伯的大部分手稿和藏书均被焚毁，剩下的一些书籍也被抄没。1973年后，发还了一部分手稿和书籍，所幸

《红楼梦》手抄本也在其中,不过已经是残缺的了。细校全书,共缺少了二十九回,估计有10多册的样子。更为遗憾的是,其中的第一册,即第一至第三回的那一册也丢失了,俞平伯先生在书前是否写有什么"缘起"或"说明"之类的文字,也不得而知了。不过,俞平伯夫妇手抄《红楼梦》的初衷是不言而喻的。俞平伯先生研究《红楼梦》的版本多年,对于自己亲自勘订的,且自认为是比较近真的校本,自然会格外喜欢,夫妇俩联手抄写,保留下这一"俞平伯校本",无疑是十分有意义的。

就俞平伯夫妇本身而言,他们从手抄《红楼梦》中得到了精神慰藉和心理上的补偿;从《红楼梦》版本来看,它是一种进步和出新;就是在《红楼梦》研究的发展史上,它也是一段佳话,一段趣闻。

(原载1993年6月8-9日《澳门日报》)

俞平伯夫妇的干校生活

1969年11月17日至1971年1月17日，俞平伯先生曾偕夫人在河南农村干校生活了一年又两个月。在这一年多的时间里，他断断续续地给儿子俞润民写了许多像日记一样详细的长信，絮絮道来，如数家珍，使我们从中了解到俞平伯先生在河南干校的一段不平凡的生活经历。可惜的是其中的大部分书信已经丢失，仅存的二十余封家书中，还有数封是残信，因此，我们只能管中窥豹了。残缺的部分，或者更能给读者留下想象的余地，也未可知。

1969年10月，俞平伯所在的中国科学院哲学社会科学部文学研究所奉命全所下放河南罗山"五七"干校。此时，被戴上"资产阶级反动学术权威"帽子、正在学习班上接受学部及文学所批判的俞平伯，虽然已经接受了工人宣传队和解放军宣传队的"再教育"，但是，他仍觉得自己应该戴"罪"下放，继续接受贫下中农的"再教育"。1969年11月3日，文学研究所公布了下放的日期和安排，11月5日，俞平伯即做出了偕夫人许宝驯随文学所一起下放干校的决定。这无疑是明智之举，至此，为期甚久的名为批判、帮助、教育俞平伯的学习班方才告一段落。

四迁其居

下放干校，对于俞平伯来说，意味着到农村去安家落户，生活必需品都要带去，因此，置备行装的工作十分艰巨。经过十天的紧张忙碌，1969年11月16日，俞平伯夫妇告别了居住五十年的老君堂寓所,也告别了美丽的北京城,跟随下放干校的大部队启程,奔赴陌生的河南农村。学部敲锣打鼓欢送,待命下放的其他研究所人员都在欢送的队伍中。只见"下放人员整队而去:红旗开处,俞平伯和俞师母领队当先"。此时,俞平伯七十岁,俞夫人七十四岁,身体娇小羸弱,且是缠放足。杨绛先生在《干校六记》中,慨叹:"年逾七旬的老人了,还像学龄儿童那样排着队伍,远赴干校上学,我看着心中不忍,抽身先退;一路回去,发现许多人缺乏欢送的热情,也纷纷回去上班。大家脸上都漠无表情。"俞平伯自己唯一感到欣慰的是能与夫人相伴同行,"千里宵征欣比翼",除此之外也就没有什么可牵挂的了。从此,俞平伯夫妇开始了一种全新的村居生活。

1969年11月17日,下放的大部队到达河南信阳。不带家属的干部集中住在罗山,而带家属的则分住在信阳。12天后,俞平伯夫妇由信阳搬至罗山丁洼。在那里,为适应环境,他购置了小煤油灯。因为罗山是丘陵地带,无地可耕,干校也无事可做。14天后,即1969年12月11日,俞平伯一行又乘汽车,带着大堆箱笼物件,往北走了数百里,迁至平原地带的息县包信集,分住在包信小学的一间茅屋里,与同事孙剑冰家毗邻。俞平伯函告儿子:住室"地甚简陋窄小,汝母初到亦稍感不悦,我却能安之。其室虽陋,而周围环境颇佳,非常清旷"。此时已入大雪节气,因无煤,室内无法取暖,室温只有摄氏零度,俞平伯觉得"亦不过冷,惟手觉僵冷耳"。在这里,小煤油灯又派上了用场,因为"包信集通电,但小学无之,故照明仍需煤油蜡烛"。"此间有煤油,买一角钱的,小灯燃之"。这盏小煤油灯给俞平伯夫妇的村居生活帮了大忙,俞平伯曾极有感情地赋诗:"小灯明易灭,娇怯怕风侵。欲破周遭暗,荧荧藉尔深。"对弱不禁风的小煤油灯寄予深情。

俞平伯夫妇在包信小学的茅屋居住数日后,对这间住室才有了全面的了解。他在家书中说:"我们住室四面通风,西向的门其缝甚大，且墙亦缺损，东向的窗虽然糊上却仍透风，纸有时被小孩（后窗在校，临旷野）戳破，北面的墙靠屋顶处亦破了一块，故屋顶亦漏光，我们怕雨雪渗漏，据学校的人说并不会漏，因坏在墙，非屋顶也。但如大雨，我想也会漏的。""南北居住方式全然不同。冬天南方人不笼火，只多穿衣盖被，或用脚炉手炉，取暖在一身，不在一室。夏日亦然，不在室内灭蚊，而退守蚊帐。我幼年即如此生活，想不到晚年重温旧梦也。"

南北方生活方式的不同，生活环境和条件的差异何止天壤！在北京居住了五十余年的俞平伯夫妇在南来的短短一个月之中，三迁其居，此中况味不难理喻，而俞平伯却能随遇而安。此时，下放的干部和家属均分住两处，家属住在包信集，干部住在东岳集，两地相距15里地。俞平伯的邻居孙剑冰先生即与家人分住两处。俞平伯能够与夫人同住，这已经是最好的关照了，因此，他感到满足。他告诉儿子："我住小学内，非常清静，甚闲，一切听其自然。睡眠之佳，前所未有，大约7时左右即灭灯安寝（大家也睡了），直至次晨6时起床。……旁人或不喜这样生活，我却很喜欢的。"

搬至包信集后的第三天上午，俞平伯夫妇与孙剑冰的家属一起，开始了学习毛泽东著作的"天天读"，俞平伯受命主持学习。由原来的被批判，到如今的主持学习毛主席著作，这是多大的变化呀！俞平伯细细体味着下放干校所带来的人生处境的巨大变化。今后的运动向何处发展，自己的问题会得到怎样的解决，这一切都无法预测。他告诉儿子："我浮寄此间，生活虽尚好，心中亦不安定。"就在这种矛盾不安的心情中，就在这包信小学的茅屋里，俞平伯夫妇度过了1970年的元旦和随之而来的农历腊八——俞平伯七十周岁生日。

在包信集住了42天后，于1970年1月23日下午，俞平伯夫妇又一次奉命由包信迁至东岳。这一次搬迁的麻烦非同小可。包信和东岳同属息县,"步行路程虽只15里,但车路却很远,走了一个多小时,到时已昏黑矣。住邮局北首,一单间,不与人合住,比在丁洼、包信为好。但缺点亦很多。(1)暂时又不能生火,食堂离居住颇远,打水、饭食均不便。(2)室南向,北面无窗。门以芦席为之,不但漏风,且不能关闭。(3)邻家大人、小孩围观者甚多,且推门而入。这些比在包信又差多了。廿三日捆扎行李,汝母十分劳累,只铺盖是有人帮着收拾的。由信阳搬罗山,由罗山搬包信都比较好;因那时各件未全打开。住包信一月有余,东西十分零乱,归折就不易"。从俞平伯的家书中,搬家的艰辛已历历可见。

俞平伯夫妇尤其讨厌的是村民的围观,几乎是搬到哪里,围观便会到哪里。这也难怪:两位大城市的古稀老人为什么也要到农村来呢?他们在乡下是怎样生活的呢?听说这老头儿还是毛泽东主席给写过信的人,那他究竟是怎样的一个人呢?这些,不能不引起村民们的好奇,一传十,十传百,于是便想看个究竟。不仅是附近邻家的农民,而且有远道来探望的。俞平伯住在包信时,就曾记下1970年1月18日,星期天,天气仍寒,"早间有两次附近农民来谈话,下午又有两个人来。我住在这里,是很受人注意的"。"18日上午来的一个人叫王天芳,是防胡公社的农民,距包信有18里,不知是否专为看我而来"。俞平伯的同事、文学翻译家、诗人荒芜曾用"门庭惊若市,父老竞求书"的诗句,记载了俞平伯村居生活的情景。时间长了,这种门庭若市的生活也让人感到不舒服,正常的生活和休息都受到了影响,难免让人不胜其烦。然而,住得久了,与乡民们混得熟了,这种烦恼也就少得多了。

就在他们搬到东岳的第15天,迎来了庚戌年春节;接着就是农历正月十五元宵节,老夫妇俩在这间以芦席为门的小南房里,对着如豆的油灯,度过了这一传统的佳节。这一天,俞平伯口占一诗赠送夫人。诗云:

> 世事迁流六十年，前庚戌始缔良缘。
> 荒村茅屋元宵节，为应佳辰作饼圆。

他在诗中忆及前庚戌1910年在苏州，俞许两家始有订姻之议。七年后，于丁巳年（1917）九月既望日，俞平伯与许宝驯在北京成婚。如今又逢庚戌年，他怎能不感慨系之！

俞平伯在东岳住了两个多月后，他感到了东岳的情形比在包信时要好一些。1970年4月6日，他函告儿子："来此两个多月，总很平稳。虽无甚风景，亦多野趣，31日书中已言之。"可惜3月31日家书已经丢失，否则，我们也可从中看看俞平伯眼中的许多"野趣"，一定很有意思的。俞平伯所说的"来此两个多月，总很平稳"，那不过是不让家人惦念的宽心话，其实哪里会"总很平稳"呢！4月2日深夜，他们就经历了一场狂风的考验。俞平伯说：那日"南风颇甚，到半夜时，忽起大风，怒吼声隆隆。我们觉着脸上掉土，蒙被而卧。邻人夜起，来借电棒。我们亦未睡，后风稍小方睡着了。早起一看，原来我们住屋西边之茅草，已被吹去一部分，门边柴草满地，即由屋顶吹落之茅。是夕为西北风，亦不知几级，至少有8级。我们住屋本在这一排的西尽头，故吹落茅草。幸已有绳缚之，损失一部分，未全掉，尚待修补。远处另见一屋，整整吹掉一大片茅，露出屋顶。昔读杜甫《茅屋为秋风所破歌》云：'吹我屋上三重茅'，今日方有真切之感，而老杜之襟怀真挚旷达，古贤真不可及。……晨起屋内无处不是黑土灰尘，我们两人收拾忙了半个上午"。多么生动的写照，多么真切的感受！俞平伯情不自禁地联想到杜甫在茅屋为秋风所破之后，想到的是"安得广厦千万间，大庇天下寒士俱欢颜，风雨不动安如山。呜呼！何时眼前突兀见此屋，吾庐独破受冻死亦足。"因此，他慨叹"老杜之襟怀真挚旷达，古贤真不可及"。杜甫的旷达襟怀，对俞平伯也是一种无声的鼓励，使他们能够更加安然地面对各种突发事件。

事隔十四年后，就在相濡以沫的夫人去世两年多之际，俞平伯怀念夫人，不禁又忆及这次狂风历险记，他随即写下了一首诗："出水银鳞不自怜，相依一往胜如前。旧茅未为秋风破，经岁平安合谢天。"并附跋语云："1970年在息县东岳集，借住农家废舍。东风吹卷茅龙，幸居停夜起维修，翌晨犹见残茅飘浮塘上。忆杜甫《茅屋为秋风所破歌》云云，方喜偶逢诗景，忧患余生，溺人必笑，初不觉其境之险也。"可见这次经历的刻骨铭心。

经过四迁其居，俞平伯夫妇在息县东岳的这间小农舍里，终于安居下来，他们在此整整住了360天。1970年6月8日，正值农历端阳节，俞平伯即兴赋诗二首：

晨兴才启户，艾叶拂人头，知是天中近，邻居为我留。

清润端阳节，茅檐插艾新。分尝初刈麦，惭荷对农民。

诗中既写出了端阳节茅檐插艾叶的乡风民俗，又写出了"分尝初刈麦"的喜悦，更写出了乡邻对俞平伯夫妇的热情关照。当然，从"晨兴才启户，艾叶拂人头"诗句中，我们也看到了俞平伯住室门户的低小。

在他下放干校一年之际，他仿唐代诗人刘禹锡的《陋室铭》，作了《陋室》诗二首：

炉灰飘堕又飞扬，清早黄昏要扫床。
猪矢气熏柴火味，者般陋室叫"延芳"。

> 螺蛳壳里且盘桓，墙罅西风透骨寒。
> 出水双鱼相煦活，者般陋室叫"犹欢"。

从诗中，我们已经领略了俞平伯夫妇所居陋室的真实况味。俞平伯给这间"猪矢气熏柴火味"且狭小而透风的陋室赋予佳名"延芳"，又称其为"犹欢"，取"处涸辙而犹欢"之意，这是何等乐观的情怀！

为了不让儿子挂念，俞平伯在1970年11月26日的家书中，进一步从地理方位谈了对"陋室"的理解。他说："23日微雪，仍冷。预报最低温度摄氏零下2度至4度。北方最低温度于人的生活影响不大，如北京每零下10余度而室内仍甚暖。这里却不然，室内与室外相差无几。前在包信屋内的线粉结成冰块，即是一例。大江南北均然，不独此间之'陋室'然也。"

由于住室过于狭小，俞平伯带去的文房四宝笔、墨、纸、砚等，放在箱内，竟始终未能拿出使用。一个箱子架权当桌子用，一支自来水笔便帮助他记下了自己的所见所闻和所思所感。正是由于俞平伯的豁达、大度，能够苦中作乐，从不怨天尤人的精神，才使他克服了难以想象的困难，经受住了农村干校生活的考验。

柴煤之忧

俞平伯夫妇在农村住下后，生活中的困难便接踵而至。在"柴米油盐"这些生活必需品中，柴被排在了第一位，可见它的不可或缺。俞平伯夫妇在干校的一年多时间里，同样没少为柴煤而担忧。

初到干校，虽然吃饭可以食堂为主，但用热水也不能没有柴。时值冬日，老年人不耐寒，息县没有煤，取暖更成了大问题。在包信小学居住时，精明强干的俞夫人用"速溶咖啡"小铁盒盛上煤油，在盖子上开了三个孔，按上捻子，自制成简易小煤油炉，用以温菜；又自己穿墙孔安装炉子，用从集市上购得的麻秆儿，对付着烧些热水。摸索了一点经验后，又用麻秆儿烧治了"胡葱豆腐""百叶鲜虾""大小米粥"等比较可口的饭菜。虽然费事不少，但是，终能自得其乐。

到了1969年年底，即12月27日，他们终于第一次分到了末煤50斤。"这是所内用卡车由信阳运来的，每人配给一筐"。在城里，有机制煤球，可以直接烧用。而在乡下，就得自己想办法，把末煤做成小煤块儿，方可烧用。可见事情并非那么简单。俞平伯在1970年元旦的家书中，写道："煤虽来了少许，和成小块，却尚未烧。麻秆一烘即过，不易引燃。或将有劈柴，亦未能定。""30日又来末煤300斤，室内不能容，只得堆在户外。如何笼上，尚是一个问题。中午居然对付笼上，……室内温度亦达华氏40度。带来炉子，费事甚多，总算用着了。"室温华氏40度，仅仅相当于摄氏5度左右。

十天后，俞平伯夫妇所期盼的劈柴终于分得百斤，但是，大半是整段的木柴，零枝甚少，"我们又无力搬运，仍赖革命群众帮忙。虽运来了，怎么用法，也尚是问题"。引火用的劈柴解决了，劈劈柴的困难又明显地摆在那里。1970年1月15日，他在给儿子的信中，再次谈了烧煤和取暖的困难："煤碱均汝母自做，较松，虽好烧却不持久。留火既困难，即每有接不上之虞，因之汝母终日碌碌，我只弄些黄土，助力亦有限。此间之生活，你有些不能想象得之者。""因煤碱力弱，不耐烧，晨起炉火多灭，总对付地笼上。顷已届'三九'，……"似乎寒冬很快即可挨过去了。谁知，冬去春来，柴煤之忧仍苦苦地困扰着俞平伯夫妇。1970年3月24日，他在家书中，又一次谈到了笼火的困难："你母虽不须上工，在家却很累。即'炉火'就够麻烦的。高粱秆、豆秆，一烘即过，只能烧一两样，烧一壶开水。若煨肉煮鱼，均非煤火不可。末煤既少，又无劈柴（此间树木少，所见均是细杆稚树，从未见过大树，盖土性然也），笼一炉煤，是很不易的。"

由于烧柴的困难是干校中人所共知的，所以，俞平伯因分柴而被骗去十元钱的事情，便成了干校中的一则小新闻，而被大家传说着。据俞平伯自己讲，1970年8月9日，他从荒芜处得知干校"有高粱秆，可以自己用车去拉来，不收费的。于是就托比邻房东，名叫高堂的，用他们的板车去搬运"。"高堂回来说，要收钱，五分一斤，共二百斤，我们便付与十元。以过去我们用的煤和劈柴都是花钱的，亦不以为误。后来将柴拉来，虽很多，却似亦不够二百斤，且很乱，零碎（整齐的秫秆，集上亦不过四分五一斤），似乎很贵。这样就算了。其时我处正缺柴火，得此大批秫秆，亦可解决问题。及后又晤荒芜，方知道干校是不收钱的，这十元钱被不知谁人'中饱'了。现在干校在查究，并叫高堂去找那个人。有何下文尚不可知。我反正不想追回此款，听其自然而已。"自20世纪50年代以来，俞平伯在精神上、心理上所受到的伤害太多了，相比之下，这十元钱的损失又算得了什么呢！只是这老知识分子被欺骗、被愚弄之感，让人心生不悦。

雨天之累

俞平伯的干校生活，不仅有柴煤之忧，而且饱尝了雨天之累。在首都北京居住了半个多世纪的俞平伯，熟知那里的气候风多雨少，偶尔下些雨，既可湿润空气，洗涤尘埃，又可浇灌路边的树木和花草；暑天下雨还可消除燥热，带来一些舒心的凉爽和惬意；即使是瓢泼大雨，也只会把柏油马路冲刷得更干净，很少让人感到泥泞之苦。而在河南息县农村雨天的感受却是非同小可。1969年12月25日，时值农历冬至，天气阴冷，却仍下着小雨。俞平伯从包信到东岳集去开会，这一次他着实尝到了东岳雨天的滋味。他在给儿子的信中说：12月25日上午，"在中学集合步行往东岳集（开会），路很远，有15里，却都是平路，没有岗陵。路亦径直，往西一直走就到了。9时行，至11时1刻方到。在那里吃点午饭，初办食堂，比丁洼的更为简陋。下午听贫下中农的报告，时间不长，至3时许即散会。是日上午天阴，午后一直有小雨。我未带雨具，幸借得一伞，冒风雨而归。道路泥泞十分难走，幸有同事数人沿途招呼，才勉勉强强于6时余抵寓，其时天已昏黑，棉鞋、棉裤、棉大衣无一不湿，泥污不堪"。15里地走了三个多小时，一位七十岁的老人在泥泞的风雨中一步一滑、艰难跋涉的情景已然可见。俞平伯曾以诗记下这一次的经历：

至日易曛黑，灯青望眼赊。泥途云半舍，包信一何遐。
已湿棉衣重，空将油伞遮。风斜兼雨细，得伴始还家。

雨天的道路极其难走，而息县东岳又偏偏多雨，这给俞平伯生活带来的困难就更难想象。1970年初春，他写信告诉儿子：2月"21至22日天气都很坏，霖雨不止又转为雪珠，道路极难走。21日上午我工毕回家，已微雨，路滑甚，未携手杖，几致蹉跌，幸有一行路人相扶，往北走了一段，后另有一人挽送始到家。若此情形自不能再去。22、23两日雨不止，只蛰居陋室，不能出外，且气候甚寒。煤和劈柴都没有了，只剩一些高粱秫秸对付笼火而已。后来并秫秸亦烧完了。幸时得照顾，每裹饭相饷（阴霖裹饭，原典出《庄子》，从前漫读，不太了解，今当此境界，方有真实之感）。此间之泥，遇雨则成胶，日晒干了如石，见风则裂。道路之难，你们不易想象"。从俞平伯对东岳这块土地的描写，我们似乎已经看到了它雨天的泥泞、晴天的坎坷和风天的龟裂，我们也更能理解它只有"细杆稚树，从未见过大树"的原因了。

清明时节，正是北方地区春雨贵如油的时节，而俞平伯所居的东岳，却遭逢连阴雨，困居陋室多日的俞平伯又一次以诗记下了他对雨中泥泞的无奈：

　　几日茅檐盼雨晴，倩人扶我出门行。
　　迷离玉雪玻璃翠，快睹西畴小麦青。

　　又出檐前问可晴，不能健步拔泥行。
　　白头相对甘憔悴，负了塘边柳色青。

两位白发老人，被雨所困，既不能出门行走，又不能快睹返青的小麦和塘边的翠柳，站在茅屋檐下，他们多么盼望快些雨过天晴啊！可是，到了夏天，雨下得更勤。总不能老是待在家里，明知行路难，总还要走走看。1970年5月9日仍雨，俞平伯不得不去上工，傍晚幸赖一村民搀扶他回到家。俞平伯无限感激在困难中给他以帮助的人，他在诗中写道：

　　雨中行路一趑趄，昏暮思归昧所趋。
　　自是人情乡里好，殷勤护我到茅庐。

农民的淳朴、善良、热情和尊老敬老、乐于助人的品质，给俞平伯留下了极深的印象。1971年2月，已经回到北京的俞平伯，仍念念不忘："我在农村时，或行路不便，或走错了路，或将摔跌，或已摔跌，都有人来搀扶照顾，或送我到目的地，绝无例外。这不知是古道还是新风，总之是非常难得的。"

南方的雨水多，对于俞平伯来说，有弊也有利。1970年秋天，俞平伯竟意外地看到了清晨的彩虹。他在家书中说：10月"23日晨去打粥,归途见西方有'虹'一段,想起《诗经》上的两句:'朝隮于西,崇朝其雨。'早起有虹是不大看见的(一般都是在傍晚见之),这正合《诗》上所云。是日果有微雨,下句亦应了。此后连日阴雨,迄26日始止"。隮,虹也,"朝隮于西,崇朝其雨"这两句出自《诗经·鄘风·蝃蝀》,意即:清晨有虹在西方,整个早晨都会落雨。这也是古人长期的生活经验总结出来的气象谚语。由于南方雨水较多,竟使俞平伯见到了这一罕见的自然现象,并使他早年研读的诗句,在晚年的生活中得到了验证。这是多么有趣的事情啊!

尽管农村生活有诸多的不如意,但是,俞平伯更多地看到的还是农村的田园风光和乡土气息。他描述所居茅舍西边池塘的风景:

> 塘边有些小树,隔塘则见田垄。塘中鹅鸭嬉游,亦有撒网捕鱼者。落日殷红,晚霞明丽,映水作胭脂色,且每日变化不同。我每喜观之。

他对农村的一切都极感兴趣,他曾用诗记下了东岳的池塘春景、东岳集名的来历以及集市上的情景。如:

> 樱子黄先赤,红桃更绿桃。塘春多扁嘴,延颈白鹅高。

> 东岳庙恢扩,闻当街北头。他年遭劫火,空有"集"名留。

> 明日当逢集,回塘撒网赊。北头卖蔬果,南首有鱼虾。

1970年4月中旬,他满怀喜悦地向儿子报告了他的新发现:"顷看见一树,地面落花紫色,五瓣,极似昔年院中之紫丁香。询知是楝花。此花在诗词中每见之。所谓'二十四番花信风',其第二十四

番,即楝花风。开到此花,春信全了,故诗人每每用之。我却从未见过,因口占二诗",诗名《楝花》:

  天气清和四月中,门前吹到楝花风。
  南来初识亭亭树,淡紫英繁小叶浓。

  此树婆娑近浅塘,繁花飘落似丁香。
  绿阴庭院休回首,应许他乡胜故乡。

  俞平伯是个有心人,他不仅使书本知识在现实中得到了印证,而且表现出他对农村的花草树木都充满了深情。就在那年的夏天,这棵楝树即被砍去了,倒是俞平伯的《楝花》诗为它留下了永久的纪念。

劳动之乐

  在干校的劳动大军中,俞平伯和文学研究所内的几位"老弱病残"者,都被列入了照顾的对象,盖房、脱坯的重活儿没有他们的份儿,只派些轻活儿给他们。在干校的一年多时间里,俞平伯先后在菜园班搞过积肥,当过看守,而干的时间最长的是搓麻绳。1970年3月24日,他在信中向儿子讲述:"我近来生活,上午7时半至8时上工,约11时即回家;下午2至5时,搞积肥约两小时,前信中已说到。看守,主要的防人窃肥。若顺便临时任务,则范围极广。关于伙房者,如防鸡啄晾晒之白菜、板桌上一锅红烧肉;搬家之时,则有待运之大铁锅、粮食、腌肉等。又新买来的小猪,放在院中,防它走出范围。……我虽劳累,有时亦颇悠闲。"俞平伯在旧伙房前当看守时,还兼管着看小猪,防它出走。当时,原文学研究所所长、著名诗人、散文家何其芳就被分配喂猪,俞平伯也曾帮助他驱猪入圈。这一段的劳动生活还是很有趣的。1979年，俞平伯为新刊《何其芳诗稿》题诗时，还在其中一首叙述了这段经历："习劳终岁豫南居，解得耕耘胜读书。犹记相呼来入苙，云低雪野助驱猪。""苙"，即猪圈也。

1970年4月6日，俞平伯函告儿子："伙房前积肥堆如小土山，4日上午以手摇拖拉机运走，猪于下午4时驱走。以席盖的男厕已拆去。因此我在旧伙房前已无工作可做，并无可看守的对象。将来工作如何安排尚不知，……我总听组织上分配也。"从此，他便开始为工地盖房之需，编麻绳和麻辫子。麻辫要求甚粗，为捆绑脚手架之用，俞平伯不能为，只编麻绳，麻辫则由俞夫人代劳。最初有一个小组，四五个人，俞夫人有时也来参加，大家集中在一起干活。如1970年5月8日，有雨，路极难走。俞平伯上下午均至钱锺书先生处搓麻绳。后来，为了照顾俞平伯夫妇，就让他们在自己的住室搓麻绳，工地派人给送料并取走成品。俞平伯用一木制的坠子，先将麻转成麻坯，然后再把两股合拢，成为麻绳。规格以三丈为一"绞"，俞平伯一日至少做一绞，有时还可稍多。有麻即做，无麻即停工休息，这样自5月下旬至9月初，俞平伯夫妇共编了115绞，其中俞平伯编了一百之数。1970年9月6日，他在家书中告诉儿子："看来这工作暂时稳定了。你母做得比我好。在干校义务劳动，工作量不拘大小，总是美事；对我亦有益。"

当然，俞平伯偶尔也有到工地参加劳动的时候，如1970年5月3日至4日，不过不是干重体力活儿，而是"绑秫秆，备盖房之用，俗称'扎把子'。须扎数百根之多"。他在1970年5月11日家书中说："我并不能捆绑（因非扎紧不可），不过当当下手而已。3日上午9时去，晚6时归，抵家近7时。"

在干校的劳动生活中，他们迎来了1970年的"五一"国际劳动节。这一天，荒芜来到俞平伯茅舍，与两位老人共度佳节，并赠诗一首：

> 朝读夕耘夜绩麻，灌园莳圃永安家。
> 休言老去筋力减，邻媪争传饭量加。

俞平伯欣然和诗一首：

> 脱离劳动逾三世，来到农村学绩麻。
> 鹅鸭池塘看新绿，依稀风景似归家。

此诗真实地反映了一位老学者、老诗人在农村参加劳动锻炼，深入体验生活的情景。因为俞平伯对农村生活有了切身的体会和感受，所以，他在当年秋收时节的家信中，叮嘱已经下放农村的儿子，说："队中工作正忙，似不宜多回家。在农村里，农忙农闲，区别很大。"如果没有农村生活的实践，很难想象一位书斋中的老知识分子能够说出如此贴切农村生活的话来。

在平静而又贫瘠的农村劳动生活中，他们迎来了农历庚戌年九月十六，夫妇俩结婚五十三周年纪念日。这一天，俞平伯赋诗二首，纪念他们共同度过的650个月圆之日（包括农历闰月）。诗云：

> 一从丁岁连鞯轩，六五零回月子圆。
> 今日中原来寄寓，尘灰粗粝总安然。

> 湖山佳处燕徜徉，甥馆无愁又浙杭。
> 今日茅檐双戢羽，未须流眄话雕梁。

诗前，俞平伯写了送给夫人的极富感情的长序，他说："自京来豫，瞬息一年，四迁其居，颇历艰屯。然以积愆负累之身，犹获宁居无恙，同心鸳耦昕夕相依，人生实难，岂易得哉。昔云'闲踪紫陌黄垆泪，陋室青灯白首容'者，殆为今日咏欤。""畴昔东华亲迎成礼，于顷五十馀年矣。此半个世纪中，变革动荡，虽陵谷沧桑犹为泛喻。家中两亲三姊俱谢世尘，回顾悄立。设非君耐心坚力揩挂危颠，真不知此身何所，每一念之，愧悔之情百端交集，岂惟今昔荣悴之感耶。今岁喜遇斯辰，九秋圆月仿佛从前，辄发狂言以回倩盼，不觉其言之诞娄也。"数十年来，俞平伯对夫人的感激、负疚之情已尽在不言之中。在这特殊的环境下，在这间四面透风的小茅舍中，夫妇俩以诗代酒，不声不响地度过了这颇不寻常的一天。

"一切艺术都不可与生活的努力须臾离开"（俞平伯 1922 年语）。正因为俞平伯有农村生活的真实感受，他的心中才自然流淌出那么多亲切、真挚、富有生活气息且通俗易懂的诗篇。这些诗作，他无一不写寄给儿子。那时，俞润民也同俞平伯一样，正下放在天津郊区农村。受父亲的熏陶，他偶尔也写些小诗抒发情怀。俞平伯则及时给予鼓励，并向儿子讲述了他自己对诗的理解。他在 1970 年 5 月 11 日的家书中说："你想作诗抒情，我很同意，不过诗非易作者，做了亦未必有啥好处，若我即前车之鉴也。……作诗即非有损，总亦无益。古人所谓'穷而后工'，白话亦有'诗中做不出来富贵来'之说；但它却能状难言之情，道口语之不能道，故好之者亦多。若什么都能口说，或写散文，那么，就无须乎诗了。""能状难言之情，道口语之不能道"，这便是诗不同于其他文体之处，也是俞平伯格外喜欢作诗的原因所在。

那一年的中秋节前后，俞平伯曾作赠荒芜诗二首，其中一首写道：

相逢遥忆五年前，同向中州是胜缘。
我愧哀羸君努力，园田工竞乐君先。

这首诗中出现了两个"君"字，俞平伯告诉儿子："并无妨碍。近体诗固避'重字'，但作者如有意用之，即两见、三见俱可。如唐诗中：'空山不见人，但闻人语响'，便是眼前的例子。又李义山《夜雨寄内》诗云：'君问归期未有期，巴山夜雨涨秋池。何当共剪西窗烛，却话巴山夜雨时'，不但重一字，且重四字。前诗'君'字亦然，显得恳切郑重。"

别看俞平伯情趣盎然地作诗，不厌其烦地在信中与儿子论诗，其实，他的心情并不轻松。学部在干校仍在搞运动，清查"五·一六分子"。他因为随家属借住农舍，远离集体，有些批判斗争的会，由于身体不适或通知不到，多未能前去参加。不参加批判会，他的心情也不踏实。他关注着"棚友"们的遭际，更惴惴于自己的命运，不知道自己的问题会得到怎样的解决。运动进行了这样久，自己老是一个有问题的人，老不做结论，精神上总是一种不轻的负担。因此，他十分注意领导来访的态度，试图从中揣测出自己未来的命运。他在家书中，多次记载着：

1969年12月28日，星期日，"有宣传队等领导同志到寓所来看，大约暂可安居"。

1970年9月25日，"上午连部领导人前来看我，叫我在家抓紧学习，问我们有什么需要，态度还好，坐了一会儿而去。搓麻绳工作亦向他汇报，并要麻经"。

1970年11月1日，"晚7时许，有宣传队某同志和连部领导人王保生来看我们。宣传队态度很和气，问我住此有什么困难，叫我下雨天不要出门等等。自宣传队老薛走后，尚未有宣传队人来访，他们之来总是件好事，想为你们所乐闻也。至于问题如何解决，仍不能测度"。

1970年11月20日，"晚7时，宣传队的同志和连部王保生又来访谈，态度和蔼，仍未谈到我的问题，只对我们生活表示关切，小坐而去"。

古人云："竹外桃花三两枝，春江水暖鸭先知。"从领导的"态度还好"，"态度很和气"到"态度和蔼"，这中间所发生的变化，只有俞平伯夫妇自己能够体会得最真切。

1970年10月16日，是毛泽东主席撰写《关于〈红楼梦〉研究的信》十六周年纪念日。十六年前，俞平伯尽管没见过这封信，可是他为此受到了不公正的批判。"文革"运动初期，他再次获咎。回想往事，使他情不自禁地对下乡前后的处境又一次做了对比："去年那时在京，学部及文学所曾大批判我，且为时甚久，在学习班上直搞至11月5日决定下放到干校时方始中断。今年此日，却寂无所闻，亦不知在工地曾开会否。我就得安居了。"想想那些紧张的被批判的日子，不免令人毛骨悚然。对于俞平伯来说，这种"安居"来之何等不易！由"触及灵魂"到"劳其筋骨"，不能不说是大进步了。1970年10月16日这一天，夫妇俩特意打开了儿子寄来的"回锅肉罐头"，为这来之不易的安居而庆贺。

思乡情深

1971年，元旦和俞平伯七十一岁生日刚刚过去，1月12日，干校即宣布决定：在国务院周恩来总理的关怀下，俞平伯等十余位老知识分子提前从干校毕业，返回北京。这一特大喜讯，真使俞平伯夫妇喜不自禁。从宣布决定，到回到北京，只有一个星期的时间，非常紧张。其间要收拾行李，写思想小结，告别东岳，移住公社大院，又到信阳，午夜上火车，18日凌晨1点开车北上，真是速战速决。15日离开东岳时，乡邻们都来热情送别，并欢迎俞平伯夫妇他年再来。俞平伯深受感动，立即口占一诗《将离东岳与农民话别》，记下了这热情洋溢的送别情景："落户安家事可怀，自憎暮景况非材（谓自己年老又不会劳动）。农民送别殷勤意，惜我他年不管来（'不管来'记原语，本地方言）。"

俞平伯夫妇在干校整整生活了一年零两个月，1971年1月18日，安抵北京。他在家书中述说了到京时的情景：学部"宣传队王同志（解放军）用他小车送我们到招待所，……在二楼有一间房，宽大清静，有一双人床备卧具。这样最适于我二人之用。铺盖虽已取到，但大床是慢件，约三五天以后方能取得。睡眠清静，甚适。有暖气设备及煤气灶。前在东岳用秫秆烧灶，后改用煤炉，今又改用现代装置，变化甚剧"。1月22日，俞平伯夫妇正式搬入建国门外永安南里10号楼3单元303室居住，原先住了50年的老君堂寓所这时已为公用。俞平伯总结自己从东岳回到北京的经过，告诉儿子："此次搬家，十分凑巧。从1月12日宣布决定，到22日迁入建外新居，前后只有十天，可谓迅速。其中包括写思想小结（写作环境在我一生中是最坏的），收拾一切物件装车，移住公社大院，到信阳，午夜上火车，到京住招待所，分配房屋，取回行李并搬入新楼。单靠我们两人是不可能的。"俞平伯深切地感受到了集体的力量。

迁入北京新居后，静下心来，俞平伯回顾并由衷地分析评价了自己的干校生活。他告诉儿子：东岳"这地方不算错，如老乡所谓'不冷不热，吃啥有啥'，最大的毛病是离信阳远，交通不便，我与汝母住在那里，实际上是陷在那里，我固愿意安居，亦只得安居。若非组织上发动，一切得到照顾，有李君大力相助，我们是无法离东岳而到北京的。我们要年轻些，在60岁左右，那便要好得多"。他说："我好空想，原本错误，但若无蛰居乡村的憧憬，却亦无法度过这一年又两个月。现在总算大体安好，以后就再说了。"

对于自己目前的处境，俞平伯也十分清楚，他对儿子说："我的事情,由京下放干校进了一步,由干校回京又进了一步,当尚有下文,亦只宜静以待之。我一切皆无所谓,听组织上决定。"他从自己下放干校又回到北京的经历,感觉到事情正在向好的方向发展,他相信组织上会对他的事情做出公正的结论的。他静静地等待着这一天的到来。历史没有让他失望,他终于看到了河清之日。

俞平伯回到北京后,始终不忘曾经生活和劳动过的东岳,始终不忘善良淳朴的乡民们。1971年春节期间,他作诗一首:

> 芸田终远胜佳游,一载从之力未酬。
> 想象西畴正东作,只馀衰朽住层楼。

可见他身在北京,心仍挂念着东岳。不久,他收到了东岳房东之女的来信,"情词恳切,读之颇多感慨",于是,又口占一诗:

> 日日风寒已是春,农娃书信慰离人。
> 却言昨梦还相见,回首天涯感比邻。

农娃的来信,又一次勾起了俞平伯的思乡之情。他诗兴大发,想到曾经给他温暖、使他安居的茅屋,他得五绝一首:

> 茅檐绝低小,一载住农家。倒影西塘水,贪看日易斜。

俟将此诗写出,他仍觉言不尽意,又作"题前作《陋室》诗"一首:

> 不觉春秋易变迁,不辞经岁又经年。
> 若教门里安心住,道以佳名不是颠。

在那特殊的历史时期，在那艰苦的环境之下，俞平伯夫妇居住的那间陋室，已经是难得的安居之地了，就冲着这一点，这间茅舍也足以配称为"延芳"和"犹欢"的佳名了。

此后，俞平伯又作了五律《元夕得友人书》一首：

> 近得鲤鱼信，还开东岳书。平安诚可喜，锻炼复何如。
> 又展新葱翠，长怀旧草庐。经年欢绪永，三宿意踌躇。

诗中又一次反映出俞平伯对东岳旧草庐的情有独钟。

1975年10月上旬，俞平伯应邀出席国庆招待会后，不幸突患脑栓塞偏瘫。他在治疗过程中，仍心系息县，他请友人代为询问息县近况，他说："荒村破屋，虽不能再至，而知其无恙，总可喜也。"

1977年10月28日，农历丁巳年九月十六日，是俞平伯夫妇白头偕老六十周年重圆花烛之日。福慧双修，梅松并茂，重圆花烛，世所罕见。为此，俞平伯精心创作了七言百行长诗《重圆花烛歌》，详细述说了嬿婉同心六十年的经历，其中尤以浓墨重彩记述了在河南干校的生活：

> 燕郊南望楚申息，千里宵征欣比翼。
> 罗山包信稍徘徊，一载勾留东岳集。
> 小住农家亦夙因，耕田凿井由先民。
> 何期葺芷缭衡想，化作茅檐土壁真。
> 村间风气多淳朴，旷野人稀行客独。
> 步寻来径客知家，冉冉西塘映萝屋。
> 兼忆居停小学时，云移月影过寒枝。

> 荆扉半启遥遥见,见得青灯小坐姿。
> 负戴相依晨夕新,双鱼涸辙自温存。
> 烧柴汲水寻常事,都付秋窗共讨论。

俞平伯在这首注入了毕生情感的长诗中,用了五分之一的篇幅,记述了在河南干校一年多的生活,情感的倾斜已经一目了然。更由于感受的深切和时间的靠近,他认为写乡居光景的这一段诗是他比较惬意的。尤其难得的是,他的老友叶圣陶也有同感,"亦尤其中意此一段",并称赞其中的部分诗句"可谓神来之笔"。

1978年端阳节,俞平伯在与友人的诗词唱和中,作了《戊午端阳》一诗:

> 已无箫鼓闹端阳,解粽还堪劝客尝。
> 忆昔淮西逢令节,家家户户麦秋忙。

从这首诗中,我们知道俞平伯又想起了八年前的端阳节:在河南东岳"茅檐插艾新"和"分尝初刈麦"的情景。

1990年10月15日,俞平伯以九十一岁高龄逝世于北京。在他的一生中,他住过苏州、杭州、北京和河南的息县东岳。从地理位置看,苏州、杭州是我国南方著名的风景旅游胜地,北京是我国的首都,只有河南息县东岳是偏僻贫瘠的农村。从居住条件看,苏州马医科巷有他家的老宅曲园;杭州的西子湖畔有他家的祖传别业俞楼;北京朝内老君堂胡同有他的"古槐书屋"和绿荫庭院;只有在河南息县东岳是借住农家的茅舍。从居住的时间看,他一生中有70年住在北京,在苏杭两地也先后居住了近20年,只在河南息县住了一年零两个月。无论从哪一方面看,河南息县都无法与北京、苏州、杭州相比，可是，在河南乡下的这段生活留给俞平伯的印象之深刻，却绝不亚于北京和苏杭。

在俞平伯的诗作中，很少看到他吟咏自家老宅的诗，可是，他却为河南的这间茅舍写下了许多诗篇。如今，苏州的曲园和杭州的俞楼因为是清代大学者俞樾的故居而成为当地的人文景观；北京的老君堂寓所因为是大四合院，在归公使用的近三十年间，办了幼儿园，成为孩子们的乐园；唯有河南的那间茅舍或许早已被更新为砖瓦房甚或小楼房了，然而，俞平伯的诗却使它的形象永远留在了人们的记忆中。

（原载《名人传记》1994年第12期）

记忆有时是靠不住的

在《博览群书》2004年第8期，我读到了黄波先生的文章《唱样板戏的俞平伯》。文章为拙著《俞平伯年谱》补述了漏写的一笔，"这就是俞平伯先生当年在'五七干校'唱样板戏的一幕"，而且认为"漏写的这一笔实在重要"。

黄波先生补正的依据，是看到了俞先生当年在文学研究所的同事刘上杰先生撰写的回忆文章，即发表在2000年1月19日《中华读书报》上的《俞平伯先生印象记——纪念俞平伯先生百年诞辰》一文。该文还发表在2000年6月30日北京昆曲研习社《社讯》第13期，题目为《一位非常可爱而又可敬的老人——俞平伯先生印象记（纪念俞平伯先生百年诞辰）》。文中有一段文字记述了俞平伯在河南干校的往事。作者写道："后来，干校从息县迁到明港军营，不搞生产，只搞运动。那时候，会前会后要唱革命样板戏，这教唱样板戏的任务就落在了我的身上。……想当年，我向俞先生学唱昆曲，没学成；想不到在明港军营中，俞先生坐在人群里向我学唱样板戏。看到擅长唱昆曲的俞老先生如此认真地、有板有眼地学唱革命样板戏，我觉得这真是富有戏剧性的一幕！"这段记述果然"富有戏剧性"。我们知道，俞平伯先生是1969年11月被下放到河南干校的，1971年1月，在国务院总理周恩来的关照下，他与吕叔湘、翁独健、孙楷第等十一位著名学者、老知识分子受到了特殊照顾，从河南息县提前回到了北京。"干校从息县迁到明港军营，不搞生产，只搞运动"，那已是1971年4月的事了。那时俞先生已经在北京中国科学院哲学社会科学部为他们组织的学习组里参加学习了，明港军营已经不可能留下俞先生的身影了，刘士杰先生又怎么可能在明港军营中看到俞先生坐在人群里认真地、有板有眼地学唱革命样板戏呢！很显然，这是作者在印象的基础上，加入了合理想象，只是忽略了主人公不可能在场的这个前提，所以"印象"失真了。俞平伯先生当年"唱样板戏的一幕"或许会有，但是，绝不可能发生在明港军营中。那么，这一幕究竟发生在何处？时过境迁，现在已不能确说。既然是不能确说的事情，当然不能写入《俞平伯年谱》中。以事实为依据，有一分材料说一分话，这是我们治学的原则。

在此，我还想顺便说一说刘士杰先生在《俞平伯先生印象记》中出现的另一处误记。文章说："在'文革'中，红卫兵'破四旧'，把原有的街道、胡同名称都改成诸如'东方红街'、'反修胡同'等'革命性'的名称。而不识时势的俞先生却针锋相对地写了一本考证北京街道胡同的书。此事被红卫兵知道后，其后果可想而知。俞先生又被狠狠地批斗。红卫兵小将们说，我们'破四旧'，你倒在'复四旧'，可见你复辟之心不死！"这段话告诉我们：俞先生是在红卫兵"破四旧"、为街道胡同改了革命性的名称后，"针锋相对地写了一本考证北京街道胡同的书"。了解那段历史的人都会知道，这是不可能的。因为"文革"一开始，俞平伯就被打入了牛鬼蛇神的行列，每天接受改造，随时接受批判、批斗、游街，他已经失去了人身自由。更何况红卫兵"破四旧"时，俞平伯自己也在经历着被抄家的劫难，并被迫由居住了数十年的四合院搬出，住进了跨院的两间小屋子里。此时此刻，他哪里有心情、有时间、有条件去"针锋相对"地写"一本考证北京街道胡同的书"呢！

据我所知，俞平伯先生确曾写过一篇考证北京胡同的读书札记，而不是一本书，题目为《"铁狮子胡同"与"田家铁狮"》，发表在1962年6月14日《光明日报》。文章谈了相传北京安定门内张自忠路的"铁狮子胡同"是因明代田弘遇故宅的"铁狮"而得名。俞平伯从谈迁的《北游录》一书中得知，田氏故宅原在北京西城，与"铁狮子胡同"不相关。况且，在田氏故宅之前，即明代中世，北京已有了"铁狮子胡同"之名，可见此名的由来与"田家铁狮"毫无关系，只是后人传讹，才误合为一。在俞先生的这篇读书札记发表四年之后，红卫兵才"破四旧"，为街道胡同改名，可知俞平伯无论如何"不识时势"，也不可能与当时的红卫兵"针锋相对"地干。由此可见，"印象"被错位剪辑的事情是很难避免的。即使是我们自己亲历的往事，忆述出来也常会出现失误，更何况一般的同事、朋友呢！

读书可以使我们增长知识，可以帮我们排疑解惑，也可以教我们如何处世做人。然而，读书也有给我们增添疑惑的时候，比如阅读人物传记等回忆性的作品，就常常因为追忆史实失当，让人感到真假难辨，莫衷一是。上述所举记忆失误的事例，就说明了记忆有时是靠不住的，尤其是在没有原始客观的文字记载的情况下，仅靠记忆去回想数十年前的事情，不出现失误倒是不可思议的。张中行先生在与读者谈他写的回忆录《流年碎影》时，说："书写完后，我的女儿说有一处把她上中学写成了上小学，说明我也有记错的地方。后一部分可能好一些，因为有日记。"（见1997年8月16日《文汇读书周报》）鉴于此，我们不想去苛责作者，只想通过自己广泛的阅读，使自己所关心的史实能够在不同的作品中得到比较和参照，从中考查出是非、真伪、虚实，分析出作品是否实事求是，是否真实可信。这样读书，对我们来说，不也是一种乐趣吗！

（原载2004年《博览群书》第12期）

编选《俞平伯全集》得失谈

装帧和印刷都十分精美而又考究的十卷本《俞平伯全集》，经过两年的努力，终于由花山文艺出版社郑重出版了。书中不仅收入了俞平伯一生的文学作品和学术论著，而且，收入了许多未曾披露过的遗作，如20世纪30年代俞平伯写于清华园的《秋荔亭日记》，周丰一提供的俞平伯致周作人书信九十四封，叶至善提供的俞平伯致叶圣陶书信四百七十三封等，都是首次公开发表的作品。这对于研究俞平伯的学术思想以及他与周作人、叶圣陶等老作家的交往，都是不可多得的珍贵史料。然而，《全集》中也有经过协商未被收入的作品，如俞平伯于1955年2月写讫的《坚决与反动的胡适思想划清界限——关于有关个人〈红楼梦〉研究的初步检讨》（以下简称《检讨》）一文，就未被收入《全集》中。

众所周知，1954年秋，俞平伯因为红学研究的学术观点问题而遭受到一场极不公正的批判。那么，他为此而写的《检讨》，该不该收入《全集》，就成了编委会讨论的焦点。俞平伯的亲属从感情上坚决反对收入《检讨》，担心在后人的心目中有损于俞平老的形象。出版社则认为《检讨》一文非常重要，是1954年批判事件在俞平老作品中有所反应的唯一的一篇，是绝不可缺少的。它是一个纯正的中国学者在特殊历史时期的灵魂剖析，只能令人同情，更增一分敬重，丝毫无损于俞平老的形象。如不收入，会给《全集》留下很大的遗憾，这一缺憾会持续几十年，也许会更久。北京大学教授吴小如也告诉我：既然是编《全集》，就应该做到越全越好。照此看来，《检讨》一文毫无疑问是应该收入《全集》的。

作为一名现代文学研究工作者，俞平伯研究资料的搜集、编选者，我承认出版社和吴小如等人的意见是有道理的，但是，从学术角度考虑，我仍然固执地向出版社阐明了我不同意将《检讨》收入《全集》的理由。

1954年，国内曾借着学术观点的分歧，对老知识分子俞平伯进行了大张旗鼓的批判，把学术讨论搞成了政治运动，不仅伤害了俞平伯本人，也伤害了一批老知识分子。"文革"运动中，俞平伯继续为此事挨批、挨斗，被抄家，后来又被下放到农村干校，以古稀高龄承受了他难以承受的磨难。20世纪80年代，虽然已是太平盛世，但是，俞平伯仍心有余悸，对上海古籍出版社编辑出版《俞平伯论〈红楼梦〉》一书，迟迟不敢应允，表现出极为犹疑的态度。鲲西认为："余悸之久久存在，不是由于'文革'，而是对他心灵造成最大创伤的《红楼梦》论著的批判。"❶ 正因为如此，1986年1月20日，中国社会科学院文学研究所才为他开了平反大会，胡绳院长亲自讲话，新华社发消息，全国及海外各大报刊予以报道，目的就是要为1954年的错误批判肃清影响。

1954年秋末，俞平伯受到政治围攻时，他是很想不通的，他感到十分痛苦，心灰意冷，这从他1954年11月9日写赠王伯祥的诗中可以得到一点印证。那一天是甲午年立冬的第二天，王伯祥专程到门庭冷落的俞宅造访，特意邀请俞平伯同游北海公园看菊花，并至烤肉季小酌。从菊花耐严寒，面对风雨仍傲然独立的品格中，俞平伯已经领会了老朋友对他的鼓励和安慰，归后即赋诗二首相赠。诗曰："交游零落似晨星，过客残晖又凤城。借得临河楼小坐，悠然尊酒慰平生。""门巷萧萧落叶深，跫然客至快披襟。凡情何似秋云暖，珍重寒天日暮心。"其中，第一首末句所说的"平生"，即指俞平伯自己。

---

❶ 鲲西：《读俞平老〈鹧鸪天〉余感》，载1998年5月9日《文汇读书周报》。

他在《赠王伯祥兄》诗序中,就落款"弟平生",并钤有"知吾平生"白文印章。两首诗中真实地表述了俞平伯当时的处境和孤寂的心情。

那时,俞平伯所在单位的领导和同事们曾对他进行过帮助;中国文联和中国作协多次开了批判会;他所加入的民主党派九三学社北京市分社及沙滩支社也反复开会,帮助他提高认识。用现在的话说,那就是在各方面都施加了压力之后,他才写出了全面否定自己前三十年红学研究工作的《检讨》一文的。这从九三学社北京市分社沙滩小组当时所写的总结报告中可以得到证明。

在政治运动中处于无奈状况下被迫写出的《检讨》,那是政治的产物,是作家、学者的违心之作,它和学术论著是两码事,因此,不可以收入学术著作中。如将《检讨》一文收入《全集》,那么,"文革"期间他还被迫写过许多关于红学思想的检讨,有记载的,如1969年7月20日,他写了《认罪与悔过》,6500字,交出。同年9月23日至25日,三天之内就交了三份个人检查。在农村干校,他写过思想总结及汇报,如1971年1月3日,交《一年来我思想的动态》,8000字;同年1月14日,交《思想小结》,1600字。从干校回北京后,在老知识分子学习小组会上,他还讲过对红学研究批判的认识,这些是否也该收入《全集》呢?总之,我认为在政治运动的压力下,迫使作家、学者不得不写的表态、检讨、悔过一类的作品,都不应该收入《全集》中。

再说1988年2月,上海古籍出版社编辑出版的《俞平伯论〈红楼梦〉》一书,篇目都是出版社与作者一起研究敲定的。俞平伯没有将《检讨》一文收入书中,可见他自己并不承认这篇作品是他的学术论文。我认为我们应该尊重作者自己的意见。

花山文艺出版社最终还是采纳了多数编委的意见,没有将《检讨》收入《全集》。为此,出版社做出了很大的让步,因为他们曾提出：如果《检讨》不能作为作品收入《全集》，那么，就作为"附录"收在《全集》书后的意见，也没有被认可。现在看来，这个意见其实是值得考虑的。从学术角度看，或许它才是既有利于读者和研究工作者，又无损于作者的最佳处理意见。

（原载 1998 年 11 月 19 日香港《大公报》）

张冠李戴　劳而无功

广西师范大学出版社2001年5月出版的黄延复著插图本《水木清华：二三十年代清华校园文化》一书，从清华文化的三大源头、历任校长的沿革、名师、校园生活面面观、清华文学院、二三十年代清华文坛和清华旧体诗文等七个方面，全面介绍了20世纪二三十年代清华大学的校园文化，近六百幅（书中说有"约650余幅"历史照片，实际没那么多）珍贵的历史照片加深了读者对清华校园文化的印象。作为已建校91年的蜚声中外的名校，清华大学有着与众不同的文化风情和精神理念。"自强不息、厚德载物"，更是清华人代代相传的情操风范。

在清华大学任教二十余年，融散文家、诗人、学者、斗士于一身的朱自清先生，是清华园名师的典范，是中国知识分子的骄傲。该书从教书育人的名师和文学系系主任的角度，从教授的婚恋、家庭及其观念的角度，从文学活动和文学创作的角度，对朱自清的人生道路、文学成就和在清华校园文化中所起的作用，都作了较详细的介绍，并相应配发了不同时期的照片，可以说是图文并茂。出乎意料的是，在这中间有四幅插图出现了张冠李戴的错误。

其一，在扉页插图中，第15页的"朱自清墨迹三幅"中的第三幅："致周作人信"，其实是俞平伯的手迹。这是俞平伯1931年5月27日晚写给"岂明师"的信，落款明明写着"学生平伯敬上"。信中写道："示及《中年》一稿（？）均于顷间得诵。本星期日午间拟邀伏园来清华寓中小叙，玄公亦为主人，很盼您能偕孙公来，但不知是日有闲（？）且有兴远行乎？大稿暂不付佟公，或待面取，或迟日再缴。专此相约,馀言不赘。"信中所说的《中年》一稿是周作人1930年3月发表的、当时尚未收入散文集的作品。因为那时俞平伯也以《中年》为题,作了一篇散文,尚未发表,因此,他向周作人借来旧作,以便学习和借鉴。周作人将《中年》发表时的剪报寄给了俞平伯,告诉他:"敝作附呈,唯未曾留得稿,故阅后仍希掷还,——或者星期五到北大时留交一院国文系工友佟公三即可。"因为是剪报而非原稿,所以,俞平伯在"示及《中年》一稿"的后面,加了问号,表示自己表述得不够准确。他告诉周作人:"大稿暂不付佟公",他希望31日周作人与孙伏园一起到清华寓中小叙时,面缴。信中所说的"玄公",即指朱自清,因为在此之前,朱自清曾以"玄玄"笔名在《骆驼草》周刊发表《南行通信》和《南行杂记》等散文作品,因此,朋友间方有"玄公"之称。

其二,在该书第四章第二节《清华园的"两性文化"》中,在介绍"朱自清——从《择偶记》到《给亡妇》"的创作经历部分,则有三幅插图有误。如第295页的插图4-63,说明文字是"在北京清华园寓所(秋荔亭)全家合影(1934)"。我们知道,"秋荔亭"本是俞平伯在清华园寓所的室名,俞平伯曾为之写有《秋荔亭记》,曰:"若秋荔亭,则清华园南院之舍也。其次第为七,于南院为徧,而余居之,辛壬癸甲,五年不一迁,非好是居也。彼院虽南,吾屋自东,东屋必西向,西向必岁有西风,是不适于冬也,又必日有西阳,是不适于夏也。其南有窗者一室,秋荔亭也。"俞平伯在秋荔亭居住期间,正是他学拍昆曲兴致极高的时期,为此,他还请朋友魏建功刻了一方"秋荔亭拍曲"的闲章,为这段时日留下了纪念。秋荔亭"全家合影"中的三个人则是俞平伯与夫人许宝驯和儿子俞润民。

再如第295页的插图4-64,说明文字是"朱自清与双亲及夫人游历青岛时合影(1937)"。这张照片实是1937年清明时节,俞平伯夫妇陪父母亲游青岛时的留影。俞平伯曾为这次旅游写下了《青岛纪游（丁丑）》五言长诗，详细记述了旅游的经历和观感，并把留影的地点"仙舫"也写入了诗中。此诗已被收入四川人民出版社1989年出版的《俞平伯旧体诗钞》中。

又如第296页，在介绍朱自清与陈竹隐结婚两个月后，"朱自清用他固有的至情妙笔，写下他的名文《给亡妇》，寄托他对前人的未忘之情"。这段话的下面，配有插图4-65，说明文字是"《忆》书影"。《忆》本是俞平伯的一本线装袖珍新诗集，1925年12月，朴社据俞平伯手书影印出版，内收新诗《忆》36首，配有丰子恺的插图18幅，书后附录旧体诗词15首；书前有俞平伯的《自序》和许宝驯的《题词》，朱自清为这本诗集写的《跋》也影印在书中。"《忆》书影"是取自诗集第十首诗中的两页，左边戴有流苏帽的女子头像是丰子恺为《忆》配作的插图，插图中的引诗恰好是第十首诗的开篇："有一天，黄昏时，流苏帽的她来我家。"插图署名"T. K."。右边是俞平伯手书第十首诗中间的诗句："她却带着新嫁娘的面纱来了。／是她吗？是的。——／只是我怎不相信呢？／红烛下靓妆的她明明和我傍着。"很显然，这诗是俞平伯在忆述与许宝驯结婚时的情景，与朱自清的寄语亡妇毫无关系。

追根究底，原来《水木清华：二三十年代清华校园文化》一书中出现的四幅张冠李戴的插图，全部出自花山文艺出版社1997年11月出版的《俞平伯全集》中。插图的说明文字也都是借用《俞平伯全集》中的，只做了个别文字的改动。虽然俞平伯终生以结交朱自清这样一位诤友、挚友而感到欣慰，但是，在两位老友的身后，把有关俞平伯的照片错按在朱自清的身上，也不免有些离谱。黄延复先生是清华大学教授、校史专家，是一位著述颇丰的老学者，不仅出版了《梅贻琦教育思想研究》《梅贻琦与清华大学》《清华园风物志》《清华逸事》等学术专著，而且主编出版了《梅贻琦先生纪念文集》《梅贻琦教育论著选》《马约翰体育言论集》《清华大学史料选编（西南联大部分）》等许多学术价值极高的文献书籍。由此可知，黄先生治学一向认真严谨，这一次的忙中出错，纯属偶然，应该说是可以理解的。唯盼该书将来能有再版改错的机会，使之去掉微瑕，不留遗憾。

(原载 2002 年 10 月 11 日《文汇读书周报》，
原题目为《张冠李戴的遗憾》)

俞平伯纪念馆巡礼

著名文学家、学者俞平伯的故乡——浙江省德清县为弘扬民族文化、教育子孙后代暨缅怀一代学人而筹建的"俞平伯纪念馆",于1993年11月8日隆重开馆。

纪念馆坐落在德清县县府所在地的城关镇,县博物馆内,不大的小院子收拾得格外整洁,布置得十分典雅。两棵枝繁叶茂的桂树和两棵蜡梅树点缀在院子的东西两侧,已经开过的桂花在微风吹拂下,还在飘散着淡淡的甜香。院墙的东南两面镶嵌着博物馆收藏的汉砖和历代碑刻,墙角放着保存完好的古代赑屃驮石碑,如今这样的石碑似乎已经不多见了。

坐北朝南的纪念馆展厅,迎面悬挂着以书房为背景的俞平伯巨幅画像。它是当地农民画家陈学璋根据黑白照片创作的,不仅人物画得逼真,书房的陈设也妙肖怡人,深得俞平伯亲属的称赞。画像的下面,在紫红色丝绒上镶嵌着"著名文学家俞平伯先生"十个金色的大字。画像上的俞平伯和他本人一样,慈祥而又和善,有神的双眼亲切地注视着每一位参观者。人们纷纷在画像前留影,笔者也未能免俗,留下了这可纪念的一页。

纪念馆从俞平伯的家世、生平、文学创作和文学研究的业绩以及他的治学和他对故乡的情谊等七个方面,比较全面地介绍了他的一生。展品十分丰富,尤其是展出了很多俞氏家藏珍品,这使参观者大饱眼福。如俞平伯的曾祖父、朴学大师、《春在堂全书》的作者俞樾写赠孙媳(即俞平伯的母亲)的对联和写给友人的亲笔书信以及他自编的《曲园课孙草》读本等,都是上百年的真迹。俞平伯的祖父俞绍莱年轻时曾在天津做官，因病早逝，他的翰墨丹青传世极稀。这次展出了清同治四年俞绍莱夫妇合作的书画横幅，十分精致，从中得见他端楷手书的诗作四首，而且俞家所藏也仅此一件。俞平伯的父亲俞陛云是光绪二十四年探花，授翰林院编修，曾任浙江省图书馆馆长，后被聘为清史馆协修。他的书法作品：扇面、对联、条幅也样样精美。俞平伯自己的书法作品尽得家风。由他题诗、夫人许宝驯作画的长幅格外引人注目。看了这些珍贵的展品后，我们对世代书香的俞家有了更深刻更清晰的印象。

在展品中，还有一幅20世纪30年代初章太炎写赠俞平伯的《论语》长幅，历经六十余年，保存完好如初，真不知它是怎样躲过"文化大革命"这场浩劫的。1932年春，章太炎由上海来到北平，5月中，在周作人的家宴上，他应嘱为俞平伯书写了这张条幅，并称俞平伯为"世大兄"。按我国习惯，一般对世交晚辈称"世兄"，而称"世大兄"据说则是更晚了一辈。章太炎是俞樾的弟子，所以，称俞平伯为"世大兄"。以此为证，俞平伯生前曾告诉家人：章太炎实际并未和俞樾断绝师生之谊，他当初写《谢本师》一文，是出于不愿意连累老师的善良的用心。俞平伯的话是很有道理的。

纪念馆中还展出了许多珍贵的照片和手迹，如20世纪30年代俞平伯与周作人的部分通信，50年代他校勘《红楼梦》八十回本的校勘记手稿和他与夫人正楷合抄的《红楼梦八十回校本》，以及70年代他与叶圣陶的通信、合影和叶圣陶篆书的俞平伯联语："欣处即欣留客驻，晚来非晚借灯明"。叶圣老非常喜欢这副对联，称赞它虽然作于晚年，却没有暮气，因此书之。这精美的书法作品中，蕴含着俞平伯与叶圣陶数十年真挚的友谊。

在馆里展出的，还有俞平伯写作用的书桌、圆靠背木椅和古玩柜的仿制品，仿制得极佳，连书桌玻璃板下的照片也按俞平老生前的样子摆放，见过实物者，无不称它足以乱真了。俞平老的书桌原是夫人的陪嫁,自 1917 年来到俞家后,它陪伴俞平伯读书写作逾七十年,他的名篇、佳作、论著大多完成于这张书桌上。这是一张极普通的书桌,又是一张极不平凡的书桌。现在,俞平老的这些遗物均存放在儿子俞润民家中:古玩柜上摆放着俞平伯的全部著作,书桌上依旧放着他用过的文房四宝。

刚刚开放的俞平伯纪念馆虽然还不那么尽善尽美,但是,它已经给我留下了极深的印象。古人说:"云来山更佳,云去山如画,山因云晦明,云共山高下。"我相信山水富丽的德清县也将因为俞平伯纪念馆的建立而更加享誉海内外。

(原载 1993 年 12 月 5 日香港《大公报》)

《儿女英雄传》与《红楼梦》

1940年春，周作人收到松枝茂夫寄赠的日文版《红楼梦》第一册，颇生感慨。在致谢信中，他说："如此大部得先生全译刊行，大是可喜事，想须有十二册始能完结乎。"相比之下，他更喜欢清代文康著《儿女英雄传》，虽然其文艺价值逊于《红楼梦》。他向松枝君介绍《儿女英雄传》："所写士大夫之理想生活曲折尽致（可以说与《儒林外史》有点相对立），又运用京话甚圆熟，为国语文学之佳著。其著者与《红楼梦》同是旗人，亦是一奇。"又说："书中所映出之中国社会情景（如详述考试情形，为小说中所未曾有）则颇广大，于了解中国事情上颇有益处，只是亦系大部，译亦不易耳。"他以学者的眼光，言简意赅，为日文译者开了新眼界。

无独有偶。周作人的学生俞平伯也对《儿女英雄传》情有独钟。1984年夏，他在家书中谈及："《儿女英雄传》文笔很好，其思想、叙事离现代太远了，遂不被人注意。其实过褒《石头记》而贬低此书，盖两失之。"他说：《儿女英雄传》"是学《红》而反《红》的，书中有明文。故学习此书亦有对《红》的了解。——自然此书作者的话亦未必全可信，却总是嘉庆时旗门子对《红》的看法之一，比较近真，视索隐之荒唐，考证之拘泥，固犹胜之。"俞平伯以简短的提示，鼓励孙辈"从小说入手"，自修阅读文学名著。

（原载2017年7月25日《今晚报》）

上编二：俞平伯与友朋的交往

北大双才子　友谊贯终生
——记俞平伯与傅斯年的交往

著名诗人、散文家、红学家、古典诗词曲研究专家俞平伯与著名学者、台湾大学第四任校长傅斯年是"五四"前后北京大学的同窗、好友，他们之间有着一段不寻常的友谊。

俞平伯（1900—1990），名铭衡，字平伯，浙江德清人，生于苏州。1915年，他考入北京大学国文门。傅斯年（1896—1950），字孟真，山东聊城人，长俞平伯四岁。1913年，他考入北京大学预科，后来升入北大文本科国文门，刚好与俞平伯同班。他们共同受教于章太炎的弟子黄侃教授。深厚的国学根底和绝顶聪明的天资，使他们成为黄侃教授的高足。1917年10月31日，农历九月十六日，俞平伯与许宝驯在北京东华门寓所成亲，傅斯年、许德珩等同学以及黄侃教授都曾前往致贺，为俞平伯的婚礼增添了喜庆。六十年后，俞平伯夫妇重圆花烛之际，他还提起了师友致贺这件往事。

1918年初，在《新青年》杂志的影响下，傅斯年、俞平伯等一批青年学子作为新文化运动的积极回应者，开始创作新诗和白话文，并在《新青年》杂志上刊出。这一年的暑假后，傅斯年约集主张文学革命的同学们一起酝酿组织新潮社，俞平伯也参加了筹备工作。11月19日，新潮社宣告成立，傅斯年当选为社长，俞平伯被推举为干事部书记。

1919年1月1日，在文科学长陈独秀与图书馆主任李大钊的支持下，继《新青年》之后，公开主张文学革命的《新潮》月刊在北京大学创刊了。俞平伯早期创作的新诗、三篇白话小说《花匠》《炉景》《狗和褒章》以及论文《我之道德谈》《社会上对于新诗的各种心理观》《诗底自由和普遍》等,均发表在《新潮》杂志上。傅斯年作为《新潮》杂志的主编,期期更是少不了他的作品。诸如《这样做白话文》《中国文学史分期之研究》《白话文学与心理的改革》《新潮之回顾与前瞻》等论文以及《深秋永定门城上晚景》《老头子和小孩子》《前倨后恭》《咱们一伙儿》《心悸》《心不悸了》《登东昌城》《自然》等新诗,都是他在新文学运动中的业绩。

结伴赴英留学　孟真追舟马赛

经过"五四"运动的锻炼和洗礼,1919年12月,他们以优异的成绩毕业于北京大学,并商定结伴赴英国留学,以求输入新知。所不同的是傅斯年乃山东省派官费留学,而俞平伯则是自费留学。这一差异,为俞平伯日后"打退堂鼓"埋下了伏笔。

1920年1月3日晚,他们在上海登船,次日启航,至2月21日抵达英国利物浦,历时四十九天,行程三万余华里。在这段海行途中,天气由凛冽之严冬变成酷热之炎夏,且热不可耐。多少个不眠之夜,他们坐在船头的甲板上,高谈阔论:谈新诗的创作,谈《红楼梦》的艺术,谈对美感的理解。他们的谈兴极浓,兴致极高,竟忘记了难耐的闷热。在谈笑和辩驳中,他们加深了了解,促进了友谊,切磋了学问,也使各自的学术观点逐渐趋于成熟。

1920年2月22日,他们乘车抵达伦敦,开始了留学生活。不曾想到十三天后,俞平伯独自登上了日本邮船佐渡丸,又踏上了归国的寂寞旅程。来去如此匆匆,这其中的原因,既有念妻思家和经费的不足,也有对异国他乡的不适应。而从他的日记中发觉,更多的是他的诗人气质,使他"乘兴而来,兴尽而返"。他孤独地坐在船上,闷闷地遥望着舱外灰蒙蒙的海天一色,心中思绪万千:是自愧、自悔,还是自责，他自己也难以理出头绪。三天后，他在海行船上，写下了新诗《去来辞》，自问："想了什么，忙忙的来？／又想些什么，忽忽的去？／要去，何似不来；／来了，怎如休去！／去去来来，空负了从前的意。"

在悠悠的海行船行驶到第八天的清晨，佐渡丸抵达了法国马赛港。出乎俞平伯意料的是，傅斯年从伦敦乘车赶来，上船找到他，苦口相劝，热诚挽留，而俞平伯最终也未能听从他的劝告，两人只好怅怅而别。

在当时赴英留学的北大校友中，只有俞平伯志在文学，而又偏偏方出即归，朋友们无不感到惋惜。在大家力劝而不能挽留的情况下，他们采取了不去送行的办法，希望他能改变主意。谁知这一切都无济于事。俞平伯主意已定：回国义无反顾。当他们发现俞平伯已经登船起程时，这才去告诉住在另一条街的傅斯年。傅斯年一面嗔怪校友们的不尽责，一面又放心不下让俞平伯独自归国。于是，他火速由伦敦追踪到法国马赛港。

俞平伯在极窘的心境下，意外地见到了傅斯年，他那又感激、又惭愧的复杂心情是可想而知的。听着傅斯年诚挚的劝说，俞平伯热泪盈眶。虽然他未能接受傅斯年的劝告，但是，他对傅斯年那真心的责备和真心的宽恕，已经十分感激了。因为它使俞平伯在精神上得到了安慰。傅斯年没能劝回俞平伯，只好听任他乘船回国。分手之时，俞平伯十分愧疚地说："我希望我将来依然是你的朋友。"傅斯年尊重俞平伯的选择，对他表示了理解和同情。

在法国马赛港与俞平伯道别后，傅斯年回到伦敦，继续他在伦敦大学的学习生活。1920年8月1日，他在致胡适的信中，详细讲述了俞平伯中途回国的这段经历。他说："平伯忽然于抵英两星期后回国。这真是再也预想不到的事。他走得很巧妙，我竟不知道。我很怕他是精神病，所以赶到马赛去截他。在马赛见了他，原来是想家，说他下船回英,不听,又没力量强制他下船,只好听他走罢。"他从俞平伯的家庭,分析了他做事"从来不和朋友商量,一味独断"的孤僻性情。他说:"平伯人极诚重,性情最真挚,人又最聪明,偏偏一误于家庭,一成'大少爷',便不得了了;又误于国文,一成'文人',便脱离了这个真的世界而入一梦的世界。"看得出来,他对俞平伯的了解是十分透彻的。他还对俞平伯回国后的前途,提出了切实可行的建议。他认为,以俞平伯所具有的旧文学的根底,虽然"输入新知"的机会已断,但是,"整理国故"的机会未绝。他告诉胡适,自己已经"写信劝平伯不要灰心,有暇还要多读西书,却专以整理中国文学为业。天地间的人和事业,本不是一概相量的,他果能于此有成,正何必羁绊在欧洲,每日想家去呢!"这是何等灵活、通达而又因人而异的见解!

傅斯年对俞平伯的关心,还体现在他托付胡适关注回国的俞平伯。他说:"平伯回国,敢保其不坠落,但不敢保其不衰枯下去。当时有'新潮'一般人,尚可朝夕相共,现在大都毕业,零散了不少。如果先生们对他常常有所劝勉,有所导引,他受益当不少的,否则不免可虑。"傅斯年所做的这些努力,俞平伯是无从得知的。如果不是在20世纪80年代出版了《胡适来往书信选》,我们也同样无法看到傅斯年像兄长一样关爱俞平伯的那一面。

当时,在留英的校友中,有人担心神经兮兮的俞平伯回国后,思想会发生大变化。而傅斯年不是这样看的。他认为,俞平伯之所以突然回国,"乃是一向潜伏在下心识界的'浮云人生观'之突然出现","这虽是很不好的现象,但于作成学问无妨。况且平伯是文学才,文学正赖这怪样成就"。所幸这一切都被傅斯年言中了。我们不能不说傅斯年是很有见地、很有眼光的。他"办事十分细心,考虑十分周密。对于人的心理也十分了解,毫无莽撞的行动",蒋梦麟先生对傅斯年的评价真是恰到好处。

平伯以诗代信　讲述别后情怀

　　俞平伯回国后，傅斯年对他仍抱有很大的希望，曾来信劝他不要灰心，努力发展自己的文学天才，并安慰他：留学的朋友们没有忘记他。俞平伯也确实没有辜负朋友们的一片心意。他通过北大校长蒋梦麟的介绍，很快便到杭州第一师范学校教书去了。在那里，他结识了新朋友、北大哲学系毕业生朱自清。他们一起作新诗，谈新诗，探讨新诗理论的发展，创造了许多新的快乐。他知道："人生底颜色很迅速地衰老，他底精神终古一例的年少。"只要精神不老，看准前边的路去走，"自然会和走散了的朋友搀着手"。

　　回国后的半年多时间里，他虽然有了新的追求和新的精神寄托，但是，傅斯年追舟马赛的情景仍常常魂牵梦绕，"勾起乱丝一团的回忆，还勾起更乱更多的——回忆以外的——无穷感想"，挥之不去。于是，1920年末，他在杭州作了一首一百余行的长诗《屡梦孟真醒来长叹作此寄之》，以诗代信，向傅斯年讲述别后的情怀。

　　他在诗中絮絮道来，似有满肚子的话要对傅斯年倾诉。在长诗的第四节，他形象而又生动地描述了春天在马赛港两人话别的情形。他说："九年三月十四那一天，／濛濛海气蒸着，／也是一个早晨，／从伦敦来的佐渡丸，／正靠马赛底一个码头。／有两个人站在船尾甲板上，／絮絮的说着，带哭声的说着。／'平伯！你这样——／不但对不起你底朋友，／还对不起你自己！'／我虽不完全点着头，／但这话好像铁砧底声浪，／打在耳里丁丁的作响，／我永不忘记！"他认识到："以前的快乐／只在回想上重现，／飞腾远了，没法把他挽住。／却正有许多新的快乐，／留着机会给我们去创造。"他希望再见孟真时，"没添新的惭愧，／这确已经很够了！"傅斯年对俞平伯的爱护，俞平伯对傅斯年的信任与感激，已在诗中历历可见。

受傅斯年启发　红学专著问世

两年后的 1923 年 4 月，傅斯年还在伦敦大学研读之际，俞平伯的红学专著《红楼梦辨》已经问世了。这部新红学派的代表作一经出版，立即受到社会的广泛关注。因为他运用分析和考证的方法研究《红楼梦》，为读者扫清了阅读中的一些障碍，帮助读者更深一层地了解和鉴赏了《红楼梦》。可以说，这部《红楼梦辨》使俞平伯开始跨入了红学家的行列。然而，最初引导他进入"红学"之门的学术向导，却是傅斯年。

作为红学家，俞平伯虽然在十二三岁的时候，已经开始阅读《红楼梦》，但是，真正以文学的眼光来批评和赏鉴《红楼梦》，还是在受了傅斯年的启发之后。因此，他在《红楼梦辨·引论》中，记下了这最初的历程。他说："一九二〇年，偕孟真在欧行船上，方始剧谈《红楼梦》，熟读《红楼梦》。这书竟做了我们俩海天中的伴侣。孟真每以文学的眼光来批评它，时有妙论，我遂能深一层了解这书底意义、价值。"欧行船上傅斯年的"妙论"，引发了俞平伯对《红楼梦》的浓厚兴趣，竟决定了俞平伯一生的学术道路，以致后来顾颉刚劝他"只要率性而行，做文学家的生活，不必做学问工夫"，深怕他因为弄学问而思想受了学问的限制，不能一任天机去发展他的文学天才。顾颉刚这善意的忠告也未能奏效。否则，俞平伯所走的将是与红学家截然不同的——一位率真的文学家的——生活道路。

平伯羁旅念友　再赠新诗述怀

1923 年 9 月，俞平伯偕夫人到上海，应邓中夏的邀请，在上海大学中国文学系任教，讲授《诗经》等古典文学的课程，成为瞿秋白、沈雁冰、田汉、陈望道等人的同事。俞平伯在上海大学讲授《诗经》的讲义，后来还结集为《读诗札记》出版，成为俞平伯在古典诗词研究方面的一部力作。著名作家、学者施蛰存就是当年俞平伯在上海大学的学生，他还曾到俞平伯居住的上海永兴路的小楼上作客、求教。半年后，出于主、客观的多种原因，俞平伯辞去了上海大学的教职。1924年2月3日，在偕夫人返回杭州祖居的前夕，他作了一首新诗，题目为《赠 M. G.》。诗题的隐讳，让读者很难判断此诗是写给谁的。其实，这首诗仍然是写赠傅斯年的，因为"M. G."便是"孟真"二字的英译字头。此诗曾发表在1924年7月上海亚东图书馆出版的文艺丛刊《我们的七月》，后被收入《杂拌儿之二》文集时，俞平伯将它归入了《呓语》第十九首，连最初的《赠 M. G.》这样隐讳的篇名也给删去了，这就让读者更加丈二和尚摸不着头脑了。诗中写道：

  让我送您一颗惆怅着的心儿罢。／它是被憨笑的年光所拉下的，／从它的影子里恰好映现出成尘成烟雾的憨姿笑靥；／这些正是我，我俩所最珍重的，／也将是您所最珍重的，／故让我来送给您一颗惆怅着的心儿罢。

  您迢迢远去以后，／或在飘飘的云中，扬着您的轻裾；／或在青青的泥上，印着您的锐履；／而那颗惆怅着的心儿许还傍着哩。／您的将来，如有火的温煦，／它或是一杯微凉的碧酒；／将来的您，如有秋叶的静美，／它或是四座犹暖的红炉；／那就送了您罢。

收入文集中的这首诗，没给读者留下任何痕迹，去猜测诗中的"您"指的是谁。这一次，俞平伯之所以如此忌讳透露傅斯年的名字，那是因为他越发感到了与傅斯年的差距。他在工作中的不如意，让他又想起了远在异国他乡的、曾经真心责备、理解、爱护和帮助过他的傅斯年。他已经找不到这样真心为他好的朋友了。他也想到将来傅斯年功成名就之时，自己恐怕仍旧一事无成，和朋友携手同行的愿望将更加遥远。日后，如与傅斯年再次相见，只会徒增新的惭愧。他把自己因失望和失意而感到的哀伤情怀，默默地倾诉给了好朋友傅斯年。这不正是"羁旅而无友生，惆怅兮而私自怜"的表现吗！

孟真学成归国　聘俞襄助中大

1924年年底，俞平伯从杭州回到北京，开始了他在燕大、北大和清华等校任教的生涯。傅斯年则于1926年10月学成归国，先后在广州中山大学文学院和隶属于国民政府的中央研究院历史语言研究所任职。1927年上半年，傅斯年以中山大学文学院院长、国文系主任的身份，聘请俞平伯到中山大学任教。那时，俞平伯正在燕京大学教书。对傅斯年的盛情邀请，他感到为难，在去留之间颇费了一番思量，最后，他还是在学期终了的时候，于6月末辞去了燕京大学的教职，接受了傅斯年的邀请。1927年9月上旬，他独自乘火车前往广州就职。无奈时局有变，他行至上海便改变了主意，很快又返回了北京。然而，他的"饭碗"已经丢失了。幸好得到周作人的帮助，又回到了燕大任教，这才保住了"饭碗"。据估计，俞平伯即使到了中山大学，他也不会久留的。因为他对家庭的依恋，决定了他不可能舍弃北京家中的父母、妻子，独自在异地他乡谋职。俞平伯答应了傅斯年的邀请而又未能到任，不免辜负了傅斯年的好意。然而，出于对俞平伯的理解，傅斯年并没有责难他，他们仍然是好朋友。

1928年，傅斯年接任了中央研究院历史语言研究所所长的工作。

1929年春，他告别了广州，随史语所迁回了北平。傅斯年回到北平的消息，很快在朋友间传开了。5月11日，俞平伯首先在东兴楼为傅斯年接风，周作人应邀作陪。接着，5月18日，周作人又设家宴款待傅斯年，俞平伯与朱自清、钱玄同、刘半农等参加聚会。不久，北大老同学潘家洵又在欧美同学会宴请傅斯年，俞平伯与周作人再度应邀作陪。6月10日，傅斯年在欧美同学会回请盛情的朋友们，俞平伯等老友再次欢聚一堂，畅所欲言，乐而忘返。

从1929年秋至1935年，傅斯年在主持史语所工作的同时，也一直兼任着北大教授的工作。1931年"九一八"事变后，傅斯年在教授会上提出了"书生何以报国"的问题，并达成共识，由北大史学系共同编著一部东北通史，用事实证明东北三省历来属于中国的领土。不久，傅斯年所著的《东北史纲》卷一出版。他用民族学、语言学的眼光和旧籍的史地知识，证明了东北原本是中国的郡县，汉人的文化、种族和这一块地方有着不可分离的关系，以此驳斥了日人的"满蒙在历史上非支那领土"的谬论。

在那段日子里，俞平伯也对时局忧心忡忡。他认为："今日之事，人人皆当毅然以救国自任，吾辈之业唯笔与舌，真欲荷戈出塞，又岂可得乎！"他把知识分子救国的希望寄托在胡适的身上，他建议"平素得大众之信仰"的胡适出面主持，在北平出版一单行周刊，宣传教育群众。从治标方面告诉民众"如何息心静气，忍辱负重，以抵御目前迫近之外侮"，从治本方面"提倡富强，开发民智"。他说："精详之规划，以强聒之精神出之；深沉之思想，以浅显之文字行之，期于上至学人，下逮民众，均人手一编，庶家喻户晓。"他认为："救国之道莫逾于此，吾辈救国之道更莫逾于此。"虽然俞平伯的建议与设想最终未能实现，但是，他与傅斯年两人的爱国情操、方刚血气，均由此可见一斑了。

孟真代理校长　平伯受聘北大

此后的十余年间，傅斯年与俞平伯各人忙着各人的事，加之抗战期间南北暌违，两位学友的联系和交往也就少多了。过去在一起谈笑时的快乐，只能留在记忆中了。

1945年9月，抗日战争胜利后，迁往西南的北京大学、清华大学都将复员。远在美国的胡适将出任复员后的北京大学校长。在他未到任之前，曾由傅斯年代理校务。傅斯年与俞平伯虽已多年未见，但是，心中仍然互相想念着。1943年，俞平伯通过表兄许宝驹发表在重庆报端的、讲述"阅历欢愁廿五年"的银婚诗五首，也曾令当时身居四川南溪的傅斯年生出几多感慨。因此，他在与胡适商谈北大各系延聘教授的人选问题时，首先想到了聘请抗战期间"在北平苦苦守节"的俞平伯为北京大学国文系教授。当时，清华大学校长梅贻琦也拟续聘俞平伯回到清华大学任教，并通过文学院院长冯友兰告诉了朱自清。后来，因为冯友兰与闻一多商谈未决，而北京大学已有了明确的聘请意向，因此，朱自清也就不得不同意并支持俞平伯接受了北大的聘请。

1946年夏，评论家、早年清华大学毕业生常风为俞平伯未能回到清华大学继续任教而感到惋惜时，朱自清也有同感。他在给常风的回信中说："平伯先生事因其尊大人年已八十，平伯先生不能与夫人住家清华，且若住家清华，两处开销，费用也太巨。为此斟酌再三，卒解清华之聘。平伯先生与清私谊极厚，清谅解其实在困难，故也不敢相强。然在学校实为一损失，……惟此亦无可奈何者。"自此，俞平伯在北京大学任教直至1953年2月，院系调整时，方转入北大文学研究所工作。

按说，傅斯年性格直爽豪放，敢作敢为，与谨小慎微、少言寡语的俞平伯形成鲜明的对比。他们的性格如此差异，竟然能够终生友善，不免让人觉得奇怪。其实不过是惺惺相惜：因为傅斯年自己有绝顶的天才，所以，他才格外欣赏和爱惜俞平伯的文学才华。

孟真书赠诗笺　平伯怀念终生

1945年7月，傅斯年以无党派人士身份，与黄炎培、章伯钧等访问延安期间，毛泽东曾将唐代诗人章碣的咏史诗《焚书坑》，书赠傅斯年。诗曰：

竹帛烟销帝业虚，关河空锁祖龙居。
坑灰未烬［冷］山东乱，刘项原来不读书。

当时，傅斯年也有一诗回应，即南宋著名诗人陆游晚年所作的七律《书事》，诗曰：

北征谈笑取关河，盟府何人策战多。
扫尽烟尘归铁马，剪空荆棘出铜驼。
史臣历纪平戎策，壮士遥传入塞歌。
自笑书生无寸效，十年枉是枕珊戈。

当时，日本侵略者虽然尚未公开宣布投降，但是，抗日战争胜利的大局已定。傅斯年借陆游的《书事》诗，表达了对抗战胜利的喜悦，也为自己一介书生，虽有报国之心，但对抗战胜利贡献甚微而深感惭愧。他或许未来得及将诗书赠给毛泽东。但是，凭他那渊博的学识，如果他当时无以回应，那才是不可思议的。

抗战胜利后，傅斯年将陆游的《书事》诗书赠给了文坛好友俞平伯。1946年5月4日,他由重庆飞回北平,代替胡适主持北京大学的复校工作。在繁忙而短暂的代理校长期间,他也没有忘记抽空与俞平伯等老友欢叙畅谈。同年9月,随着胡适正式就任北大校长,傅斯年也就卸职,返回南京史语所工作了。从此,俞平伯与傅斯年再未谋面。傅斯年书赠的诗笺,便成了俞平伯最珍贵的纪念,收藏了二十年。如果不是"文革"期间被抄家焚毁,傅斯年的这张墨宝一定会保存至今的。

当然,如果不是俞平伯在晚年又回忆起了这段往事,此事也就真的被淹没在历史的长河中了。1988年夏,时已八十九岁的俞平伯忽然回忆起了四十余年前傅斯年书赠的诗笺,思念之情难以抑制。他情不自禁地录下此诗,并书跋语:"孟真兄昔为我书,颇有豪气,惜稿久佚,以志永怀。"落款处,他还加盖了"知吾平生"阴文印章,郑重交给儿孙收藏。

事过境迁人老　感念依然绵长

1948年冬,傅斯年随历史语言研究所迁至我国台湾。1949年1月,他就任了国立台湾大学校长。俞平伯仍然留在了北京。作为北大教授中的代表,他成为北京大学校务委员会委员,与北大师生一起,迎接新中国的诞生。1950年12月20日,傅斯年因脑溢血病逝于台湾。噩耗传来,俞平伯心中的悲痛无以复加。这一对绝顶聪明而又才华横溢、富于情感而又笃于友谊的同窗好友的交往,也从此结束了。

然而,青年时代建立起来的最真挚的友谊却是永远难忘的。1963年,当俞平伯得暇重理1920年的出国日记时,傅斯年追舟马赛的情景又一幕幕地浮现在眼前,而爽直得让人难以忘怀的孟真兄却久已作古了。回忆学生时代的往事,使他无限感慨。他用端庄清秀的毛笔小楷,记下了自己最深沉、最真挚的怀念。他说:"时余方弱冠,初作欧游，往返程途六万许里，阅时则三月有半，而小住英伦只十二三日，在当时留学界中传为笑谈。岂所谓'十九年矣尚有童心'者欤，抑亦所谓'乘兴而来，兴尽而返'者耶。老傅追舟马赛，垂涕而道之，执手临歧如在目前，而瞬将半个世纪，故人亦久为黄土矣。夫小己得失固不足言，况乎陈迹！回眸徒增寂寞，其为得失尚可复道哉！"

数十年来，俞平伯一直铭记着这段不寻常的经历，一直珍惜着与傅斯年这段纯真的友谊。在俞平伯的一生中，傅斯年是他结识得最早，而且是唯一令他感念终生的同窗好友。

可以说，傅斯年逝世后的四十年间，他的身影一直活在俞平伯的心里。1990年10月15日，俞平伯以九十一岁高龄在北京逝世。他带着对老友无尽的怀念走了。这一对北大才子、"五四"同窗，留给我们的同样是无尽的怀念。

（原载2004年台湾《传记文学》8月号）

患难之中见真情
——记俞平伯与王伯祥、顾颉刚的友谊

  1954年秋末，红学家俞平伯曾因《红楼梦》研究的观点问题，受到举国上下的批判。一时间，长篇的批判文章充斥各大报刊，批判的调子逐步升级，连他的研究生也站出来与他划清界限。俞平伯一夜之间便由爱国知识分子变成了资产阶级知识分子。没有任何思想准备的俞平伯在精神上受到了沉重的打击，朋友们也不得不退避三舍，俞宅出现了从未有过的冷落和寂寞。1954年11月8日，随着立冬节气的降临，寒气也更加袭人。就在这时，老朋友王伯祥来到俞家，俞平伯称之为"惠顾荒斋"。伯翁说宽心话给他听，邀他出去散步，偕游北海看菊花；步至银锭桥，又请他到烤肉季小酌。一切都是那么自然、那么顺理成章，可是俞平伯心中明白，这都是伯翁有意安排的。这及时的造访和至诚的情谊，温暖了平伯灰冷的心，他的感激已无法用言语表述。回到家中，他便写下了《赠王伯祥兄》诗二首："交游零落似晨星，过客残晖又凤城。借得临河楼小坐，悠然尊酒慰平生。""门巷萧萧落叶深，跫然客至快披襟。凡情何似秋云暖，珍重寒天日暮心。"并用荣宝斋彩笺端楷书写，请伯翁吟教。诗中的"交游零落似晨星""门巷萧萧落叶深"，均写出了俞平伯当时的处境。就在这种状况下，伯翁跫然而至，推诚相待，使俞平伯又惊又喜，不禁慨叹"凡情何似秋云暖，珍重寒天日暮心"。伯翁又偕平伯在当日的黄昏时分，"借得临河楼小坐，悠然尊酒慰平生"。"平生"即指俞平伯自己。他在《赠王伯祥兄》诗序中，就落款"平生"二字，并钤有"知吾平生"白文印章。从诗中可以想见他们二人悠然小饮、

娓娓而谈的情景。细细品味，两首诗中表达了俞平伯对王伯祥的无限感激之情。伯翁1954年初冬时节的雪中送炭以及在此前后对俞平伯始终如一的关照和爱护，使俞平伯终生难忘。

王伯祥（1890—1975）是我国著名史学家、文学家，又是藏书家。当时，他与俞平伯同在中国科学院文学研究所工作，曾选注出版了《春秋左传读本》和《史记选》等。他爱书之切，读书之勤，藏书之丰，是朋友们所公认的。从俞平伯书信中得知，20世纪50年代，平老常向伯翁借书，并商谈学术上的问题。伯翁长平老十岁，平老始终视伯翁为可亲可敬的兄长。1973年夏，伯翁发现平伯四十年前出版见赠的两本《读词偶得》均为友人所借失，心中颇不悦。1974年春，他将此事告知平伯。不久，平伯便将自己仅存的一册《读词偶得》送给伯翁。伯翁喜出望外，遂在扉页记下了得书经过，谓此"弥征老友爱我之厚，兼切不能谨守之惭，书以志愧"。

1974年秋，伯翁将手书《遣兴丛钞》命小儿送至俞平伯处，请他过目并题跋。俞平伯欣然写道："斯编为伯祥我兄高龄颐摄遣兴之笔，承命湜华贤阮以之相示，惠我良多。晚岁同在京东城，暇得过从，清话移晷，又牵于冗俗，未能常往。顷雒诵《丛钞》，有如亲炙翁一年来之兴居，殆不殊早年申浦比邻，昕夕相逢时也。犹有进焉者：《易》曰：'天行健，君子以自强不息。'其畸叟之谓也。《记》曰：'十年以长则兄事之。'斯吾五十载之庸敬也。虽题曰'遣兴丛钞'，而锲而不舍之精神，老而不衰之气概，岂唯我兄期颐之征，君家云仍之宝，亦社会青年之南针矣。"俞平伯对晚年目力欠佳的伯翁自强不息和锲而不舍之精神，老而不衰之气概，给予了高度赞颂。

1975年年底，伯翁仙逝的噩耗传来，身患偏瘫两个多月的俞平老悲痛不已，非要亲往伯翁家中吊唁不可，因行走不便，被家人劝下，无奈，只好亲写一挽联，令女儿送去。他称王伯祥兄为"我之益友畏友也。相交阅半世纪以上，云萍离合，海桑变迁，难于殚述。"遂挽之曰:"记当年沪渎初逢,久荷深衷怜弱棣;喜晚节京华再叙,忍教残岁失耆英。"辞至凄怆。他还在致友人的信中,多次谈到因老友王伯祥君的逝世而深感寥落的情怀。

1954年秋,同样给俞平伯以安慰的还有史学家顾颉刚(1893—1980)。那时,顾颉刚也刚刚应中国科学院历史研究所之聘,由上海迁入北京。他在俞平伯挨批最难度过的时刻,登门造访。呴沫情殷,难以忘怀。1981年春,俞平伯在《思往日五首——追怀顾颉刚先生》诗中,记述了这件往事:"悲守穷庐业已荒,悴梨新柿各经霜。灯前有客翟然至,慰我萧寥情意长。"当时,叶圣陶先生也多次来看望俞平伯。

1954年秋,对《红楼梦》研究的批判声势很大,俞平伯能够顶住压力,闯过这一关,除了他有宽广的心胸和善解人意、知情识理的贤内助外,还与他有一批头脑清晰、明辨是非,在学术研究方面志同道合的知心朋友不无关系。

(原载1996年1月《德清文史资料》第五辑:《德清籍现代著名文学家俞平伯》专集)

知音可遇　友谊长存
——记陈寅恪与俞平伯

陈寅恪（1890—1969）是一位享有"教授的教授"头衔的历史学家，俞平伯（1900—1990）是一位蜚声海内外的文学家。文史两科本来就是朋友，加上他们两人都出身于读书世家，受到了我国传统文化根深蒂固的熏陶，尤其是对古典诗文的默契，使他们一相识就成了知音。

1928年春，俞平伯得与陈寅恪共同讨论唐代韦庄的《秦妇吟》一诗。《秦妇吟》不仅是韦庄的生平杰作，也是古今之至文。在历史上，它曾留下许多难解的谜。卓然不群的见解无疑使他们的倾谈更加投契。为了便于暇时讽咏，陈寅恪请俞平伯为他书写了一张《秦妇吟》横幅，张诸壁间。俞平伯在《秦妇吟》长卷书后，附跋语云：

　　余与寅恪倾盖相逢，忘言风契。同四海以漂流，念一身之憔悴。所谓去日苦多，来日大难，学道无成，忧生益甚，斯信楚囚对泣之言，然不自病其惑也。今岁丁香开后，属写此篇。明知字迹尘下，无以塞命，惟念古今来不乏鸿篇巨制，流布词场，而寅恪兄乃独有取于此；且有取于稚弱之笔法，则其意固在牝牡骊黄之外也。

俞平伯在跋语中说出了他与陈寅恪相识相知的经历，也谈到了在不乏鸿篇巨制的古今诗词作品中，陈寅恪独取韦庄的《秦妇吟》做为研究的对象，其中是有深意的。俞平伯的预言不久就变成了现实。

陈寅恪果然写出了剖析韦庄讳言《秦妇吟》公案的学术论文《读〈秦妇吟〉》，先是发表在《清华学报》，后又在昆明印成单行本，改题为《〈秦妇吟〉校笺》，其中的论点多与他们二人畴昔的畅谈有关。《〈秦妇吟〉校笺》中留下了他们二人谈诗论学的踪迹。

就在陈寅恪求书《秦妇吟》长卷的同时，俞平伯也请陈寅恪为他所抄录诠释的先曾祖《俞曲园先生〈病中呓语〉》题写了跋语。陈寅恪在跋语中写道：

> 尝与平伯言："吾徒今日处身于不夷不惠之间，托命于非驴非马之国，其所遭遇，在此诗第贰、第陆首之间，至第柒首所言，则邈不可期，未能留命以相待，亦姑诵之玩之，譬诸遥望海上神山，虽不可即，但知来日尚有此一境者，未始不可以少纾忧生之念。然而其用心苦矣。"

俞平伯与陈寅恪初相识时，俞尚在燕京大学任教，而陈已是清华学校国学研究院的导师、教授。1928年秋，俞应聘到清华学校大学部中国文学系任教时，才与陈有了更多见面的机会。两年后，俞迁入清华园南院7号居住，恰逢陈居清华园南院2号，他们成了近邻。假日里，他们曾一同去观看昆剧的表演；他们又曾同游大觉寺，骑驴上管家岭观杏花；他们还曾以同韵作诗，和陶然亭壁间女子题句。那是1932年10月7日，俞平伯陪父母亲游陶然亭归来，夜不能寐，即作《陶然亭追和雪珊女史题壁韵》一首：

> 纵有西山旧日青，也无车马过江亭。
> 残阳不起凤城睡，冷苇萧骚风里听。

而二百年前的女子题壁原作为：

>   柳色随山上鬓青,白丁香折玉亭亭。
>   天涯写遍题墙字,只怕流莺不解听。

不久,陈寅恪作了《和平伯韵》:

>   故国遥山入梦青,江关客感到江亭。
>   不须更写丁香句,转怕流莺隔世听。

又用同韵别赋一首:

>   锺阜徒闻蒋骨青,也无人对泣新亭。
>   南朝旧史真平话,说与赵家庄里听。

他们二人的感时唱和诗同时发表在1932年10月17日天津《大公报》上。共同的兴趣和爱好,给他们的生活增添了许多乐趣。

抗战期间,陈寅恪到西南联大、成都燕京大学等校任教,俞平伯则索居古都北平;待陈重返清华园时,俞已在北京大学任教。新中国成立后,陈先后在岭南大学、中山大学任教授,俞则转入了中国科学院哲学社会科学部文学研究所任研究员。这一别就是十七年。

物换星移,到了1954年10月,一场意想不到的批判"红楼梦研究权威作家"俞平伯的"错误观点"的运动迅雷不及掩耳地开展起来。据后来统计,在这次运动中,全国文史学科的著名教授、学者能够像陈寅恪一样,不参加座谈会、不发表批判文章、不表态、不作违心检讨的,几乎很难找到第二位。陈寅恪的学者风骨由此可见一斑。

其实他对这场运动并非默不作声,而是以一首《无题》诗记下了他的心声。诗曰:

世人欲杀一轩渠，弄墨然脂作计疏。
猰子吠声情可悯，狙公赋芧意何居。
早宗小雅能谈梦，未觅名山便著书。
回首卅年题尾在，处身夷惠泣枯鱼。

作者在尾联自注："昔年跋春在翁有感诗云：'处身于不夷不惠之间'。""春在翁"即俞平伯曾祖俞曲园先生，"处身于不夷不惠之间"一语恰好出自1928年春陈寅恪的《俞曲园先生〈病中呓语〉跋》中。从作者的自注中，我们得知《无题》一诗实为俞案所咏。作者认为，俞平伯因为"弄墨然脂"考虑欠周，这才惹来了"世人欲杀"这一闹剧。"猰子吠声情可悯"一句，据说，陈寅恪当时有"一犬吠影，十犬吠声"之语。我国古代有成语"一犬吠形，百犬吠声"，比喻人云亦云，随声附和。陈寅恪之语便是由此演变而来。他认为群起而攻者其实并不知真实原因所在，不过是听风即雨，人云亦云，冒傻气，很可怜。他认为俞平伯昔日为《红楼梦》一书所写下的文字还是可以的，如今"未觅名山便著书"就找来麻烦了。他想起了三十年前所说的话，如今的处境仍然如此。末一句表达了他怀念俞平伯的感伤情怀。从"泣枯鱼"三字可知，他对俞平伯命运的估计比事实还要严峻些。全诗蕴含着为文弱书生俞平伯抱不平的思想，更有"物伤其类，唇亡齿寒"之意。

因为得不到俞平伯的确切消息，陈寅恪对他的牵挂一直萦绕心间。1957年初夏，当俞平伯的表弟、民革中央委员许宝骙（1909—2001）到中山大学拜访陈寅恪时，双目失明已经十余年的陈先生详细询问了俞平伯的近况：从他的住房到他的写作，甚至问及他在苏州的祖屋曲园故居是否还在。当他听了许宝骙的详细介绍后，他才放了心，连声说："那就好了！那就好了！"

"文革"期间,陈、俞二人的遭际,南北无异。1975年春,俞平伯在整理抄家清退的书籍中,偶然发现了往昔陈寅恪赠送的《〈秦妇吟〉校笺》小册子。重新展读老友的旧作,五十年前谈诗论学的往事又浮现在眼前,而老友久已下世,他慨叹"虽有愚见,就正无由,诚不胜回车腹痛之悲,悬剑空垅之恨矣"。因此,他写下了《读陈寅恪〈秦妇吟校笺〉》一文,发表在《文史》杂志上,以此纪念陈寅恪先生。

三年后,适值俞、陈二人结文字缘五十周年之际,也是陈寅恪作古的第十个年头,俞平伯应嘱为即将出版的《陈寅恪文集》题了词:

覃思妙想,希踪古贤;博识宏文,嘉惠来学。名山事业,流水人琴。

寅恪先生文集传世。

一九七八年三月俞平伯敬题

俞平伯的题词对陈寅恪的学术著作给予了恰当的评价,对《陈寅恪文集》的出版寄予了最美好的祝愿。这象征着俞、陈二人友谊的题词也会随着《陈寅恪文集》的问世而流传千古。

(原载1998年1月20-21日《澳门日报》)

俞平伯与吴玉如的唱和诗

　　抗战胜利后，教育部在北平设"临时大学补习班"，俞平伯被聘到北大红楼临时大学补习班第二分班，即文学院，教授古典诗词。在此期间，吴小如通过书信形式，向俞先生申明求学意向，被接纳为及门弟子。

　　那时，俞平伯吟述燕冀沦陷期间，"寄迹危邦，避人荒径""聊忏幽忧"，以表达十年徒挪之悔的五言长诗《遥夜闺思引》完篇不久。吴小如遂以小楷写俞师新作奉为赞敬。俞平伯十分欣赏吴小如的法书及其家学，特将他的写赠本《遥夜闺思引》赠与夫人许宝驯保存，并为之作跋语《跋吴小如写本〈遥夜闺思引〉二则》，发表在1946年1月18日天津《大公报》上。

　　1946年5月，时在天津工商学院任教的吴玉如通过儿子吴小如，邀请俞平伯来津讲学，得到欣然应允。5月下旬，吴小如陪同俞平伯到天津工商学院，校址即为现今的天津外国语大学，为文科学生演讲了《诗余闲评》，由吴小如笔录。后稍加修改，发表在同年12月8日天津《大公报·星期文艺》第9期，后收入1947年8月出版的《读词偶得》，"以代本书之导论"。

　　在津期间，俞平伯受到盛情款待，下榻吴宅，与吴玉如谈诗论道，十分契合。当时天津工商学院的许多学子也来到吴宅，参与聚谈。俞平伯深受感动，在回北平前夕，赋五律《薄游津门，假寓清斋，承尊公厚款，口占律句求教》一首。此诗收入1989年出版的《俞平伯旧体诗钞》时，改题目为《天津赠吴玉如先生》。诗云："十载京尘永，今兹喜出游。梅阴才入夏，客鬓屡经秋。邂逅苔岑乐，萦纡家国忧。深惭悬榻意,珍重为君留。"吴玉如先生随即和诗一首,诗云:"词客洒然至,乱离忻与游。风华馀百首,述作有千秋。闲话襟弥远,边氛事可忧。中原何日靖,牢落此淹留。"诗中抒发了两位学者互尊互重和忧国之心。20世纪80年代中期,俞平伯整理自己散落的诗篇时,忆起往事,仍然记忆犹新。

(原载2016年9月19日《今晚报》)

柳亚子与俞氏书札

柳亚子（1887—1958）平生个性倔强，襟怀坦荡，敢于卓然独行，但又是一位重师道、讲友情的人。这在他和俞曲园、俞平伯的关系上，表现得非常鲜明。

他十七岁进入上海爱国学社读书时，曾师从章太炎。章太炎是清代著名经学家俞曲园的嫡传，因此，他称自己"实为曲园翁再传弟子"。他十分敬重章太炎师，曾在许多诗中称颂先生以学术家兼思想家而致力革命。章太炎加入革命党，公开声讨清廷后，曾写过《谢本师》一文，声明与俞曲园断绝师生之谊。此事在当时曾引起反响，见仁见智，众说纷纭。柳亚子力排众议，唯独赞同文学史家宋云彬的见解，认为章太炎《谢本师》一文"实为爱护曲园翁，虑其株连受祸而作，非真有所不满于师门"。他还把自己的这一观点，写入《叠韵和平伯先生兼呈长环夫人》诗中。

柳亚子十分钦佩俞曲园渊博的学识。清咸丰七年，身为河南学政的俞曲园因命题割裂罪而遭免官。以俞曲园的饱学，何以会出现这种事情，熟识者无不感到怪异。以后更出现了曲园翁乃为妖狐所祟的传说。对于这件历史上的疑案，柳亚子颇有所闻，他出于对太老师的理解，认为此乃曲园翁"见清政不纲，不欲侧足焦原，故以微罪作归计耳！"他说："此与龚自珍答友人问：'正大光明殿赋'官韵，谓是：'长林丰草，禽兽居之'者，殆有相同之点云。"他的这一独到见解，时至四十余年后的今天，仍然和者盖寡。

柳亚子对俞曲园的曾孙俞平伯也非常看重。1949年春，他到北平后，与俞平伯都作为中华全国文联筹委会的委员参加会议，并几次同桌聚餐,由于对诗赋的共同爱好,使他们酒逢知己,话更投机。在此期间,俞平伯将自己在抗战后期写作的长诗《遥夜闺思引》影印本赠送柳亚子,请"亚子先生吟教",并自称"后学俞平伯敬赠"。柳亚子曾在诗中称赞:"春在堂空蔓草繁,浙西学派有渊源。钵薪高弟能名世,词赋曾孙亦并尊。"对俞平伯的诗词造诣给予了很高的评价。

不久,俞平伯夫妇请柳亚子为其所藏浙江三经师章太炎、戴子高、孙仲容致俞曲园的笺札册页题诗,柳亚子欣然命笔,于1949年5月23日这一天的早上,成诗五首,分别咏赞俞曲园、章太炎、戴子高、孙仲容等。他在诗注中说:"昔贤言:'与公瑾对,如饮醇醪',余见平伯先生,亦有此感,恒以温柔敦厚四字品目之,盖人如其诗,诗如其人矣!"

1954年秋,当俞平伯因《红楼梦》研究学术观点的分歧而被称为资产阶级知识分子受到不公正的批判,致使许多从旧社会过来的知识分子都感到有些惴惴不安之时,据闻柳亚子却反其道而行之:不仅不去批判俞平伯的学术观点,反而将俞平伯写给他的信札、诗页装裱成长卷,悬挂在书房里,请来访的客人们欣赏。柳亚子的这一举动,使俞平伯在精神上得到了慰藉。

(原载1990年7月25日《天津日报》)

俞平伯致知堂谈《红》书札考评

在北京图书馆出版社 1999 年 6 月出版的《周作人俞平伯往来书札影真》（以下简称《书札影真》）下册：《俞平伯致周作人书札》中，有两封新中国成立后谈及《红楼梦》研究的书札，可以说这是幸存下来的很有价值的俞平伯亲笔书札，遗憾的是这两封信的年代判断均有失误。

一封是写于"二月廿八日"的信（以下简称甲信），书中把它编排在了"1951 年"，而据笔者考证，此信实写于 1954 年。为便于论述，现将原信录下：

知堂师：许久未修笺候，春来维起居康宴。顷奉赐书，谈及《红楼》，如得晤对，欣慰欣慰。官版《石头记》殊未惬人望，诚如尊言。事实上且未规规矩矩照录程乙本，实用的亚东本而涂上一些程乙的色彩耳。做工作者为湖畔诗人汪静之，渠对北地言语风俗毫不了解，自属难怪，唯有些注本来不错的却改错了，未免说不下去。其说明中关于作者卒年及族籍采用"华宗"汝昌之说，亦系错误的。在《光明日报》明日始刊的"文学遗产"间周刊，平及所中敝同寅王佩璋女士均将有文论列，未知能邀鉴否。"旧时真本"《红楼》的系续书之一，决非原作。《续阅微笔记》殆非纪氏手笔，所示甚是。汝昌君亦好奇之过耳。平前作《红楼梦辨》行世以来殊为寥落，惟闻某君曾以之博取法国博士功名，尚属有用。于五〇年友人绍介改名"研究"出版后，忽销行至两万许，诚非始愿所及。其中论证强半陈旧，殊不敢以尘

尊览。蒙扰及愧甚。近作《红楼梦随笔》多则，即应《大公报》潘君之属。如他年汇成小册，当以呈正。匆复。敬候
著安

学生平伯启上　二月廿八日

笔者判断此信实写于1954年2月28日，理由有四点：

其一，信中谈到汪静之整理校订的《红楼梦》一书，是1953年由作家出版社出版的。此为建国后的第一部官版《红楼梦》。周作人于2月来信谈论此书，应该说最早也得在1954年的2月了。

其二，信中谈到"明日始刊"的《光明日报·文学遗产》双周刊上，将有俞平伯与王佩璋谈新版《红楼梦》的文章发表。我们知道，《光明日报·文学遗产》副刊创刊于1954年3月1日，1954年刚好是平年，俞平伯的信写于1954年2月28日，次日即为《光明日报·文学遗产》始刊日，发表了俞平伯的论文《曹雪芹的卒年》。原拟同时刊发的王佩璋的长篇论文《新版〈红楼梦〉校评》因被编辑部转给作家出版社征求意见，作家出版社于3月4日才将原稿退还，错过了《光明日报·文学遗产》创刊号的出版时间，编辑部只好将其发表在3月15日该刊的第2期上。王佩璋的文章开篇即谈了新版《红楼梦》的底本问题：该书明说采用的是"程乙本"，实则使用的是间接的"程乙本"，即1927年亚东图书馆发行的"亚东本"。文章既指出了新版《红楼梦》沿袭"亚东本"的错误之处，也指出了新版《红楼梦》自行改动导致错误和因为"编者不懂北京话，所以即使排错了，也没能校正过来"的地方。事实上，俞平伯在信中所说的新版《红楼梦》的底本问题和曹雪芹的卒年问题，正是王佩璋和俞平伯论文中所谈的问题。因为周作人来信中所谈的意见，与俞平伯不谋而合，所以，俞平伯在信中不拟再多谈，只希望周作人能够阅读次日（即1954年3月1日）在《光明日报·文学遗产》上发表的文

章，即可得到比较满意的答复了。

其三，信中谈到《红楼梦研究》出版后已销行 2 万余册。俞平伯的《红楼梦研究》是 1952 年 9 月由棠棣出版社出版的，至 1953 年 11 月第六次印刷出版，总印数已达两万五千册。由此可知，俞平伯的信不可能写于 1951 年。

其四，信中还谈到近应香港《大公报》编辑、记者潘君（际坰）约稿，作《〈红楼梦〉随笔》多则。此为 1953 年末的事情。自 1954 年 1 月 1 日起，《〈红楼梦〉随笔》已开始在香港《大公报》副刊连载。

总之，信中所谈的每一件事情，都明确告诉我们：它发生在 1954 年，而编者竟莫名其妙地把它编排在了 1951 年，岂不怪哉！

另一封是写于"十一月十七日"的信（以下简称乙信），书中把它编排在了"1930 年"，而据笔者考证，此信实写于 1963 年。为便于论述，也将原信录下：

知堂师：两奉手教欣慰。前呈载于"文评"一文已被节去三分之一，故欠贯串，致结尾尤劣，如此尚苦冗长，乃费尊前半夕之功，惭荷惭荷。昔年曾妄谈《长恨歌》，固当悔其少作，然东土既有杨妃墓，又有其后裔一再流传，亦可异也，岂所谓事出有因者乎。兹附奉近作诗文各一首〔篇〕，亦天宝妆梳之类，恐知之者少矣。书不尽意，匆匆。敬叩
起居

　　　　　生平顿首　十一月十七日

首先，此信从称谓看，也不可能写于 1930 年。据分析，从 20 世纪 20 年代至 1932 年，俞平伯致周作人的信均称"岂明师"，自 1932 年底始改称"知堂师"。那么，它又怎么会被误排在 1930 年的呢？这主要是因为信中谈到了"昔年曾妄谈《长恨歌》"一事，让编者很

自然地与在此之前谈《长恨歌》的信联系在了一起。

那是1927年11月，俞平伯曾作考证文章《〈长恨歌〉及〈长恨歌传〉的传疑》，发表在1929年2月《小说月报》第20卷第2期。文章认为杨贵妃并未死于马嵬坡。后来，周作人听到了杨贵妃在日本的一些传说，觉得与俞平伯的观点有吻合处，于是予以函告。1930年7月30日，周作人在致俞平伯信中说："有日本友人云在山口地方听到杨贵妃墓的传说，并照有相片，因兄系主张杨妃不死于马嵬者，故以一份奉寄，乞收阅。据传说云杨妃逃出马嵬，泛舟海上，飘至山口，死于其地，至今萩及久津两处均有石塔，云即其墓也。"俞平伯读信后，即于1930年8月1日回信说："来示并照片均收奉。传说虽异证据，亦足为鄙说张目，闻之欣然。不知能否由日本友人处复得较详尽之记叙乎？照片阅之，大有'山在虚无缥渺间'之感。"1930年8月6日，周作人回信续谈杨贵妃的传说，曰："关于杨贵妃的传说，虽经石桥丑雄君（现任日使馆宪兵队长，亦是一个歌人）说过，却不甚记得，只存大概了。据云妃飘海遇风，至日本，中途宫人多死，她自己亦已垂死，由其地萩氏收养，不久亦卒，遂葬其地。至今萩氏生女多美人，而亦多命薄，与杨妃相似。又云明皇后为妃造一佛像，送往寺中（墓皆在寺中）供养，为祈冥福，使者不知其地，便留置京都某刹（石桥君说出寺名，惜忘了），其后该寺闻耗往取，而京刹不肯予，终乃另造一像，并中间原物分置两处，但亦不明孰为唐物（此一节系我忘记问，或者石桥君知之亦未可知）。此外恐尚有传说，只得再行探访矣。"

经过几次书札研讨后，周作人同意将此传说发表，并希望俞平伯"能为之加上一顶帽或一双靴，斯更善耳"。俞平伯没有辜负周作人的嘱托，他在师生二人通信的基础上，于1930年9月5日，写成了《从王渔洋讲到杨贵妃的坟》一文，发表在1930年9月15日《骆驼草》周刊第19期，后又收入开明书店1933年2月出版的散文集《杂拌儿之二》，题目为《从王渔洋讲到杨贵妃的墓》。这就是俞平伯研究《长恨歌》、考证杨贵妃的经过。

现在我们已经知道，俞平伯在 1930 年 8 月、9 月还在大谈《长恨歌》，如果把乙信判断为是写于 1930 年 11 月 17 日的信，那么，信中所说的"昔年曾妄谈《长恨歌》"的话又该如何解释呢？很显然，乙信并非写于 1930 年。如果我们认定乙信写于 1963 年 11 月 17 日，那么，事隔三十余年后，俞平伯为什么又突然谈起了《长恨歌》和杨贵妃的事呢？那是因为周作人首先在来信中谈起了此事。

1963 年 11 月，周作人看到竹内好所编的一册日文杂志《中国》，里边说近时日本电视上有一个少女出现，说是杨贵妃的子孙，还展览古代文件作为佐证。这使周作人联想起三十余年前俞平伯研究《长恨歌》、考证杨贵妃的那段往事，于是，写信将此新闻告诉了俞平伯。俞平伯在收到周作人两封来信后，于 1963 年 11 月 17 日给周作人写了回信（即本文所说的乙信），以"事出有因"对日本杨贵妃子孙的传说做了回答。周作人在收到俞平伯回信后，即写了随笔《杨贵妃的子孙》，发表在 1963 年 12 月 21 日香港《新晚报》。文中不仅回忆了三十余年前俞平伯考证杨贵妃的往事，而且直接引用了俞平伯回信中所说的"昔年曾妄谈《长恨歌》……"的那一段话。我们或者可以说，这是确定俞平伯乙信写作年代的最好证据。

另外，据分析，俞平伯在乙信中所说的"文评"，指的是何其芳主编的《文学评论》双月刊，他在"文评"上发表而又"被节去三分之一"的文章指的是《〈红楼梦〉中关于"十二钗"的描写》一文，这是为纪念曹雪芹逝世 200 周年而写的论文。从信中推知，文章发表后，俞平伯曾将该刊送给周作人一册，请他阅正。在 20 世纪二三十年代，俞平伯的作品脱稿后，几乎都请周作人首先阅正，然后才去发表。同样，俞平伯、废名等也是周作人作品的第一读者。他们相互切磋，自得其乐。这一次，俞平伯以发表了的论文送给周作人阅正，很显然是对周作人平时关注他的回报。周作人阅读俞平伯的论文后，曾写信谈了读后所感，时间是在谈杨贵妃子孙的传说之前，于是，才有了俞平伯回信中"乃费尊前半夕之功，惭荷惭荷"的话。

此外，笔者判断俞平伯的乙信写于1963年11月17日，还有1965年1月周作人致鲍耀明的信为旁证。

1965年1月6日，鲍耀明曾来信，托周作人寻找俞平伯的旧作《红楼梦辨》一书。周作人在当月11日的回信中说："《红楼梦辨》恐亦难得，因为系是旧书，而旧书在北京近来却也很难找，现为写信给俞君，倘他有多余则可分给一本，但亦未必有很大希望，因为多年来难望有余剩也。"三天后，周作人再致鲍耀明信，告之："前日寄一信想已入览矣。《红楼梦辨》俞君处已无有，求诸市上，亦难找到，且此书昔曾受批评（大约说是胡适派），现今虽非禁书，亦是难得到耳。"两周后，即1月27日，周作人在复鲍耀明信中，又说："《红楼梦辨》找不到，手头有《文学评论》合刊本，其中登有俞君关于十二钗的文章，今寄上请收。其文章系其在文学研究所中的工作（大约多少时候应交一篇，据说原来要长的多，被编辑先生'删'去了有三分之一以上），此外也有别人所作关于曹雪芹的文章也可请一看。"因为寻找不到《红楼梦辨》，周作人很觉歉然，因此以刊有俞君关于十二钗文章的《文学评论》合订本相赠，并向其推荐了合订本第6期中何其芳所作的《曹雪芹的贡献》一文。这里，周作人在信中所谈关于删节文稿之事，与俞平伯在乙信中所说完全吻合。

据资料显示，20世纪二三十年代，俞平伯与周作人的交往十分频繁，晤谈的机会也比较多。虽然俞平伯自1923年起即以《红楼梦》研究而出名，但是，在他们保存下来的通信中，谈及《红楼梦》研究的仅有一次。那是1928年3月10日，《新月》杂志创刊号发表了胡适的新作《考证〈红楼梦〉的新材料》。周作人看到后，于当月18日函告俞平伯，并将自己的《新月》杂志借给俞平伯看，后来索性把《新月》杂志送给了俞平伯。由此可见周作人对俞平伯工作的支持。新中国成立后，俞平伯与周作人的通信和晤谈比二三十年代已经减少了许多。尤其是像俞平伯这样曾因《红楼梦》研究问题而受到批判的人，在幸存的且被收入《书札影真》的几封信中，能有两封涉及《红楼梦》研究问题的信，已经是很幸运的了。这要感谢鲁博馆在"文革"期间的全力相助，使周作人所保存的史料免于劫难；更要感谢周作人的亲属不厌其烦地从众多存信中，精心查找出俞平伯的这些书信。

从这两封谈《红》书札中我们得知，俞平伯之所以与周作人谈《红楼梦》研究的问题，都是由周作人的来信引发的。俞平伯在甲信中说："顷奉赐书，谈及《红楼》，如得晤对，欣慰欣慰。"俞平伯从周作人的来信中似乎找到了知音，得到了理解，引起了共鸣，他也深感欣慰，因此，在回信中所谈均为由衷之言。又，俞平伯在乙信中所说发表在《文学评论》上的论文《〈红楼梦〉中关于"十二钗"的描写》"已被节去三分之一，故欠贯串，致结尾尤劣"，对此，我们原是一无所知的。我们所知道的只是此论文发表后不久，就受到了批评，在《文汇报》《文艺报》和《文学评论》等报刊上都见到了批评文章发表。几乎没给俞平伯留下什么喘息之机，就又接上了十年的"文化大革命"运动。俞平伯论文的全貌究竟是什么样子的，被删去的两万多字都写了哪些内容，我们已经无从得知了。1988年3月，上海古籍出版社在征得俞平伯同意后所编辑并与三联书店（香港）有限公司联合出版的《俞平伯论〈红楼梦〉》一书，也是根据《文学评论》杂志上所发表的该论文收入集子的。现在看来，这个遗憾是永远无法弥补的了。

从这两封谈《红》书札中，我们也看到新中国成立后的周作人一边在默默无闻地从事着译著工作，一边还在关注着他的学生俞平伯的命运，并因此对《红楼梦》研究也予以了关注。如果周作人写给俞平伯相应的信和俞平伯随信寄赠周作人的"近作诗文"也能被保存下来，那就更好了，我们就可以从中得到更多的信息。

（原载2001年5月《红楼梦学刊》第2辑）

至诚的朋友
——记何其芳与俞平伯的交往

新中国成立后,著名红学家、散文家、诗人、古典诗词曲研究专家俞平伯在文学研究的道路上,经历是坎坷的,然而,又是幸运的,因为他遇到了著名文艺理论家、诗人、作家何其芳这样一位可亲可敬的好领导,并从何其芳身上感受到了党的知识分子政策的温暖。

1952年,北京大学筹建文学研究所,何其芳任副所长。俞平伯自北京大学中文系调至文研所任研究员,始与何其芳相识。而何其芳在20世纪30年代初即旁听过俞平伯的课,并十分喜爱俞平伯的散文作品。那时,俞平伯任清华大学中国文学系教授,讲授古典诗词。一日为师,终身敬之。为此,何其芳对俞平伯一直以"俞先生"相称。

何其芳十分善于团结老知识分子,政治上关心他们,工作上支持他们。俞平伯到文研所的第一件工作,便是校点八十回本《红楼梦》。何其芳与郑振铎所长不仅为他提供许多宝贵的校勘资料,而且为他选派了得力助手。正当他的红学研究进入最佳境界时,一场全国范围内声势浩大的批判俞平伯在《红楼梦》研究中的资产阶级唯心论的运动拉开了序幕。

1954年9月1日,山东大学《文史哲》月刊第9期发表了李希凡、蓝翎的《关于〈红楼梦简论〉及其他》一文,批评俞平伯在《红楼梦》研究中的唯心主义观点。9月30日,《文艺报》半月刊第18号转载此文时,由主编冯雪峰加了按语,说:"作者是两个在开始研究中国古典文学的青年;他们试着从科学的观点对俞平伯先生在《〈红楼梦〉简论》一文中的论点提出了批评,我们觉得这是值得引起大家注意的"。又说："作者的意见显然还有不够周密和不够全面的地方，但他们这样地去认识《红楼梦》，在基本上是正确的。"10月10日，《光明日报·文学遗产》副刊第24期又发表了李希凡、蓝翎的《评〈红楼梦研究〉》一文。此事引起了毛泽东主席的重视。10月16日，他在写给中央政治局和其他有关同志的《关于〈红楼梦〉研究问题的信》中指出：李、蓝所写的驳俞平伯的两篇文章"是三十多年以来向所谓《红楼梦》研究权威作家的错误观点的第一次认真的开火"，"看样子，这个反对在古典文学领域毒害青年三十余年的胡适派资产阶级唯心论的斗争，也许可以开展起来了。事情是两个'小人物'做起来的，而'大人物'往往不注意，并往往加以阻拦，他们同资产阶级作家在唯心论方面讲统一战线，甘心作资产阶级的俘虏"。他说："俞平伯这一类资产阶级知识分子，当然是应当对他们采取团结态度的，但应当批判他们的毒害青年的错误思想，不应当对他们投降。"两天后，中国作协党组开会，传达了毛泽东主席的这封信。10月23日、24日和28日，《人民日报》分别发表了钟洛的文章《应该重视对〈红楼梦〉研究中的错误观点的批判》，李、蓝的第三篇文章《走什么样的路？——再评俞平伯先生关于〈红楼梦〉研究的错误观点》和袁水拍的文章《质问〈文艺报〉编者》。后者指责冯雪峰在转载李、蓝的文章时所写的按语是"对于'权威学者'的资产阶级思想表示委曲求全，对于生气勃勃的马克思主义思想摆出老爷态度"；指责《文艺报》"在这里跟资产阶级唯心论和资产阶级名人有密切联系，跟马克思主义和宣传马克思主义的新生力量却疏远得很"。随着这些火药味十足的文章的发表，对俞平伯批判的调子也在逐步升级。

在这场运动中，全国各地的古典文学研究专家、教授，几乎都发表了批判俞平伯的文章：有为俞平伯挖掘资产阶级思想根源的，有剖析俞平伯《红楼梦研究》给予青年的毒害的，有论证俞平伯错误文艺思想的一贯性的，也有说俞平伯的《红楼梦研究》是反爱国主义的。什么自然主义、实用主义、颓废主义、客观主义、主观主义、反马克思主义的文艺理论思想、资产阶级的美学观点等用语纷纷出现在批判文章中。

在批判大潮铺天盖地而来，"棍子""帽子"满天飞的时候，俞平伯在何其芳任副所长的文学研究所里，没有受到歧视和压制，仍然享有批评和反批评的权利。何其芳清楚地认识到学术观点和政治问题是不能混为一谈的。他要求全体研究人员对俞平伯的有关著作进行全面分析，采取实事求是的态度和正确的方法展开讨论。在讨论过程中，他让俞平伯充分发表自己的意见，并对他讲的有道理的地方，都予以肯定。在当时的政治氛围下，在文学所这块小天地里，仍能保持着民主的学术空气，不能不承认何其芳是很有主见的。当时也曾有人落井下石，无中生有，在报上指责俞平伯垄断古籍资料。何其芳对此十分重视，专门做了认真的调查，证明纯属不实之词后，他积极为俞平伯伸张正义。在他的要求下，1956年5月26日，中宣部部长陆定一在作《百花齐放，百家争鸣》的报告中，特为俞平伯澄清事实，做了必要的解释。

1956年，文学研究所讨论晋升职称时，经何其芳提议，学术委员会讨论通过，俞平伯被定为一级研究员。何其芳认为俞平伯是有真才实学的专家，在社会上是有影响的，不能因受了批判而影响他晋升职称。在今天看来，凭着俞平伯的渊博学识和他在学术上的建树，被评为一级研究员是公正的，可是，在当时的政治氛围下，何其芳等人能够做到坚持实事求是，正确对待老知识分子，也的确是不容易的。

1959年年初，俞平伯受当时政治用语的启示，曾写了《〈红楼梦〉札记两则》，其中的第一则谈了"东风与西风"的比喻问题。他说：《红楼梦》"第81回，林黛玉向袭人说：'不是东风压了西风，就是西风压了东风。'"他考证东风西风作为两种势力的对比，并非始于林黛玉，而在南宋作家刘辰翁的《六州歌头》词中，就已有"便一朝符瑞，四十万人同。说甚东风，怕西风"。词中的"东风"指当时住在东边的宋朝皇帝，"西风"指当时住在西边的专权跋扈的贾似道。因为皇帝都有点怕贾似道，所以词中说东风怕西风。文章写成后，他交给了何其芳。何其芳本拟发表在1959年5月31日《光明日报·文学遗产》副刊第263期。然而，没过几天，何其芳突然退稿了，在附信中也未详谈退稿的原因。就是这封纸已泛黄的短信，经过十年浩劫，竟被俞平伯奇迹般地保存下来，这才使我们从这封短信中看到了何其芳对俞平伯不事声张的爱护与关照。

那是1957年11月17日，毛泽东主席在莫斯科大学会见中国留学生时，曾引用"东风""西风"作为国际政治形势的比喻，他说："社会主义阵营和资本主义阵营之间的斗争不是西风压倒东风，就是东风压倒西风。"他在分析了当时两大阵营的实力后，说："现在不是西风压倒东风，而是东风压倒西风。"而俞平伯所引的典故却是"东风怕西风"的故事，与毛泽东主席所讲的大相径庭。虽然经历了1954年的批判和1957年的反右斗争，但是，书生气十足的俞平伯仍显得那样迂不可及、不识时务。试想这篇札记发表后，会是什么结果！何其芳深知其中的利害关系，因此决定不发表。这一退稿，可以说帮了俞平伯的大忙，为他避免了一场新的麻烦和事端。

多年来，何其芳对俞平伯深厚的古典文学功底和渊博的学识，始终是深信不疑、敬佩有加的。20世纪50年代末60年代初，何其芳遵照毛泽东主席的指示，主持编辑了一本破除迷信的书——《不怕鬼的故事》，并为此书写了长序，送给毛泽东主席审阅。序文中在谈到"我们对于国际国内一切反动势力，对于天灾人祸，对于一切表面上可怕但实际并没有什么可怕的事物"时，说："难道按照实际情况，不是它们怕我们，反而应该是我们怕它们吗？难道我们越怕'鬼'，'鬼'就越喜爱我们，发出慈悲心，不害我们，而我们的事业就会忽然变得顺利起来,一切光昌流丽,春暖花开了吗?"这里的"光昌流丽"一词是毛泽东主席审阅时添加的,何其芳没这样用过,心里没底。于是,他打电话向俞平伯请教,得到印证后,这才放心。不曾想,这件小事在"文革"中也成了何其芳反对毛主席、与资产阶级反动学术权威同流合污的一大罪状。为此,何其芳吃了不少苦头,但是,他光明磊落,不以为悔。

20世纪60年代初,俞平伯征得何其芳的同意,在早年出版的《读词偶得》和《清真词释》的基础上,扩大对唐宋词的研究,编撰《唐宋词选》时,无论是斟酌选目,还是拟写前言,何其芳都曾提出很多宝贵意见,供俞平伯参考。1979年,《唐宋词选》试印本经过俞平伯反复斟酌、修订,改名为《唐宋词选释》,由人民文学出版社正式出版时,何其芳已经无法看到这本凝聚着他的期待与希冀的精品书了。

古人云:"好雨知时节,当春乃发生。随风潜入夜,润物细无声。"何其芳以自己的宽厚、真诚赢得了俞平伯的信任,成为俞平伯的朋友和知己。1964年5月21日至6月6日,俞平伯与许德珩、游国恩等五十余人赴河北省霸县煎茶铺,参加了政协全国委员会组织的农村社会主义教育运动。在此期间,他写了七绝《高各庄扬水站口占》和五言律诗《煎茶铺寓中》,记述了自己当时的所思所感。其中的五律写到:

　　　　日高风里热,风息夜来凉。晚学将勤补,苍颜意态昂。
　　　　荷锄惭力荏,炳烛惜年芳。开遍戎葵绣,农家五月忙。

回京后,他即写信向何其芳所长汇报参加学习的情况,并将这两首诗书赠何其芳。三个多月后,即同年9月20日,花好月圆的中秋节这一天,俞平伯又将自己在20世纪40年代末出版的、记述抗战期间在北平沦陷区闭门索居、切盼抗战胜利的抒怀五言长诗《遥夜闺思引》一册题赠何其芳留念。这不仅是创作的交流，心灵的沟通，更表现出难得的高山流水遇知音之感。俞平伯对何其芳的信任已尽在不言之中。

"文革"运动爆发后，何其芳与俞平伯便分别以"党内走资本主义道路的当权派"和"资产阶级反动学术权威"等不同罪名而同被打入牛鬼蛇神的队伍中：一同被审查，无数次的被同台批判和揪斗，被指派扫厕所、拎煤球，没完没了地写认罪书，他们成了形影不离的"棚友"。不久，他们又成为同一个学习班被帮助、被教育的对象。

1969年11月，俞平伯不得不以古稀高龄与何其芳等老知识分子一起，随中国科学院哲学社会科学部文学研究所下放到河南干校。俞平伯因年老体弱受到照顾，被分配干一些积肥、种菜、搓麻绳等力所能及的活儿。那时，何其芳也已年近花甲，却被分配在猪圈喂猪。最多时他一个人喂了大小二十头猪，劳动是够紧张、辛苦的了，然而，何其芳的劳动积极性却很高，他要在劳动中好好改造自己，争取早日从被审查的队伍中"解放"出来。当时，与他命运相同的俞平伯还曾到猪圈帮助他驱赶那些不听话的猪。艰苦的干校生活使他们的心贴得更近了。

1971年1月，何其芳与俞平伯等十一位著名老学者在周恩来总理的关照下，从河南干校提前返回北京，在中科院学部组织学习。在此期间，何其芳曾多次在写给老友、妹夫方敬的信中，谈到俞平伯。如1971年11月21日，他在信中谈到自己还希望能工作到八十岁时，说："俞平伯也已七十二岁，冬天比我还穿得少，而且并无什么老年病，他也是从河南和我们一起回来的。"又如1974年5月9日，他在信中谈到自己近年来心绞痛常发，而退休暂时还不能考虑时，说："俞平伯已七十好几岁，又是非党人士，提出退休，学部都不批准，我哪能考虑退休？"从这些后来被披露的私人信件中，我们再次看到何其芳是很以俞平伯为意的。

1975年，何其芳开始学作旧体七言律诗。1977年3月末，他"戏效玉溪生体"，作《锦瑟》诗二首，并曾就对仗、韵律等问题，写信向俞平伯请教。商讨、切磋之事犹在眼前，没想到7月24日，何其芳竟以心脏病和晚期胃癌与世长辞。噩耗传来，让同样正在病中的俞平伯悲痛不已。他在病榻上写下了致何夫人的唁函。他说："以数十年之友谊，在近期尚讨论诗歌，书翰往返，不意顿隔人天，悲痛如何！因病不能参与追悼大会，尤感歉疚，祈勉节哀思，谨此致唁。"俞平伯对何其芳的悼念之情，已非言语所能表达。

1979年4月，由何其芳夫人牟决鸣抄录、编集的《何其芳诗稿》由上海文艺出版社出版，内收何其芳建国后所作新诗和旧体诗八十一首。俞平伯通读了全书后，欣然写下了《题新刊〈何其芳诗稿〉》诗二首，寄赠何夫人。诗云：

> 昔曾共学在郊园，喜识"文研"创业繁。
> 晚岁耽吟怜《锦瑟》，推敲陈迹怕重谈。
>
> 习劳终岁豫南居，解得耕耘胜读书。
> 犹记相呼来入苙，云低雪野助驱猪。

其中第一首诗简述了两人交往的经历，第二首诗回忆了他们的干校生活。在《何其芳诗稿》中收入的干校诗歌，只有何其芳在1970年4月25日所作的《欢呼我国第一颗人造卫星上天》新诗一首。在一年多的农村干校生活中，何其芳竟然没有留下一首记述干校生活的诗歌，倒是俞平伯在诗中为他的干校生活描绘了一幅阴天旷野"驱猪入圈图"，深深地留在了人们的记忆中。

1987年，中国社会科学院文学研究所纪念何其芳所长逝世十周年之际，俞平伯也以真挚的感情，在《纪念何其芳先生》一文中，写出了自己的心声。他深情地说:"与其芳几十年的交往,他既是我的领导,又是我从事研究工作的知己。他给我的帮助很多,是我非常感谢的。"他由衷称颂何其芳"以内行的身份,从事领导工作,尊重知识,选拔人才,方使文学所在1953年以来的基础上,有了很大的发展。其芳先生的贡献和功绩,是不可磨灭的。"这是从一位民主党派老知识分子心中流出的对何其芳最真诚最崇高的评价。

(原载2001年《人物》第6期)

一份不多见的友谊
——纪念叶圣陶与俞平伯

1994年10月28日,是我国著名文学家、教育家叶圣陶先生百年诞辰;1995年1月8日,即为我国著名文学家、红学家俞平伯先生九十五岁诞辰。这两位已故老友之间有着六十余年的交往和友谊,这是不带任何功利色彩的友谊,也是一份不多见的友谊。现在,让我们从他们数十年的交往中,撷取几个片断,从中看看他们的交友之道和论文之乐,并以此纪念为祖国的文学和教育事业做出贡献的叶圣陶、俞平伯先生。

兄弟之情

1975年国庆节,俞平伯应周恩来总理的邀请,作为老知识分子的代表,荣幸地出席了中华人民共和国建国二十六周年国庆招待会。他异常兴奋,无比欣喜,不知这是时来运转,还是否极泰来。长期处了逆境中的老人,哪里承受得住如此的惊喜。一星期后,他不幸患了脑栓塞,右侧偏瘫了。叶圣陶得知后,立即写信问候,及时送去了最真挚的安慰。在俞平伯患病二十天后,叶圣陶由儿妇、夏丏尊先生的女儿满子陪同,带着自家栽培的菊花,前去探视平伯。叶圣陶的来访,给平伯带来了温馨,带来了喜悦,也带来了战胜疾病的信心。十天后,叶圣陶收到了俞平伯用钢笔写来的信。这是俞平伯患病后写来的第一封信,信中寄来的是平伯夫妇为感谢圣翁的探访而作的五言《咏菊诗》二首。俞平老的诗为:

> 嫩蕊鹅黄酒,开来似素英。
> 东篱秋色在,喜惠称嘉名。

俞夫人的诗为:

> 冬暖雨丝丝,开炉节近时(次日即为立冬)。
> 黄花插瓶供,犹有傲霜姿。

虽然俞平老的字写得有些扭曲,自谓如"小儿涂",但是,这是他的进步,是他病体在迅速恢复的标志。圣翁感到高兴,立即和作二首,书寄平伯,称赞他"君书无不好,纵令类儿涂"。

俞平伯患病两个月后,经过顽强的练习,又能够用毛笔流利地书写了。1975年12月9日这一天,他给叶圣陶写了一封短信,说:"梦中悲哀出涕,欢乐开颜,良无异醒时。虽境虚而情实,应当说梦不是那么假,醒不必那么真。'痴人前不得说梦',病榻亦不宜说梦也。病中不能用心,偶有零碎语写奉圣陶兄正误。"平老信中所说的梦境,其实正是平老病中的心情在梦中的再现。他想向叶圣陶倾诉自己的心声,似乎也只有圣翁能够理解他的心情。此信写好后,因"语殊萧瑟",并未寄出,平老把它留给了儿孙。然而由此可见平老对情同手足的圣翁的信赖。

叶圣陶虽然并未读到平老的这封信,但是,他心中时时都在挂念着病中的平伯。1976年1月6日上午,农历腊月初六,距平老的生日只有两天,叶圣陶冒着刺骨的寒风,在参加了王伯祥先生的治丧委员会后,由吕叔湘先生陪同,又一次到建国门外寓所看望了平伯。

两天后,周恩来总理逝世。叶圣陶闻知后,即作五律一首,悼念周总理,诗云:"无役不身先,向辰磐石坚。般般当代史,烨烨六旬年。悲溢神州限，功垂天地间。鞠躬诸葛语，千古几人然。"并于1月13日将这首挽诗抄寄平伯。平老读后感慨万千，他忘不了1971年年初，就是因为周总理作了批示，他和其他十位老学者才得以从河南干校重新回到北京。他更忘不了1975年国庆，他应周总理邀请，出席了国庆招待会。这种礼遇与"文革"初期的遭遇形成了鲜明的对比。万千思绪令他不能自已，他情不自禁地也作了一首诗《悼念周恩来总理》，诗云："诸葛周郎集一身，罗家演史又翻新。鞠躬尽瘁舆评确，若饮醇醪昔语真。今日阿谁孚众望，为霖作楫继前人。"并将此诗寄给圣翁。叶圣陶在月末的回信中，称赞平伯"新作六句体极好，中间一联尤切合，读之如饮醇醪，若斯人者，殆难数遘。"诗逢知音，话更投机，单靠书信往还，实难尽意，叶圣陶又在为天寒不能趋访而愁苦，他说："甚盼寒令早逝，而近日益冷，趋访之愿为所阻梗。看《参考消息》，今冬各洲皆剧冷，愁苦者正不知几许人。"其时距他们1月6日的相见只过了二十余天。

1976年的春寒尚未退尽，俞平伯的夫人许宝驯又生病住进了医院。在此期间，俞平伯像往常一样与叶圣陶通信论学，却只字未提夫人的病情，他不想让圣翁为他家的事情再去分心。可是，当叶圣陶知道此事后，他感到平伯无论怎样超脱，夫人的病也是他最牵肠挂肚的事情。圣翁感到对朋友关心不够，他在日记中写道："平伯又连来二书，因作书答之。余与平伯写信确如打乒乓球，来回无已，所谈皆不相干之语，近来乃近乎谈玄。彼之夫人因妇人病入医院，或须动手术，彼亦不以相语，俟余询及而后言确有其事。即此亦可见书信之不切实际矣。"4月6日下午，叶圣陶在家人的陪伴下，挤车到建国门外永安南里，又一次看望了俞平伯。"平伯在室内来往似已能自如，走楼梯则尚须他人扶持。其夫人居医院治病，云不须动手术。坐一小时有余，为别，仍挤车而归。"叶圣陶在当天的日记中写了如上的话。几天后，叶圣陶的儿妇满子和王伯祥先生的女儿汉华一起到首都

133

医院看望了俞夫人，得知"不日将回家，取药带回，在家治疗"后，圣翁这才放心，并在日记中记下了此事。

在俞平伯生病后的那段日子里，叶圣陶每隔一两个月，便去看望一次。有时因为修路或是车挤，还要绕行，中途换乘两次车才可到达。路上的时间比晤谈时间还要长。叶圣陶之所以乐此不疲，那是因为他觉得与平伯"相对一小时有半，欢如数日之叙，身心皆畅适，回味有馀甘"。

两位老友无话不谈，触景也生情。1977年春节前夕，俞平伯函告圣翁：水仙开花了。圣翁回答："水仙已开，闻之欣慰。弟案头亦供一盆，花亦单瓣。虽不晤面，同对此花，亦慰情也。"

结束了十年浩劫，国家百废待兴。民主党派要恢复活动，全国政协要召开会议，本来就闲不住的叶圣陶变得更加繁忙了。1977年年末，他函告俞平伯："一周来每日出去开会，安静生活一变，甚不习惯，且感疲劳。……总想伴者有人，天又晴好，到尊斋坐一小时，虽亦未必多谈，相对即为至乐矣。"两位老友心灵的交流，尽在不言之中。

到了20世纪80年代初期，两位老人均已重听，即使用助听器，交谈也很吃力了。1981年9月，叶圣陶在致友人书中说："弟非惟阅览书写不便，听力亦大损，言之可笑。携助听器，坐广众中听人发言，第闻其声而不辨其义。苟有以所闻者何谓相问，则窘甚矣。"由此可见一斑。然而，叶圣陶与俞平伯的互访并未因此而中断。1982年，俞平伯在《访圣翁承留饮答谢俚句》中写道：

> 湖海交期永，悠悠六十年。庞眉尊一老，英发侍三贤。
> 愧我鸠居拙，推兄雁序先。两聋空促坐，谐谑酒边妍。

俞平伯的诗句把两位失聪老友与圣翁的儿孙辈同席畅饮，听任年轻人谈笑风生的场面描画得十分生动和真切,欢快、热闹、诙谐而又开心的场景,历历如在眼前。从诗中也反映出圣翁一家和谐、融洽的家庭气氛。

叶圣陶关心他人总是胜于关心自己。然而,圣翁自己也有悲伤之时,他向谁去诉说呢?1977年2月26日,他在给俞平伯的信中,书录了一首旧作悼亡诗,诗云:

> 从未寄书回,梦中常疑猜,何因竟决绝,弃我如遗迹。
> 而我亦太痴,胡为不先施。邮址何从写,电话何号码。
> 念此怅百端,醒时始恍然。原来是永别,万古阻消息。

圣翁写信后的第四天,即是叶夫人胡墨林逝世二十周年忌日。叶圣陶用诗向俞平伯述说了自己怀念夫人的心情,并告诉平伯"此乃无数次梦之实录","当时竟觉将无法过下去,而二十年居然过下来矣"。时隔二十年,叶圣陶对夫人的思念之情没有丝毫减弱,可见夫妇感情的笃深。当时,正是俞平伯夫妇结婚的第六十年,重圆花烛之喜正在向他们走来。此时的平伯与圣翁有着截然不同的心境。尽管如此,圣翁仍向平伯敞开了心扉,他知道平伯能够理解他的心情,因为他们的心灵是相通的。

1982年2月7日,俞平伯的夫人许宝驯谢世,叶圣陶想到平伯"伉俪在结缡之前,即为儿时伴侣,相处殆将八十年,一朝分别,伤感可想"。当日,即令儿子叶至善偕孙媳前往吊唁。3月12日,叶圣陶在致友人信中说:"平翁屡来书告其近思,语多哲想,转少伤悼之辞,益令我钦敬。我妻去我已二十五年,当时伤悼与平翁同,然思想境界不逮也。"其实,俞平老是以诗词遣悲怀,以"无言尽百哀"。在夫人去世后的百余日中,他共作了二十首悼亡诗。3月13日,叶圣陶来访时,俞平老将口占之诗呈圣翁:

> 无一不慨然，无一不怅触。若云即是诗，斯亦未免俗。

从诗中，叶圣陶知道此时平伯的伤感实难劝慰，因此，他采取了不劝慰的方法，任其自然宣泄哀思。

俞夫人病逝百日后的一天，俞平老在梦中恍若听到夫人的声音，醒后他吟诗一首：

> 一音抵千言，能苏厌旅魂。沙弥不归佛，何地得酬恩。

在俞平伯数十年的坎坷经历中，夫人许宝驯始终陪侍左右。"文革"期间，俞夫人曾以七十四岁高龄陪平伯下放农村干校。没有夫人的吃苦耐劳、鼎力相助，俞平伯很难渡过艰苦生活的难关。因此，他觉得愧对夫人之处甚多，他心中的遗憾是无法弥补的。这时的俞平老也更深地理解了五年前圣翁书录旧作悼亡诗时的心情。而圣翁对悲哀中的平伯则给予了最深切的理解和最热情的关怀。深切的理解是难得的，热情的关怀是让人永远难忘的。在我们的生活中，多一分理解，便多一分真情；多一分关怀，也便多了一分兄弟之爱。

待友之诚

1977年夏天，八十三岁的叶圣陶发现自己的视力在明显下降，他在致平伯信中说："迩来目力衰退甚速。二目同视，虽加用放大镜亦不清，闭左目单凭右目则稍好。执笔在手，笔尖触纸与否无把握。及其触纸，则任手腕自由运动，盖手与目已不能协作。看与写稍久，则眼之周围乃至前脑俱感甚不舒适，且复心烦。……恐不久之后，将看与写俱无缘矣。"就在这样的情况下，圣翁仍亲自用毛笔楷书回了老友的信，并告诉平伯：要偿清嘱写之字，"恐须一个月"。对于患有眼疾的高龄老人，这是何等的负担！

平老得知圣翁的眼疾后，心中时时感到不安，先是写信问候，接着便是登门看望。圣翁心中感激，于1977年7月8日，又勉力写了致谢信，谓："惠临问疾，且赐手稿，已将旬日。常欲作书叙其感激，而执笔异于往时，旋又放下。今勉力坚持，务欲成书，而感激何能言宣，亦惟有以不言为言而已。"从信中可见圣翁眼疾的痛苦和写字的艰难。而此时请叶圣陶题字题诗者还大有人在，圣翁始终来者不拒。他说这就是老友夏丏尊、丰子恺所说的"结缘"，即结文字之缘。而此时他的实际状况是患了老年性白内障，"看与写皆困难，试想前途，不免寂寞"。

自1978年起，叶圣陶不得不以钢笔替代了毛笔的书写，继续与平老书信往还。他说："钢笔硬，不靠目力，但凭往日习惯挥动，尚可应付。若用毛笔，则笔画往往并在一起，或则各笔相距极远，竟不成字。"1979年2月，圣翁在钢笔书写的信中，又一次向平伯谈及自己的"目力愈益衰退，虽用二镜，总感模糊。勉强注视十分钟许，不得不释卷起而徘徊。写字则更无把握"。圣翁在眼镜加放大镜同时使用仍感模糊的情况下，仍在信中与平伯谈论《红楼梦》，说："近有人来言，某君撰长文，言红楼乃多人之作，曹雪芹为最后之修订者。兄未示有'曹是最后整编而非唯一之作者'之语。何日得晤面，甚欲一闻其详。"圣翁谈诗论文的热情之高，不服老的决心之大，战胜眼疾的毅力之坚强，皆由此可见。

1979年5月，有友人请叶圣陶为他收藏的画册题诗，并请圣翁替他转托顾颉刚、俞平伯题字。圣翁应嘱为之题写绝句二首，却拒绝了替他转托求字之事。圣翁说："足下要我转托顾、俞二公，恕我不拟遵命。题句写字，不免费心思，年纪稍大的人可能不愿为。我若送去，等于我去强迫他们动脑筋，这是不大好的。足下以为何如？"圣翁将心比心，自己勉为其难之事，绝不再给老友增加负担。他的肺腑之言着实让人感动。

数年来，俞平伯也一直记挂着圣翁的眼疾。1982年1月11日，他在写给儿子的信中，谈及"叶圣翁年初以急性青光眼入医院（4日来电话）。顷闻已归家，想必好些，能看近物，还不能看字。以天冷，不能往候"，深感歉疚。1983年9月5日，平老在给儿子的信中，又一次谈及圣翁的视力，说："月初曾函圣翁，居然得复，只一张纸，云写了一个半钟头之久，以眼光愈劣，视力表上最大的E都看不清楚，其他可知。是否能动手术，想伊处必有考虑，……他虽衰，却比我大五岁，亦不足怪。九旬岂易得者，若我家亦只高祖母一人而已。"从平老的家书中得知：圣翁在如此差的视力下，仍艰难地执笔，亲自写了回信，这是何等感人的精神！这是何等真诚的朋友！就在这一年秋高气爽的10月，迎来了圣翁九十华诞初度，平老早早地作了《寿圣翁九十》诗寄赠，以表衷心的祝贺。诗云："九十不衰真地仙，八旬犹在亦天怜。从君撰杖非无意，图向人前学少年。"诗中表达了纯真的、至老不衰的友情。

1985年春，笔者为平老编选了《俞平伯旧体诗钞》，曾请平老作序。平老思前想后，觉得此书的序文只有请圣翁写最合适，也最有份量。可当时圣翁正在病中，平老觉得无法启口，否则会给圣翁增加负担。5月23日，平老去探望圣翁，谈话中，流露出想请圣翁为《旧体诗钞》作序的念头，圣翁竟意外地答应了，并随口说了些与序文有关的话，被平老的女儿及时记录下来，这便是序文的初稿。后来，圣翁在孙媳兀真的协助下，反复斟酌，口授修改意见，完成了热情洋溢、朴实感人的《〈俞平伯旧体诗钞〉序》。圣翁说："《俞平伯旧体诗钞》一书出版，我很喜欢。我与平伯兄相交六十余年，他要我作序，于情于义都不容辞，虽在病中，不能不勉力说几句。"圣翁称赞平伯"天分高，实践勤，脚踏实地，步步前进，数十年如一日"。圣翁的评价实实在在，恰如其分。这是圣翁为平伯写的唯一一篇序文，也是圣翁一生中所作的最后一篇序文。20世纪30年代，俞平伯在上海开明书店出版《读词偶得》一书时，十分感谢叶圣陶对此书的写作所给予的鼓励，希望他能为此书作序，被叶圣陶婉辞。这次，他读到圣翁经过反复推敲、字斟句酌的序文后，欣喜之情溢于言表。1989年秋，《俞平伯旧体诗钞》终于出版了。装帧的精致和内容的双美，使这本书成为收藏的珍本和阅读的佳品。书中的错字也比较少，平老对它是喜欢和满意的，只是由于出版拖期，未能让圣翁见到这本装帧别致的书，这成了他最大的遗憾。

叶圣陶与俞平伯六十余年的交往中，只在晚年为平伯写了唯一的一篇序文，那是因为他不愿意掠美，然而，他却始终甘愿默默无闻地为朋友做奉献。20世纪20年代末，他在上海开明书店工作时，就曾亲自审稿、校对，为俞平伯出版了第一本散文集《杂拌儿》。1928年8月，叶圣陶将校对完毕的《杂拌儿》清样，用牛皮纸做封面，用书钉装钉后，寄给北京的俞平伯，并在封面上写着："八月六日校毕。先寄作者，俾知其情感思维，今成如是之式样矣。钧识。""钧"是叶圣陶的本名叶绍钧的简称。这本清样既体现了他对青年作者心情的理解，又反映出他工作的认真和办事情的审慎。这本有纪念意义的清样，如今已成为俞家的传家之宝。不久前，笔者在平老的儿子俞润民先生家中见到了此书，时隔六十余年，纸面已经泛黄，而圣翁当年的装钉却完好无损，封面上的字也清晰如初。

论文之乐

1975年4月，俞平伯在叶圣陶的鼓励下，写成了《读陈寅恪〈秦妇吟校笺〉》一文。他考核了晚唐诗人韦庄在他的叙事长诗《秦妇吟》中对秦妇行踪的描写，以为秦妇所遭遇之屈辱畸零，比《长恨歌》中之太真,《琵琶行》中之商妇,甚于十百倍。而"描写更有特异之点,为其它歌行所未曾经见者。好像纳纳乾坤,茫茫禹域,只她一个人在那边晃晃悠悠地走着,走着。——不知是吾幻想否,却深有此感"。他认为"文士好奇,言多夸大,未免失实。而悲哀的气氛贯穿弥漫于全篇之中,不必皆限于事实,作者情见乎辞矣。"俞平伯以此文就正于老友叶圣陶。两天后,圣翁即回信谈了自己的见解。他说:"重读《秦妇吟》,意谓韦庄此作实为小说,未必真有此一妇。东西南北四邻之列举,金天之无语,野老之泣诉,以及兄所感觉仿佛'只她一个人在那边晃晃悠悠地走着,走着',是皆小说方法,而当时之惨酷现实即寓于其中。小说中人物,用女子自较用男子为好,而以被虏之女子为尤好。"圣翁的一家之言,言之成理。俞平伯十分欣赏圣翁的见解,因此,他将圣翁的回信作为《读陈寅恪〈秦妇吟校笺〉》的附录,收入了他的《论诗词曲杂著》中。

1976年春,友人王湜华将叶圣陶在抗战期间的《蜀中书简》送给俞平伯观之。俞平老大感兴趣,竟写了四页的读后感寄给圣翁,称赞圣翁的《蜀中书简》"从多方面反映了抗战初期动乱时代的现实。以知识分子的角度来看,虽有局限性,未得其全,却非常清切,如一剪影,即可识庐山真面也"。他认为圣翁在抗战期间的"交游踪迹备见于斯,虽其人其事,览者或未详知,而就作书人说,实为那时最佳之自叙传。如对人接物之恳切,律己之严谨,工作之认真,与人为善之乐,教诲青年之盛,非特他人万万写不到,即吾兄自己蓄意为之,恐亦不能到也"。他对圣翁"不偏重知解谈说而特重体验践履"的精神尤其赞许。圣翁读了俞平伯的长信后,"深感相知之雅",并于收信的当天即写了回信。可遇不可求的文字知音,给老人们的晚年生活增添了许多欣喜和乐趣。这种乐趣并非人人都能体会到,因此,圣翁说"这种乐趣难以言传"。

1976年10月6日,是中国人民永远难忘的日子,这一天,党中央代表全国人民的意愿，粉碎了"四人帮"，结束了十年浩劫，中国的历史从此又翻开了崭新的一页。10月24日下午，首都人民在天安门广场举行庆祝大会，叶圣陶怀着无比喜悦的心情出席了大会，并以八十二岁高龄在天安门前站了两个小时。他的头脑中一定像过电影一样地翻着历史的画卷，他一定从1919年的"五四"运动想到了1976年的"四五"运动，他曾向俞平伯讲："'五四'之可贵，似以如是精神为前所未有。而规模之大，愤激之深，则'四五'远胜'五四'。然未尝不可谓'四五'源于'五四'也。"他也一定想到了正义终究战胜邪恶，历史总是按照人民的意愿向前发展。天安门是中国历史变迁的见证。如今，他站在天安门前，感到天还是那样蓝，地还是那样宽，天安门城楼也还是那样壮观。他向天安门默默地抒发着自己的情怀。10月26日，他又同家人到香山游览，真有重见天日、换了人间的感觉。两天后即是他八十二岁生日，这一天，他写信向俞平伯报告了自己几天来的活动和欢悦的心情。身体欠佳的俞平伯则以另一种形式表达了自己的心情。他填了《临江仙·即事》词一阕，书赠圣翁。词曰：

  周甲良辰虚度，一年容易秋冬。休夸时世若为容。新妆传卫里，裙样出唐宫。 任尔追踪雉𪃿，终归啜泣途穷。能诛褒妲是英雄。生花南史笔，愧煞北门公。

词中表达了他对江青的憎恶，对她的下场的嘲笑，以及对党中央粉碎"四人帮"的由衷的赞颂。叶圣陶不仅自己反复欣诵《临江仙》词，"且令儿辈共读"，大家心中十年的恶气，终由词中一吐为快。

  1977年年底，人民文学出版社欲印行俞平伯20世纪60年代初完成的《唐宋词选》一书。究竟答应与否，余悸未消的俞平伯有些犹豫，不能做出决定，遂与圣翁商量。叶圣陶即刻回信，恳切地回答:"《唐宋词选》既出版社欲印行,文研所亦赞同,自以印行为宜。"并希望俞平伯能够"再为加工,然后交印","使选辑之旨明白显示,并使读者领悟其旨"。他还告诉平伯:"释义之注可无须,俾读者自去翻检。指点领会之注,为读者所渴望,而在编者正是'争鸣'之具,甚盼能有之。从前选家有此类注(或当云评),往往只几个字,或一二语,措词含浑,不易捉摸,今作此类注,宜明白浅显言之。"圣翁的意见如此率直、中肯而又有的放矢,对俞平伯日后加工、修改并出版《唐宋词选释》一书,起了决定性的作用。

俞平伯还针对《唐宋词选》一书中的注释问题,与叶圣陶书札讨论了多次,圣翁在1978年1月20日的回信中说:"说起注释,斟情酌理,勿导读者入牛角,确亦不易。"他举例谈了在审阅鲁迅杂文著作注释稿中所发现的问题,他说:"注释者于鲁翁之片言只语皆以为微言大义,颇感无所措手。指而议之,彼将斥为忽视思想性、政治性,存而不论,则于读者非徒无益。鲁翁若尚在,见其言论几乎与孔孟同运,必且苦笑矣。"当时,思想上的拨乱反正仅仅一年时间,"文革"运动中极"左"思潮的后遗症还根深蒂固,圣翁能敏锐地指出在鲁迅著作注释中的这些弊端,不能不说是坦荡磊落、睿智超群的。

1979年"五四"运动六十周年前夕,曾在北京大学亲历"五四"运动的俞平伯作了《"五四"六十周年纪念忆往事》绝句十首,他将初稿和修改稿一次次寄给圣翁阅定,他觉得"修改颇费力,既不能违反事实,又不能影响气氛,只可斟酌于虚实轻重之间"。他们在切磋修改诗稿的过程中,又联想到了对新旧体诗的思考。俞平伯根据自己的创作经验,提出了新旧体诗合流的四点意见。一、多用白话句法,如唐诗"晚来天欲雪,能饮一杯无?"便是一例。二、少用辞藻。三、不用典故(最通行人易知者除外)。四、思想清楚,情感健康。叶圣陶对此表示双手赞成。他回信说:"'五四'时期反对旧体诗,现在想来,大概是反对其说空话假话,带有遗老味。实则旧体亦可以说实话真话,亦可以抒发自己此时此际之情思。果如是,则旧体新体无殊,而讲究字数之整齐,声韵之谐协,旧体且胜于新体。"叶圣陶和俞平伯就是这样书信往来,谈诗论文,各抒己见,畅所欲言。圣翁曾经总结他们的交往经历,说:"在我与平伯兄六十多年结交中,最宝贵的是在写作中沟通思想。我们每有所作,彼此商量是常事。或者问某处要不要改动,或者问如此改动行不行,得到的回答是同意的多,可不是勉强同意,都说得出同意的理由。还有一种情形,一方就对方新作的某句或某段,据理提出意见,或说这儿要改,或说这儿该怎么改,虽然不是全部取得同意,但是得到接受的占极大多数。这样取长补短,相互切磋,从中得到了不少乐趣。"这种高山流水遇知音所带来的乐趣,是任何其他乐趣无法替代,也无法比拟的。

20世纪70年代以来,与平老通信者有数十人,而书信被平老收藏者只有一人,那就是叶圣陶。以圣翁的社会知名度,与之通信者不计其数,而圣翁只将"书法可观者,所叙有意味者"保存之,而其中被保存得最多的是俞平伯的信。平老晚年喜欢写短信,而他写给圣翁的信常有长达四五页的。尤其是"谈艺论诗"的信,圣翁"诵之大为过瘾"。叶圣陶尤其偏爱俞平伯的书法,"工整书之好,随便写写亦好"。至70年代末,圣翁所存俞平伯书札及字幅已甚多。

俞平伯对叶圣陶的篆书尤表钦迟。圣翁为之书写的乐府诗小幅,俞平伯一直珍藏着。1976年春,平老曾拟一对联:"欣处即欣留客住,晚来非晚借灯明"。圣翁觉得这副联语没有暮气,很有积极意义,遂用篆字书写了这副对联,寄赠平伯。此时,平老已经有了吴玉如先生为之书写的草书条幅,现在又有了圣翁的篆书条幅,他的喜悦可想而知。他把装裱后的对联挂在客厅里,使客厅也春意盎然。如今，书者藏者皆成古人，而象征他们友谊的条幅却完好地陈列在浙江省德清县俞平伯纪念馆中，条幅上的篆书显得更加典雅、端庄、隽拔。

俞平伯与叶圣陶论学，圣翁每每道出自己的高见，令平老佩服不已。然而，圣翁自己却又总是那么谦逊，虚怀若谷。1976 年，俞平伯为友人所抄朱自清诗集《敝帚集》题诗二首：

> 萍踪南北追随际，酬唱新诗更旧诗。
> 今日遗编重展对，感兄存我一篇词。
>
> 殷勤求访尊先友，恬密吟怀迪后贤。
> 最喜君家绵世德，青箱写本会流传。

叶圣陶"反复吟诵二绝，感念甚深"。他在信中对平伯说："五十余年间之往事，聚散存殁之怀念，一时俱集，如观多卷纪录片。……复思作诗，无论其为新为旧，兄与佩公（即朱自清——笔者注）皆够得上'刻意'二字，此非虚美，确系写实。弟则自知皆只浅尝，不管好坏，时有杂凑，亦如写字，出门便不认货。今之所作，与三四十岁时无殊，其无有进境可知。故展兄与佩公之集，常感自愧，此亦实情，非随便说说也。"九年后，叶圣陶在为《俞平伯旧体诗钞》作的序中，又一次谈了自己的"不足"，他说："中年以来，我对新体诗的看法是'尝闻瓶酒喻……念瓶无新旧，酒必芳醇'。……我凭一点儿自知之明，坦率地说，我是做不到'酒必芳醇'的。我的无论什么文辞都意尽于言，别无含蓄，其不'芳醇'可知。"圣翁眼中看到的，心中想到的，总是友人的长处和自己的不足。他一生严于律己，宽以待人，活到老，学习到老，对自己永远没有满足过。我们知道，早在 20 世纪 20 年代，他已经是著名作家了。他早年创作的童话，至今仍是孩子们喜爱的读物。作为著名教育家，他言行一致，表里如一，对祖国的教育事业倾注了一生的精力和心血，也倾注了全部的希望和爱。读他的散文作品，如促膝谈心，催人奋进，感人至深。他的道德文章实乃一代师表，我们学习的楷模。

（原载 1995 年 12 月 10 日《名人传记》第 12 期）

叶圣陶、俞平伯悼念冯雪峰

1976年春节，文艺理论家冯雪峰病逝，没有看到拨乱反正与改革开放的新局面。正月初五，叶圣陶函告俞平伯："有一不幸消息。冯雪峰于上月卅一日病逝，亦相识五十余年之旧友，念之怆恻。"俞平伯立即回信："闻雪峰卒，殊悼惜。渠昔肄业于浙江第一师范，盖许昂若及佩公的学生。后来在京开会，弟亦常常相遇，亦一故人也。"早年，冯雪峰是许昂若（俞平伯表兄）和朱自清的学生，湖畔诗社创始人，也是叶、俞的老相识。

1954年9月，冯雪峰与许昂若、俞平伯均作为浙江省人民代表，参加第一届全国人民代表大会第一次会议。同月，因转载李希凡、蓝翎的批俞文章，《文艺报》主编冯雪峰在"编者按"中，指出"作者的意见显然还有不够周密和不够全面的地方，但他们这样地去认识《红楼梦》，在基本上是正确的"。为此，他被批为"对于'权威学者'的资产阶级思想表示委曲求全，对于生气勃勃的马克思主义思想摆出老爷态度"（袁水拍语）。他虽在《人民日报》发表检讨，仍被撤职，此后厄运不断。冯雪峰的这些经历，俞平伯是不会忘记的。

1976年2月16日下午，叶圣陶去八宝山参加冯雪峰追悼会。俞平伯得知后，回复："雪峰有追悼会则在政治上已无事，亦可稍慰故人。"这含泪短语中，隐藏着多少心酸！

（原载2017年7月7日《今晚报》）

书简中的友谊

1989年，为了搜集文学家、红学家俞平伯先生的书信，我曾向俞平伯的同事、朋友唐弢、吕叔湘、林庚、文怀沙、钟敬文等一批老学者发去了征集俞平伯书简的信函。出人意料的是老学者们无一例外地都写来了回信。唐弢先生回信说：

> 俞平伯先生过去确和我通过信，那时我在上海，但也不多。十年动乱中，我有一大箱文艺界朋友给我的信，全部付之一炬。以后因为同在一个研究所工作，开会常常见面，因此反而不必通信。我怕记忆不准，接来信后，再翻查一过，果然没有，无以报命，甚歉！

唐弢先生（1913—1992）是现代著名作家、文学评论家、鲁迅研究专家，生前与俞平伯同为中国社会科学院文学研究所研究员，只是一个搞现当代文学研究，一个搞古典文学研究。唐弢对俞平伯大名早有所闻，爱其字，更爱其诗。1944年10月，他就曾借着被派从上海到北平，劝阻出售鲁迅藏书之机，抽暇特意往东城老君堂拜访了俞平伯，并请俞平伯为他书写条幅。那时，正是抗日战争的最后一年，俞平伯一家闭门索居，门庭冷落，生活也到了靠典卖家藏旧籍维持的境地。唐弢的来访，给他带来了欣喜，也带来了上海友人们的消息。两天后，俞平伯将书录近作诗三首的条幅亲自送到唐弢的住所。其中有一首律诗写道："野塘十顷几荷田，一水含清出玉泉。菱蒂无端牵旧恨，萍根难值况今年！红妆飘粉谁怜藕，翠袖分珠不是圆。莫怯荒阒归去早，西山娟碧晚来鲜。"唐弢认为这是平伯先生在借诗表明自己索居荒城、一片清白的心迹，因此，也以隐语作诗酬答，诗曰："词赋名场心力残，玉泉裂帛听终寒。霜风红遍西山路，莫作江南春色看！"

"十年动乱"期间，因为他们各自在学术领域的建树所形成的权威地位，唐弢与俞平伯被关进了同一个"牛棚"。俞平伯为了不让老伴儿担惊受怕，每星期必给夫人写一封报"平安"的信。对于当时失去了人格尊严和人身自由的俞平伯来说，相比之下，倒是写信容易寄信难了。幸值那时唐弢患病较重，特允其幼子为其送饭，俞平伯就悄悄地托这位青年朋友将信带到外边，代为投邮，每周一次，从不怠误。唐弢也由此证实了俞平伯夫妇数十年的伉俪笃情是经得起考验的。

20世纪70年代，曾经与俞平伯同住一座高知宿舍楼的语言学家、中国社会科学院语言研究所研究员吕叔湘先生（1904—1998）也在百忙中写来了回信。他说：

> 我与平伯先生在解放前是神交，直到平伯先生住到永安里宿舍才有来往。因为住在一个宿舍，所以也无书信往来。平老搬到南沙沟以后，我去看过他，但也无书信往来。

虽然没有书信往来，但是吕叔湘仍然做了详细的回答，可见他的认真。

吕叔湘与俞平伯都是叶圣陶的老朋友。一次，吕叔湘去叶圣陶家作客，适值圣翁刚好写完给俞平伯的信。吕叔湘见状，当即表示愿意亲自代送，并于当日送至俞平伯手中。那时市内平信邮资只用4分钱，而吕叔湘代送的信却是"特快专递"，它送去的是老朋友之间的真挚情意，它的力量，它的意义，都是用金钱无法衡量的。

现代诗人、文学史家、北京大学教授林庚先生（1910—2006）是俞平伯的学生，1933年毕业于清华大学中文系。当时在清华大学任教的俞平伯、朱自清都很赏识他的才华。俞平伯就曾应嘱为他的第一部新诗集《夜》作序。那时，俞平伯早已转入教学和古典诗词曲的研究工作，不再写新诗了，兴之所致，偶尔还填填词、作作格律诗等。俞平伯在序言中分析了当时新诗坛的寂寞状况，称赞林庚能够耐得住寂寞，说："他近年的兴味完全被'诗'吸收了。他不问收获，只黾勉耕耘着，但他确信新诗是有前途的。这种康健的乐观和努力，很使我愉快。"遗憾的是这篇代表着师生情谊的谈新诗的序文却被遗忘了，以至于未能将它收入《俞平伯序跋集》中。

林庚先生在见到我的信的当天，就用绿格稿纸工工整整地写来了回信。信中说：

> 平伯先生是我的老师。三十年代初，清华大学中文系如黄节、杨树达、刘文典等多是"五四"以前的老先生，只有朱佩弦、俞平伯两位先生是"五四"时代的，我因此与他们二位非常接近，他们之间又是好友，这只要看《桨声灯影里的秦淮河》就可想见。可惜我这里没有保存下俞先生的书信。本来信就不多，抗日战争以前经常见面，家中又都有电话，用不着通信。四七年我回到北京，还多次到老君堂看望他老人家。五十年代中期运动迭起，大家心情都不好，既少往来，也未通信，情况大致就是这样。

林庚先生所说都是实情，在俞平伯1949年前断断续续的日记中，就清楚地记载着他们师生之间的交往。

再说楚辞专家文怀沙先生（1910—2018），1950年12月，作为棠棣出版社"中国古典文学研究丛刊"的主编，他在审读了俞平伯的《红楼梦研究》书稿之后，曾应嘱为之作了跋语，并于 1952 年 9 月出版了《红楼梦研究》一书。1954 年，他们共同经历了惊心动魄的关于《红楼梦》研究的批判运动，因此，文怀沙与俞平伯之间的交情，就不单纯是学问的了。

文怀沙先生从国外归来时，已是我发信半年之后了，我竟意外地收到了他的回信。信中说：

> 五十年代初，俞平伯先生确实给我写过不少信，也写寄过许多诗词，但全丢失了。目前手中只有一册俞先生亲笔题赠的《红楼梦研究》，还是一个爱收藏旧书的小朋友不知从哪里买来送我的。……关于俞因《红楼梦》所引起的一些是非和往事，我确有所知，但多系"此中人语"，假定精力许可，可能有一天会写出来的。

从收到文怀沙回信的那一天起，我就开始期待着能够早日读到他的"此中人语"了。

1990 年 12 月 15 日，适值俞平伯先生去世两个月，《文艺报》上发表了民俗学家、现代散文作家钟敬文（1903—2002）先生的文章《敬悼俞平伯先生》，文章谈了他与俞平伯先生数十年来的交往，高度评价了俞先生的学术贡献，还谈到了出版《俞平伯书信集》的意义。他说："俞先生的许多著作，近年都已刊行或复印了。我希望有青年学者再收辑他的手简付印。这也是俞先生学艺的组成部分，并且因为书简体裁的关系，于此更能无遮拦地反映出他的性格、爱恶与僻（癖）好等吧。"从钟敬文的文章中，我找到了理解与知音，于是，立即写信给钟先生，告诉他，他所希望的事情，我已经在做着呢。我接受中国现代文学馆的委托，在近两年内，正在四方搜求俞平伯先生的书信，已经搜集到了数百封，河南教育出版社已经答应出版。正是由于钟敬文先生的所想和我的所做不谋而合,所以,我想到了用钟敬文先生的这篇悼念文章作为《俞平伯书信集》的代序,并希望得到钟先生的应允。

两个多月后,我收到了钟敬文先生的回信,他说:

> 你对平伯先生的著作如此努力蒐罗,使之得与今日多数见面,殊可感佩!
>
> 用拙文作书信集代序,当然可以。但该文刊出时,校勘欠精,且有擅自添字之处。我顷太忙,俟过些时,当将校正稿寄去。又,俞先生的手札,也以现在事忙,不暇检得寄去。同样待稍空时办理。
>
> 你如有机会来京,请到舍下一谈。我对平伯先生著述的编辑、出版事情,颇感兴趣也。

依照钟先生的设想和安排,我回信表示赞同。不久,钟先生的挂号信就寄到了,信内附有《敬悼俞平伯先生》一文的校订稿。他说:

> 现寄去悼平伯先生文章校订稿。收到后,望另抄一篇或复印付印,并将原稿寄还(或寄还复印稿也好)。此稿看大样时,乞细校。尊著出版时,请多寄来数册,以便分赠海内外同行。
>
> 我将于下月初赴江浙一带旅行,现在杂事颇多,俞先生书简无暇寻检。如出版社方面催稿急,那就不必多等候了。

就这样,在钟敬文先生的大力支持下,《敬悼俞平伯先生》一文作为代序,被收入了《俞平伯书信集》中。

因为工作关系,我收存了海内外许多名人的书简,暇时一封一封地重新展读,眼前就浮现出慈祥和善的唐弢先生,身着中式丝绸棉袄、文质彬彬的林庚先生等前辈学者的形象。他们每个人的信中都述说了与俞平伯先生交往的历史。这些 20 世纪的老学者，他们用数十年时间缔结了最清纯而又最真诚的君子之交，他们之间的友谊是让人羡慕的。

（原载 1998 年 1 月 5-6 日《澳门日报》，收入本书时略有增补。）

"红学"结友谊　薪火再相传
——记周策纵与俞平伯的交往

著名美籍华人学者、红学家周策纵（1916—2007）先生是我国湖南祁阳人。他1948年赴美国留学，先后获得密歇根大学硕士和博士学位，长期从事中国哲学、史学和文学研究，涉及范围很广，著述颇丰。从20世纪60年代起，他对《红楼梦》研究深感兴趣，先后发表了《论关于凤姐的"一从二令三人木"》《〈红楼梦〉研究在西方的发展》《论〈红楼梦〉研究的基本态度》等许多红学论文，同时，又广泛结交海内外红学界的朋友。他与著名红学家俞平伯就曾有过一段不寻常的交往。

1978年夏，周策纵先生回到阔别三十年的祖国观光、访问，并在首都北京与久慕盛名的红学大师俞平伯见面，就自己关心的学术问题进行了探讨。大病初愈的俞平伯不仅向他讲述了自己在红学研究中受到胡适的影响及其得失，而且介绍了自己在20世纪50年代遭受批判后的坎坷经历。数十年来，俞平伯很少与人谈及这段往事。这一次，他能够与周策纵毫无顾忌地畅所欲言，也可见他对周策纵的信任。他还把自己的近作七言长诗《重圆花烛歌》手抄本赠送周策纵留念。这是俞平伯为纪念结婚六十周年而作的长歌。1977年10月28日，农历九月既望，是俞平伯夫妇结婚六十周年纪念日，即我们俗称的"重谐花烛"。这种纪念在我们现实生活中是不多见的，因此《重圆花烛歌》便成为旷世难得之作。俞平伯在诗中以真挚简朴的语言、乐观向上的心态，记述了六十年来随着中国历史的变迁，夫妇俩所经历的诸多坎坷以及"晚节平安世运昌，重瞻天阙胜年芳"的美好晚景。从这难得的佳作中，周策纵看到了俞平伯宽阔的襟怀，也看到了中国老知识分子不寻常的生活历程，因此更加深了对俞平伯的敬重。

在周策纵走访了国内多位红学家之后，他拟于1980年在美国威斯康辛大学举办首届国际《红楼梦》研讨会的一套完整设想便在心中酝酿成熟了。他亲自筹备会前的各项事宜，亲自给海内外的红学家发请柬。作为第一位被特邀的中国红学家，俞平伯于1979年初冬时节便收到了周策纵的邀请函，允许他带翻译，允许他有亲属陪同。总之，为他赴美出席国际《红楼梦》研讨会提供了最大便利。同时，周策纵还以"国际《红楼梦》研讨会"的名义，委托红学家冯其庸面请俞平伯光临盛会。俞平伯在1979年11月26日写给新加坡友人周颖南的信中，曾谈到此事，说："周策纵君来书言明年夏天威斯康辛大学要开《红楼梦》讨论会，约我前往。我年老有病，且旧业抛荒，自不能去。此书问题复杂，恐议论纷纷耳。"1980年元旦，俞平伯在复周颖南信中，再次谈到："《红楼梦》讨论会将于六月中旬在美国威斯康辛开会，策纵来书意甚恳切，我自因衰病未能去，负此佳约。但总需写些诗歌文章以酬远人之望，亦不能草率，故颇费心。"看得出俞平伯对周策纵真诚的邀请是十分重视的。

俞平伯以年老体衰不良于行，婉言辞谢了周策纵的盛情邀请，而他认为总需"以酬远人之望"的"诗歌文章"却是如期完成了。他把旧作《题〈石头记〉人物图》一诗书写为条幅，委托冯其庸带到会上，赠送给大会主持者周策纵，以表示对研讨会的祝贺。此诗作于1963年，原题目为《红楼缥缈歌》，是应嘱为"《红楼梦》人物图"所题诗。1979年8月，此诗曾首次在《红楼梦学刊》创刊号上发表。诗中写道：

红楼缥缈无灵气，容易斋寒变芳旨。
回首朱门太息多，东园多少闲桃李。

新园花月一时新，罗绮如云娇上春。
莺燕翩翩初解语，桃花轻薄也留人。
牡丹虽号能倾国，其奈春归无处觅。
觅醉荼蘼晼晚何，不情情是真顽石。
芙蓉别调诔风流，倚病佳人补翠袭。
评泊茜纱黄土句，者回小别已千秋。
其间丛杂多哀怨，不觉喧膌亿口遍。
隐避曾何直笔惭，春秋雅旨微而显。
补天虚愿恨悠悠，磨灭流传总未酬。
毕竟书成还是否，敢将此意问曹侯。

1980年6月16日至20日，首届国际《红楼梦》研讨会在美国威斯康辛大学举行。直到研讨会结束20天后，俞平伯还惦念着这张条幅，"未知下落如何"。他未曾想到，在研讨会期间，主办者曾在威斯康辛大学图书馆阅览室举办了有关《红楼梦》的珍藏版本、文物与字画的展览。俞平伯书赠的条幅与周汝昌、冯其庸、吴组缃、启功等诸位大师书赠的墨宝，均作为有关《红楼梦》的书画作品予以展出。

俞平伯的红学论文，即致"首届国际《红楼梦》研讨会"暨组织者周策纵先生的信，也请与会的中国学者在研讨会上代为宣读了。他在信中就《红楼梦》研究中存在的问题，谈了三点意见。首先，他认为《红楼梦》毕竟是小说，今后应多从文哲两方面加以探讨。其次，他建议编一本有关《红楼梦》入门或概论之类的书，将红学中的"取同、存异、阙疑"三者皆编入，以便于读者阅读《红楼梦》。最后，他认为《红楼梦》虽是杰作，终未完篇；若推崇过高则离大众愈远，曲为比附则冥赏愈迷，良为无益。他还谈了自己红学思想的变化，说："我早年的《红楼梦辨》对这书的评价并不太高，甚至偏低了,原是错误的,却也很少引起人注意。不久,我也放弃前说,走到拥曹迷红的队伍里去了,应当说是有些可惜的。既已无一不佳了,就或误把缺点看作优点;明明是漏洞,却说中有微言。我自己每犯这样的毛病,比猜笨谜的怕高不了多少。"这些清醒明智的见解是俞平伯数十年来深思熟虑总结出来的,代表了他这一时期的红学思想,所以,直到1986年1月20日,中国社会科学院文学研究所举办"庆贺俞平伯先生从事学术活动六十五周年"大会,为他在1954年的冤案平反时,他在大会上宣读的红学论文《旧时月色》的第一部分,仍然是《一九八零年五月二十六日,上国际〈红楼梦〉研讨会书》的摘录稿,第二部分才是《评〈好了歌〉》。

俞平伯未能出席首届国际《红楼梦》研讨会,让很多与会者感到遗憾。文船山在《吴恩裕、周汝昌、冯其庸与大陆〈红楼梦〉研究》[1]一文中,说:"在大陆被邀的学者中,以俞平伯的名气最大,最老资格,五十年代以前,他是公认的首屈一指的《红楼梦》研究家,他亲自审校的《脂评》,是日后许多红学家研究的基础。五十年代他被……斗垮斗臭,但在海外红学研究界中声誉仍存。海外许多红学家均望有机会与这位集红学研究大家、五四以来散文大家和中国最早新诗人一身的才气纵横、学养深厚的长者一谈,以慰三十年来对他的苦难命运的挂怀。但此次他却没法赴会,使许多企望者都感惋惜。"当时,中国台湾、香港地区及日本、加拿大、美国等国家的教授、红学家潘重规、宋淇、伊藤漱平、叶嘉莹、赵冈、余英时、唐德刚、白先勇等都参加了盛会,可谓名家荟萃,惟有这"遍插茱萸少一人"的遗憾,让大会主席周策纵也感到有些美中不足。

1987年秋,周策纵应邀到新加坡讲学。古道热肠的周颖南在热

---

[1] 文船山著:《那半壁中国文坛》第88-89页,台北允晨文化实业股份有限公司1988年1月版。

情款待老朋友的同时,也没有忘记请周策纵在他所珍藏的俞平伯《重圆花烛歌》长卷上题诗。说来有趣,原来两位周君还是通过俞平伯才得以相识的。那是1979年农历春节前后,俞平伯曾将寄给周颖南的信及《一九七九年"五四"周甲纪念忆往事诗十章》稿本误封入了寄给美国周策纵的信封内,后得周策纵来信相告,方才得知。于是,俞平伯在写给周颖南的信中,说明了自己的手误,并向周颖南介绍:"策纵字弃园,不久来星岛,两君可以晤识。"后来,周策纵与周颖南在新加坡晤面,一见如故,欢谈至夜,大有相见恨晚之感。俞平伯给周颖南的信及诗稿也由周策纵面交周颖南。从此,他们成为朋友。

在俞平伯创作长诗《重圆花烛歌》十年后,周策纵终因盛情难却,于1987年10月19日,在周颖南珍藏的《重圆花烛歌》手稿长卷上题诗四首。诗云:

> 红烛停年六十春,白头回首最天真。
> 人间旧与[雨]诗中老,共证关关万古新。
>
> 缉[茸]芷缭蘅[衡]楚有辞,恰从故国得相思。
> 红楼劫后青江涸,花烛重圆又入时。
>
> 双玉晶莹字字痴,题诗我愧十年迟。
> 闺情琐屑关青史,隐约谁教百世知。
>
> 偃蹇非关老病来,九阍言禁有馀哀。
> 半生胡说迷真假,一事原系唱对台。

作者在篇首钤有"弃园白丁"朱文印和"壮夫不能"白文闲章,

以表谦逊；在落款处钤有"周策纵印"白文名章和印文为"不可无一，不可有二"的闲章，以表郑重和对长诗的推崇。第一首诗的后两句，作者哀挽曾为《重圆花烛歌》长卷题词、如今皆已作古的老朋友张伯驹、黄君坦、夏承焘等；第二首诗记述了俞平伯从20世纪20年代到70年代的学术经历；第三首诗赞颂长诗《重圆花烛歌》；第四首诗记述事隔多年后，作者始明白：俞平伯原是因为尚未平反、心有余悸而未能出席在美国召开的首届国际《红楼梦》研讨会。这是作者从1986年1月俞平伯得到正式平反后，曾于当年11月，以八十七岁高龄，由外孙陪同，应邀去香港讲学这个轰动学术界的新闻而推断出来的。诗的末二句述作者在北京与俞平伯晤谈后的感慨。

1990年10月15日，一代红学大师俞平伯在北京的家中安然辞世。对俞平伯的学问和人品深表敬佩的周策纵闻讯后，再次以诗寄情，深切悼念俞平伯先生。诗曰：

  此翁真厚重，违世自萧然。促膝温余悸，传心释异言。
  千秋红学在，万卷绮词妍。忍洒摧残泪，金风萎白莲。

斗转星移，白驹过隙。进入新世纪之初，一位台湾友人在台北的旧物市场购得1947年俞平伯书赠弟子陶重华的旧作五言律诗七首的手卷。他有幸得到俞平伯半个多世纪前的真迹，深感弥足珍贵，故欲重新精裱成卷收藏，于是，他请著名学者饶宗颐、孔德成、吴小如等为此题跋，以资纪念。2001年12月，居住在"美国加利佛尼亚州阿巴尼市借水借山楼"、"时年差二十余日即八十有六"的周策纵先生，也应嘱为之题写了七绝二首，诗曰：

  故人诗笔美兼工，渊穆浑纯有杜风。

犹忆京华频促膝，秋庭斜日细论红。

褊浅讥嘲每失真，何如敦厚尚温醇。
新文自富深沉韵，未可惭为五四人。

周策纵在跋语中写道："君重叶国威老弟寄眎所藏俞平伯先生丁亥年（一九四七）端阳节手书旧作五言律诗七首嘱题，予喜其诗皆富唐音，而尤赏其'地以曾经重，身堪老病传'一联，而书法秀逸，尤其馀事。吉光片羽，弥足珍宝。忆七十年代以后，曾多次访问俞先生于其燕京寓所，畅谈红学、诗词，并蒙屡赐手书，讨论其曾祖曲园公题语。惠诗并有惭忆五四之意，慊慊君子，足愧后生。今睹此手迹，如见其人，不胜怀念之情，爰恭题七绝二首，以跋其后，并谢君重弟远道嘱题盛意。"

君子之交，情重义远。两位红学家——周策纵与俞平伯之间的交往，实在令人神往。

（原载 2011 年 5 月 3 日《中国社会科学报》，发表时有删节）

古道热肠的世纪老人
——张中行先生

世纪老人张中行先生（1909—2006）是一位睿智、饱学、阅识的著名学者，然而，他生活的朴素，心地的善良，待人的宽厚与平易，则更像是邻家的老爷爷，亲切、慈祥而又和善。他说的每句话，他做的每件事，都真诚得让人无可挑剔，即使是素不相识者，也是如此对待。在我与张先生的交往中，尤其感受到了他的古道热肠，得到了他的热情提携。

20世纪80年代后期，在中国现代文学馆馆长的建议下，我曾着手广泛征集俞平伯先生的书信，打算编选一本《俞平伯书信集》出版。工作的第一步就是以诚恳的态度，向俞平伯先生在海内外的友人发信，征集他们手中所存有的俞平伯书信。因为多是素不相识者，缺少信任度，所以，很多信石沉大海。张中行先生是俞平伯早年在北京大学的学生，因此，我也同样把信发给了张先生。意外的是，1989年8月1日，素不相识的张先生写来了回信，不仅回答了征集书信的事，而且谈了他对这项工作的思考，不厌其烦地教我如何做好这项工作，并在精神上给予鼓励。他在信中说：

> 上月廿五日大札今日始见到，因我只周二、三来社，其余时间皆在北大寒舍也。俞老书札昔年曾有一些，经过历次运动，早已荡然无存。即有，入《书信集》亦有问题，盖皆片言只语，谈日常事务，无欣赏价值也。窃以为编此类读物，收编原则有广狭二种。广者，有史料价值均收，当然就可以不遗乞米帖之类。

但一般读者则似乎要求较狭，即愿读有欣赏价值者。日记亦然，如李越缦，以日记讲学问，写情思，也非日日可取。尊所之编，不知体例究如何也。

搜集此类材料甚难，除非本人意在传世，寄出之书札皆存底。否则只能向收信人处找，而收信人，未必存，一也；或已作古，二也。即如俞老，所寄之信，推想最值得诵读者，当为俞阶青、许莹环、周作人、朱自清、叶圣陶、废名等人，可惜者皆已作古。我近年与俞老交往甚少，又同在凤城，万一有事，亦可不假纸笔。友人中只知孙公玄常为白石诗作注，曾请俞老作序，且孙公居晋南，推想或有一些。如拟试问，我可以代劳。治红学之周汝昌先生、启功先生皆我老友，不知与俞老多有通信之缘否也。《读书》中一篇乃拙作《负暄续话》（甫写完，尚未发稿）中者，为纪念"五四"，他们要去，因系闲话体，未系统介绍其学也。读赐札，书法清丽谨严，推知必治学不苟者，则俞先生《书信集》之必能成功，亦意中事也。

张中行先生在信中所说的"《读书》中一篇"，即指他所写的《俞平伯先生》一文，发表在1989年《读书》杂志第5期上。因为我在信中曾经问及此文，所以他也顺便予以回答。

既然张中行先生愿意"代劳"，向他的老友征集俞平伯书信，我当然不会错过这个好机会。1989年10月4日，张先生再次回信：

雅属寻俞平老书札事，周汝昌先生有信来，只有一件，而杂物过多，难于找到。启功先生尚未见到，推想未必有，俟本月后半见面时问问，再奉告。幸而孙功炎先生处存不少，且多为内容充实有流传价值者，彼已为复印，存我处。邮寄须往地外邮局，日来过忙，如天津有人来，带去也好，否则稍俟几日再寄。周、孙二公信附上一观。

周汝昌先生在写给"中行上人师座"的回信中说：

> 所询俞平伯先生书简，记得有一封，是1964年拙著《曹雪芹》出版后，寄奉一册所得谢函，中有"引人入胜""所考泰半同意"二语（凡赞语必记得特清也，一笑）。然此札既经"文革"，不忆在亡，纵使仍幸存，亦在浩瀚无涯之函堆间，真如大海捞一绣花针，咮即不病足，亦难为此翻江倒海，况复不能下地乎！如此则奈何奈何。请以实情告之孙君，并言倚床立复之诚，不敢诳语也。

因为周汝昌先生自号"解味道人"，所以在给张先生的信中自称"咮"。

拜读了张中行先生的来信和周汝昌、孙玄常（字功炎）写给张先生的回信后，我很兴奋，深感有了张先生的帮助，事情真是顺利得多了。于是，我得陇望蜀，再次写信，请教张先生是否认识谢国桢、沈启无、废名等人的亲属，有什么办法可以和他们取得联系。因为这些老先生生前都曾与俞平伯有过交往，他们之间的书信是否有存，无从得知。1989年10月17日，张先生回信说：

> 惠札拜悉。谢国桢、沈启无、废名皆熟识，其子孙则无来往，难得应命，至歉。如有来京机会，颇愿得识荆之荣宠。不才每周二上午十时至社，周四上午十时返北大。北京站下车乘103无轨至沙滩，甚便。……如不拟来京，当找一年轻人代寄，可免误事也。

那时,张中行先生已经八十高龄,住在北京大学燕园女儿家中。每周二至周四,他仍然要乘公共汽车,到他的工作单位人民教育出版社去完成他那"特约编审"的任务,顺便就近接待来访的友人。中央电视台《东方之子》节目就曾拍摄过他从北大燕园去景山东街人民教育出版社时,挤乘公共汽车的镜头。

在张中行先生的支持和帮助下,依靠他的朋友关系,采用"滚雪球"的方式,逐渐赢得了存有俞平伯书信者的信任。俞平伯书信的搜集工作,有了可喜的进展。1991年8月,《俞平伯书信集》终于由河南教育出版社出版了。出版社提供的样书归俞平伯亲属,作为编选者,我则向出版社邮购了一百本样书,用来馈赠所有提供书信和给予帮助者。当邮购的书籍运抵津门后,我第一个寄书给张中行先生,向他致谢。很快便收到了他的回信,他说:"惠赐《俞平伯书信集》拜收,谢谢。略翻检,深佩功力之深。尚须得暇细读也。"看到张先生没有提出批评意见,我的心中感到些许的轻松。到这时,我所从事的这项工作,似乎才算告一段落。

在我国的文化界,张中行先生常被称为"布衣学者",那是因为他的"身上多了一种平民化知识者的气质",因为"无功利",所以"为文与为人,就自然,就洒脱"(学者孙郁语)。在张中行先生的眼中,他最看不惯那些以名人或名人的后代自居,自以为是者。他到晚年仍然坚持学术正义,说公道话,为无辜者伸张正义,永葆学者的良知。我自己就曾经历了这样一件事情。

20世纪90年代,著名文学家俞平伯先生去世以后,为了纪念这位一生坎坷而又对中国的文学事业有所贡献的老人,我曾四处搜集资料,编选了一本俞平伯纪念文集。书编成后,我曾给国内多家出版社写信,自找婆家,最终被四川文艺出版社接纳,拟书名为《古槐树下的俞平伯》,于1997年1月出版。书中收入俞平伯的亲属、海内外友人、同事、学生以及文学研究工作者62人颂扬、怀念以及研究俞平伯的文章 74 篇，分别按照生前的颂扬、身后的怀念、20 世纪 80 年代的访谈、对作品的研究以及与友人的交往五个部分，分类编排，每一部分又大体按时间顺序排列。书中也收入了张中行先生发表在 1989 年《读书》杂志的《俞平伯先生》和发表在 1990 年 11 月 4 日《光明日报》的《悼念俞平伯先生》两篇文章。

1996 年夏，在该书编选的过程中，我曾写信向所选文章的作者征求意见。同年 6 月 21 日，张中行先生写来回信说："16 日手教拜悉。拙作入尊编文集，将视为幸事，承下问，益增愧悚。"张先生及时的回信，表现出他对编选俞平伯纪念文集的支持，使我更增加了做好这项工作的信心。

不曾想《古槐树下的俞平伯》一书出版不久，俞平伯的个别亲属即在《光明日报》发表了批评文章：《不应这样对待俞平伯》。文章批评该书"内容包罗万象：有家人的，有朋友的，活着的，死了的，可谓丰富。篇目次序也是怪怪的，既不按年代，又不按姓氏；某人的文章既出现在前面，又出现在后面，而一些被公认的好文章，却又不选，想必编者是经过审慎思考的？"文章说："每每看到一些不断被出版或编辑十分差劲的书，心里就有一股子说不出的滋味，更十分自然地想到：若父亲在世，或他在九泉之下有知，看着这些杂乱无序的出版物，老人家会高兴吗？而在他有生之年，谁又敢如此这般地对待他呢？"这可真是有好心没好报！这种无端的指责，显然是把家族亲属之间的不和谐，归罪到了编者的身上，令人心生悲哀而又求助无门。

张中行先生看到这篇文章后，心中抱不平，立即写了一篇四千余字的长文章：《高风未泯——读〈古槐树下的俞平伯〉有感》，发表在 1997 年 11 月 1 日上海《文汇读书周报》上。张先生开篇即对俞先生亲属"颇不以孙女士的编此书为然"谈了自己的看法。他说："孙女士在天津市文学研究所工作，多年来研究俞先生，辑俞先生的旧体诗和书札，用力不少。现在辑有关之文，家属不以为然，此中情况和是非，我毫无所知，也就不能置可否。"然而他觉得俞平伯"这位师尊有百善而无一恶，是一贯欢迎多有人谈谈他的"。张先生从俞平伯的家世、婚伴、学业和性格四个方面，谈了俞平伯学识、人品的高不可及。他把俞先生的多种著作以及他人谈及俞先生的一些著作"誉为美味"，以为"咀而嚼之，可以亲近俞先生学识、人品等方面的高风"。他说："语云，近朱者赤，近墨者黑，升到同样的高大概不容易，那就虽不能至而心向往之吧。"

那时的张中行先生已经成为文坛不可忽视的厚积薄发的散文大家、著名学者。他的学术著作正处于出版火热、洛阳纸贵之时。然而，他从来没把自己当作名人看待，反而为我这个平民百姓说话，这让我备受感动。读了张先生的鸿文后，我为他的正直、公道、客观而折服。我承认我所编的书并不是无可挑剔的，但是，书中许多文章的价值却是不可抹杀的。1997年11月8日，我致函张先生，衷心感谢他老人家写了那么有分量的书评文章，肯定了拙编之书的学术价值，让我感到了春天般的温暖。我祝福他体健、笔健，永远用笔播种春天。信发出后的第六天，我收到了张先生的回信。他说：

> 本月八日大札拜收，知拙作已承赐览，谢谢。《光明日报》文，见时即颇不以为然，不愿人谈俞先生，殊难解，一也；反对人编书而未举出理由，空口说，近于谩骂，二也。我不便直说，故以"欢迎人谈"之意驳之。先师一生厚重木讷，辞世后家中竟若是，可为浩叹。

我在信中还曾诚恳地邀请张中行先生回家乡走一走，看一看家乡的巨变。先生回答："津门我之亲友多已作古，艰于履旧迹，已数年不往。"还说自己目前"仍冗务不少"，言外之意是也无暇再回家乡走一走了。那一年先生已经是米寿老人，仍处于高质高产的写作期中，不断向社会、向读者奉献出具有独特风格的、极受欢迎的散文大作。那时，在京津咫尺之间，我们竟未能专程把老人接回家乡来看一看，谈一谈，让我们在心中留下了永远的遗憾。

张中行先生在回信中，还附了一张只有住址、邮编和电话，而无任何头衔的素朴的名片，名片的背面印着"多田正子手制"。在我所获赠的名片中，这是绝无仅有的。从名片中，我知道张先生已经有了自己的新居，此后，我便可以把信直接寄到张先生家中了。

从张中行先生的回信中，我深深地体会到他把"君子扬人之善"做到了极致，尤其是对待平头百姓。这是何等难能可贵的品格！著名编辑家、作家叶稚珊曾经说过："张先生一介老迈书生，却很有些行侠仗义的豪情。"看得出，张先生的这一特点也是尽人皆知的。这样可亲可敬的老人，怎能不让人怀念呢！

（原载《文学自由谈》2007年第6期）

张贤亮与俞平伯

因为母亲出身名门,又与俞平伯的长女俞成是世交好友,因此,著名作家张贤亮(1936—2014)自小就认识俞平伯,称其为"外公",称俞成为"大姨"。张贤亮说:"平伯公住在老君堂的时候,我也常去。那时我小,顽劣不堪,见了平伯公悚然抖擞,不敢与语。"

1955年7月,因为已故父亲的历史问题,张贤亮携老母弱妹从北京移民到宁夏,先当农民,后任教员。两年后,因在《延河》杂志发表《大风歌》,被划为"右派分子",在农场劳动改造长达二十二年。在张贤亮被押去劳改期间,他母亲又被遣送回北京。此时已无家可归的张妈妈,就投奔了好姐妹俞成,与其一起住在东城朝内老君堂七十九号俞平伯家中。张贤亮回忆说:"平伯公视我母如女,多承照拂,前后达十余年之久。"

随着党的十一届三中全会的春风吹遍大地,张贤亮的错案也得到了平反,他成为《宁夏文艺》杂志的编辑,不久,又成为宁夏文联专业作家。1990年,他回忆说:"我'平反'后,每次去北京,总要去看望大姨和外公平伯公的。近十年来一年总要去几趟。这时他们已经搬到了南沙沟。我大了(是否顽劣还难说),他却老了。每次去,带些零食点心,他扶墙走到客厅,一起抽烟喝茶。知道我居然也会舞文弄墨,颇为欣慰,有些怡然自得的样子。但他已耳聋,说话很吃力,只能说点短语和家常闲事。"1980年4月,《宁夏文艺》第4期更改刊名为《朔方》。新的刊名就要有新的气象,所以,在这一期的《朔方》上,就刊发了俞平伯的旧作《丁丑青岛纪游诗·观樱花》一节和叶圣陶的近作《题关良所绘五醉图》诗,并请俞平伯的外孙韦奈为此二诗写了跋语。这就是张贤亮第一次运用他的熟人关系，顺理成章地为《朔方》约来的名家稿件。1981年3月，著名作家茅盾逝世，同年《朔方》6月号又刊出了俞平伯手书挽茅盾联语"惊座文章传四海，新民德业播千秋"。

1982年6月，张贤亮再次到北京公干，他没有入住宾馆，而是住在了俞平伯的南沙沟寓所，并在那里宴请宁夏的同事吃烤鸭，于是，俞平老也在卧室里分享了"吃烤鸭葱酱卷饼"的美餐。同年7月1日，俞平老由家人陪同，在北京西四西餐厅，为张贤亮、张贤玲兄妹饯行。这些往事，在俞平老的家书中均有记载。

张贤亮这次晋京，再次为《朔方》杂志向俞平老约稿，老人欣然应允，并决定将《一九七六丙辰京师地震日记》交《朔方》发表。那是1976年7月28日，唐山、丰南一带发生大地震，波及津京。自那天起，至8月20日，俞平老在防震、抗震的喧嚣声中，详细记下了《地震日记》，他说："余不常作日记，外出或有事则书之。已零落不全，亦罕刊行。"外出时写日记，是为了给夫人看的。如新婚之初，夫人回天津的娘家，俞平伯尚在北京大学读书，两地分居半月有余，于是，他写了《别后日记》，絮絮道来，有如面谈。他的原则是"家居不记，大事之来则记之，如丙辰地震"等。

1982年7月，送走了张贤亮兄妹后，俞平伯即着手抄写《地震日记》，还作了附记和跋语，一并发表在1983年《朔方》第1、2期上。该杂志在"卷前丝语"中表示"感谢俞平伯老前辈的赐稿"，称他的《日记》"意味隽永，反映出老知识分子的临危不惧、关心他人的胸怀，令人敬佩。因为"日记是美文中的一支，并且是最足以代表美文的特色的"（施蛰存语），所以，文虽简约但价值不凡。

俞平伯在跋语中忆及夫人在地震时不安的心情，而在比地震艰难数倍的"文革"运动期间，夫人却"总出以镇定"，他知道那是夫人"勉强为之，以慰我心"。正是因为有了夫人的"耐心坚力揩拄危颠",他们才熬过了被抄家、批斗以及下放河南农村干校等系列磨难。因此,他更感愧疚。他能够将日记这种"最最个人的文学作品"公开发表,也是借以寄托对夫人无尽的哀思。

自1982年2月7日,共同生活了六十四年的俞夫人许宝驯病逝后,俞平伯悲痛不已。从此,他不再打桥牌、不再唱昆曲,并陆续写了悼亡诗词二十首,记述哀思。他还将夫人的骨灰盒放在卧室里,晨夕相守,以俟身后合葬,同归于冥漠。他在致友人的信中说:"近日生活如在梦中,以理遣情而情不服,徙倚帷屏,时时怅触。"他每日以家藏林(纾)译小说"遣日遮眼",也常常与夫人的灵魂对话。张贤亮回忆了外婆去世后,俞平老精神的衰颓,他说:"我到北京要是不住宾馆,就睡在他隔壁房里。深更半夜,总听见他大声呼唤外婆的名字和一些听不清的话语,有时几达狂吼的地步。我并不感到森森然,反而体会到一位老人的眷恋之情和情感的孤独。"他说:"外公平伯公深夜的狂吼,是不是也表现了一点点自己尚余下的不平之气与不甘心呢?"1990年10月15日,俞平伯以九十一岁高龄仙逝后,张贤亮发表了悼念文章《我有一个红学家的"外公"》,文章写得很平和。因为经历过苦难与屈辱,他更懂得人生的价值与意义。他对命途多舛的俞平伯的理解是真切而深刻的,评价是客观公允的。他用作家的眼光和传神的笔触,把俞平老晚年的神态描摹得入木三分。

(原载2015年2月2日香港《大公报》)

魏同贤与俞平伯的一段往事

　　转瞬之间，红学家、上海古籍出版社资深出版人魏同贤先生逝世已经三年了。痛惜之余，也使我回想起三十余年前他与俞平伯先生的一段往事。

　　1981年夏，上海古籍出版社拟编辑出版俞平伯的《论诗词曲杂著》。当年5月24日，俞平伯函告邓云乡："中华书局周振甫来，拟重印我旧作《读词偶得》《清真词释》。上海方面前者来商洽拟印我的论诗词杂著，……恐有重复。"他请邓云乡代向上海古籍出版社探询，以便有所选择。5月29日，俞平伯给邓云乡回信，附去致上海古籍出版社何满子的信，谈出版《论诗词曲杂著》的事，请邓云乡转交。俞平伯告诉邓云乡："出版方面之意甚盛，而鄙人方悔其少作，固无意于重刊也。"6月5日，俞平伯函告邓云乡："古籍出版社魏同贤君来，如何编辑'诗词杂论'已商谈，将于下半年开始。他们求大，而我意欲小，因恐其讹谬流传耳，终须从他们之意，奈何。"这说明魏同贤代表出版社与作家俞平伯谈妥了编辑、出版事宜。同年8月18日，俞平伯在家书中，同样谈及"上海古籍出版社要印行我的《诗词曲杂论》，篇幅相当大，已有草目寄来，在接洽中，大约明年可以出版"。

　　1983年10月，五十余万字的《论诗词曲杂著》由上海古籍出版社编辑出版，刘海粟题书名。书前有作者俞平伯照片两帧和《自题〈论诗词曲杂著〉》诗二首的手迹。书内除收入早年的《读诗札记》《读词偶得》《清真词释》三本书外，另有关于诗词曲的散论四十八篇。俞平伯在自题诗的第二首写道："而今涵露光风际，小草同霑亦胜缘。残卷不知何处去，重劳搜辑藉诸贤。"以此表达对上海古籍出版社的感谢。

1985年初，上海古籍出版社又有编辑出版《俞平伯论〈红楼梦〉》的设想。当年1月下旬，俞平伯先生曾让我帮他查找"一篇关于《红楼梦》的论文，以书中所述'芒种'节气作考证，大约载在报纸上，题目我也记不清了。你看见此项资料否？亦希便示，并感"。2月5日，俞先生又来信说："谈红楼文不忙于查。因上海古籍出版社近要出版关于我谈《红》的文字，偶然想到，没有也无妨。这种考证都是钻牛角尖，与我近意不合。他们或者已有了，亦未可知。俟他日再说。"此事便暂时放下。

1986年1月20日，中国社会科学院文学研究所为俞平伯从事学术活动六十五周年举行庆贺会，院长胡绳在致辞中，为俞平伯1954年因《红楼梦》学术问题而受到的批判彻底平反。时任上海古籍出版社副总编辑、副社长的魏同贤应约撰写了两万余字的论文《俞平伯〈红楼梦〉研究的再评价》，发表在同年4月《文学遗产》第2期。文章从红学发展史的角度，对俞平伯六十五年来的红学研究做了全面而科学的评价。他说："俞平伯先生是新红学的代表人物，他对《红楼梦》研究做出了独特的贡献。他较全面地论证了高鹗的续书，对《红楼梦》原稿某些章节和八十回后佚稿情况作了合理的推断，在鉴赏方面也有新鲜独到而细致入微的意见。俞平伯在某些问题上，如自传说问题、八十回后的佚本问题等等，能够以真诚的学者态度，主动修正失误，使认识不断前进。""对这样一位辛勤而有成就的学者的工作，我们不应该采取简单片面的方法一概否定，而应该给予全面的评价，区别他的成就和不足，进行一分为二的分析，这才符合实事求是的原则。"魏同贤的文章归纳分析客观，语言平和，态度友善，确实是以理服人的。

事前，俞平伯得知魏同贤将有文章刊发的消息后，甚是期待。

1986年4月2日，俞平伯在致黄裳的信中说："闻魏同贤君有文，盼得快睹"；4月5日，他致信同事陆永品说："魏同贤《再评价》一文亦未看到"；4月8日，他在给陈次园的信中说："古籍社近有魏同贤君《再评价》之文，当是宏篇，尚未得读也。"4月下旬，为编辑出版《俞平伯论〈红楼梦〉》一书，魏同贤专程赴京拜访俞平伯，并赠送刊载其大作的《文学遗产》杂志，请俞先生指正。4月27日，俞平老在写给我的信中说："日前古籍魏同贤君来，赠本年第二期《文学遗产》，甚佳，不知天津亦有之否？"这里的"甚佳"显然是在称赞魏同贤的文章。

既然俞平老对魏同贤的文章感兴趣，当时又正在筹编出版《俞平伯论〈红楼梦〉》，因此，我建议把《俞平伯〈红楼梦〉研究的再评价》作为代序或导读，收入书中。魏同贤先生无异议，而俞平老思考后觉得不妥，此议作罢。魏同贤的文章最终收入中国社会科学院文学研究所编选的《俞平伯先生从事文学活动六十五周年纪念文集》，因为经费原因，此书至1992年3月方由巴蜀书社出版。此时，俞平老作古已一年有余。

1988年3月，《俞平伯论〈红楼梦〉》全二册由上海古籍出版社和三联书店（香港）有限公司联合出版，共七十七万字，为俞平伯数十年《红楼梦》研究的集大成者。启功先生题扉页。遗憾的是书中既无《前言》也无《后记》，整个成书和出版的过程没有一句交代的文字，对于读者，不免感觉有点寂寞。

2005年7月，俞平伯的旧著《红楼梦研究》作为"插图本大师经典"丛书之一，由上海古籍出版社出版，魏同贤为该书写了《前言》。他回顾20世纪上半叶的红学，认为在蔡元培的索隐、胡适的考证、王国维以西方悲剧理论衡论《红楼梦》的思想文学意义之外，"俞平伯则以其深厚的文学涵养，着重从鉴赏的角度对《红楼梦》的文本进行了细致入微的赏析，从而完成了红学鉴赏的开山之作。"他认为："俞平伯偏于鉴赏的红学研究，虽曾一度受到指责，却也并未改变他对《红楼梦》继续作出独出心裁的鉴赏评析。"

魏同贤说："俞平伯曾自言，在《红楼梦研究》印行的二十七年之前，他有过一本《红楼梦辨》，由于新材料的发现和研究的深入，他有一些看法已经发生了变化，所以才有《红楼梦研究》的诞生，这自然可以看作后者是对前者的修订版，不过，这已经是1950年的事了。到俞平伯去世的1990年，时间又过去了四十个年头，其间他又有大量《红楼梦》研究著作问世，其中自然也发生过不少见解的变化，这是可以意料并值得人们注意和研究的。所以，在选印他的代表作《红楼梦研究》的时候，我们不应忽视其在此之后特别是晚年的著作。"

魏同贤很客观地评价俞平伯晚年的红学作品，说："'文革'结束后，俞平伯已经是年近八旬的老人了，虽然几经沧桑，但对他所挚爱的红学却仍不能忘情，仍然关注着、思考着红学动态和研究状况，情不自禁地发而为文，这就是《乐知儿语说〈红楼〉》《旧时月色》和《索隐与自传说闲评》等篇什的出现。只不过，他的年事毕竟已高，似乎已经力不从心，因而从他的这些文章中，我们虽然依旧能够感受到他思维的细密和见解的卓绝，学术的智慧之光不时地闪耀，但这些却只蕴含在他那一则则、一段段的文学随笔之中了，再想阅读他早年那些分析周全、论述完整的洋洋大文已经不可能了。"他认为："俞平伯晚年的几篇文章，产生于思想复苏、学术复苏的大时代，同时也是他个人红学研究复苏的新时期，其中有些是对旧时观点的重述，有些是对新见解的表露，这都可看作他红学研究的最后订定。特别值得注意的地方就有：他以为续书有不少地方脱离了曹雪芹的构想原意，黛、钗的悲剧命运应该是黛先死、钗后嫁，他还以为索隐和自传说有殊途同归的趋势等，所有这些都能给予我们不少新的启迪。"

总之，魏同贤对俞平伯一生的红学研究给予了充分肯定。2015年1月，上海古籍出版社又以新的装帧，再次出版了俞平伯的代表作《红楼梦研究》，继续以魏同贤撰写的《前言》作为导读，引领当今青年读者的阅读与欣赏。

冯其庸与俞平伯的交往

1989年夏,为搜集、编选《俞平伯书信集》,我曾给冯其庸(1924.2.3—2017.1.22)先生写信,向他征集俞平伯的书信。数月后,在我已不抱任何希望的时候,却意外收到了他的回信:

孙玉蓉同志:您好。

七月间您的来信一直未复,甚歉。原因是我基本上在外地,匆匆回来一下,也顾不上其他事情。您从事的工作是很有意义的,我与平老确是较熟,但通信却只有一次。因为平时就用电话,重要的事我就去。近几年来,平老身体较前差些,我去得就少了。我手里保存的平老给我的信,一时也还未找到,只有几句话,是他送给我他写的字或他的词,要找到后才能清楚了。

前些时候,应新加坡周颖南先生之请,为平老《重圆花烛歌》卷写了一个长跋,现已收入周先生编的书里出版,大概近日即能印出了,但这是我写的祝颂平老的文字,不是平老的手迹。另外,新加坡周颖南先生处积有平老的信甚多,他是否肯提供,就很难说,因为他也会编集出版的,等有机会见面,当为问询。匆复不一一。问好!

冯其庸　十二、四

冯其庸先生信中所说的为俞平伯《重圆花烛歌》长卷所"写的祝颂平老的文字",此时确实已经收入新加坡友人周颖南所编辑的《重圆花烛歌》纪念册中。

1989年10月，为庆贺俞平伯先生九十华诞，新加坡友人周颖南出资，由新加坡文化学术协会影印出版了非卖品《重圆花烛歌》纪念册。叶圣陶题写书名。书中收入俞平伯自书《重圆花烛歌》和谢国桢应嘱手书《重圆花烛歌》全诗及跋语；此外，有叶圣陶、王益知、陈兼与、施蛰存、顾廷龙、陈秉昌、郭学群、杜宣、周策纵、冯其庸、邓云乡等人的贺诗以及黄君坦、张伯驹、夏承焘、李宝森的贺词，陈从周、费在山的题字以及许宝骙的《跋语》。在该书筹备出版的过程中，冯其庸曾应周颖南请托，为该书题写了印书宗旨：

　　一九九零年元月四日，恭逢平伯老师九十华诞，特出版此书，表示衷心祝贺。
　　　　　　　　　　　　　周颖南拜祝，冯其庸敬书
　　　　　　　一九八九年七月十六日于北京中国艺术研究院

落款处钤有冯其庸的白文名章和朱文铁线"宽堂随笔"四字闲章。此外，冯其庸在为《重圆花烛歌》题写的贺诗并序中，写道：

　　予少未窥《红楼》而嗜词，故未知世间有"红学"，更未知"红学"有俞老也。然因酷好词，于词集词学之书则广搜而勤读之，乃得读俞老所著《读词偶得》《清真词释》两书，时在民国壬午、癸未至丁亥、戊子间，因而予初从词学得识俞老也。又予于说部，除《水浒》《三国》而外，酷好《浮生六记》，予所读之《六记》，即俞老之定本也，故予从《浮生六记》又得识俞老也，时尚在读词之前。
　　予读《红楼》至晚，治"红学"则更晚，故予知"红学"中之俞老实自20世纪50年代始。然予于"红学"所知甚少，于俞老之"红学"所知更少，虽读其书而未敢随人有所是非也。其后因海上陈从周兄之介，曾数数拜访俞老。七十年代末，《红楼梦学刊》创办，创刊会上，茅盾、顾颉刚、王昆仑、启元白、吴世昌、吴恩裕诸老俱在，俞老亦临盛会，之后，予遂数数得奉謦欬。前岁德国汉学家史华兹先生译《浮生六记》德文本毕，欲请俞老题签，予为求之，俞老乃欣然挥毫。又法籍华人学者陈庆浩兄治"红学"有声海外，欲求奉访，予乃为之作介，俞老亦欣然延接。此数事，乃予与俞老相交之落落者也。

客岁，颖南大兄出俞老《重圆花烛歌》手卷，题识琳琅，几尽一时耆硕。展卷之馀，予既感俞老之至情，复钦俞老之盛德，乃为作歌曰：

云山苍苍，海水茫茫，至情盛德，山高水长。
噫我中华，虎举龙翔。风云变幻，时日曷将。
欢彼初阳，熠熠辉光。凡我孺子，乃瞻乃望。
猗欤俞老，学术煌煌。为颂为祷，既寿且康。

己巳夏八月十一日夜二时于京华瓜饭楼，
八月十三日晨书于恭王府
后学冯其庸敬题

冯其庸在诗序中，详细叙述了20世纪40年代，由读俞平老所著《读词偶得》《清真词释》两书，而从词学得识俞老。还曾读过俞平老校订的《浮生六记》，更加深了对俞平老的印象。他从小就深知勤奋耕耘、自修成材的重要，他称"俞平老的著作是我的启蒙老师"。他说："予读《红楼》至晚，治'红学'则更晚，故予知'红学'中之俞老实自五十年代始。然予于'红学'所知甚少，于俞老之'红学'所知更少，虽读其书而未敢随人有所是非也。"冯其庸所说极是。在1954年那场批判俞平伯《红楼梦》研究唯心主义观点的运动中，从事古典文学研究、教学的专家学者几乎都写了批判文章，发表在各大报刊上。此时的冯其庸已经奉调到北京中国人民大学任教。在这场运动中,他"除认真读《红楼梦》之外,就是读当时报刊发表的文章",唯独没有撰写批判文章。他坚守了知识分子严谨治学、实事求是的作风。

冯其庸说:"我无论是读诗词或是读小说,都是从俞老的著作先得发蒙的,但我得见俞老,却在我读俞老的书以后四十年。"即20世纪70年代,他才因为工作关系与俞平老有所交往。

1979年1月,中国艺术研究院红楼梦研究所正式成立,冯其庸任所长。为办好红楼梦研究所和筹办《红楼梦学刊》等事宜,他拟拜访俞平伯,这是顺理成章的事。为稳妥起见,他请同事王湜华代为函询。4月6日,俞平老回信表示欢迎冯其庸来家中晤谈,拜访得以成行。5月20日,《红楼梦学刊》编委会在京成立。俞平伯与茅盾、王昆仑、叶圣陶、顾颉刚、吴组缃、启功、吴世昌、吴恩裕、周汝昌、张毕来、端木蕻良等出席了编委会成立大会。茅盾、王昆仑担任该刊顾问,王朝闻和冯其庸任主编。事后,冯其庸回忆说:"先是学刊编委邀请俞老任顾问,俞老因年高婉辞,后来邀请他参加成立大会,他欣然允诺。……可见俞老对这次盛会是很重视的,事实上这一次确是红学界群贤毕至的盛会。"

1979年10月30日至11月16日,中国文学艺术工作者第四次代表大会在北京举行。俞平伯因病仅出席三次,其间,作《祝第四次文代大会》诗一首,表达自己喜悦的心情。会间,冯其庸等人曾去看望俞平伯,"他非常高兴,还一起拍了照"(冯其庸语)。

1980年6月16日至20日,在美国威斯康辛大学召开了首届"国际《红楼梦》研讨会",俞平伯是第一位被邀请的中国红学家,因年老体弱,未能到会。因此,他书赠旧作《题〈红楼梦〉人物》诗一首以及《致"国际〈红楼梦〉研讨会"》的信,一并托冯其庸带到会上。当时有很多人为俞平伯不能出席研讨会而感到遗憾。文船山在他写的《吴恩裕、周汝昌、冯其庸与大陆〈红楼梦〉研究》❶一文中说："在大陆被邀的学者中，以俞平伯的名气最大，最老资格，50年代以前，他是公认的首屈一指的《红楼梦》研究家，他亲自审校的《脂评》，是日后许多红学家研究的基础。20世纪50年代他被……斗垮斗臭，但在海外红学研究界中声誉仍存。海外许多红学家均望有机会与这位集红学研究大家、五四以来散文大家和中国最早新诗人一身的才气纵横、学养深厚的长者一谈，以慰三十年来对他的苦难命运的挂怀，但此次他却没法赴会，使许多企望者都感惋惜。"所幸者，在会议期间举办的展览会上，展示了俞平伯的诗幅手迹，宣读了他精心撰写的信函，稍稍弥补了未能与会的遗憾。

俞平伯在《致"国际〈红楼梦〉研讨会"》的信中，谈了三点意见：（一）《红楼梦》毕竟是小说，今后似应多从文哲两方面加以探讨。（二）建议编一"入门""概论"之类的书，将红学中的"取同、存异、阙疑"三者皆编入，以便于读者阅读《红楼梦》。（三）《红楼梦》虽是杰作，终未完篇；若推崇过高则离大众愈远，曲为比附则冥赏愈迷，良为无益。他还谈了自己的红学思想的变化，说："我早年的《红楼梦辨》对这书的评价并不太高，甚至偏低了，原是错误的，却也很少引起人注意。不久，我也放弃前说，走到拥曹迷红的队伍里去了，应当说是有些可惜的。既已无一不佳了，就或误把缺点看作优点；明明是漏洞，却说中有微言。我自己每犯这样的毛病，比猜笨谜的怕高不了多少。"

1990年10月15日，俞平伯先生辞世的消息，冯其庸是在出差的兰州，从报纸上看到的。他在兰州便撰写了《悼念俞平老》❷ 一文，发表在1991年2月《红楼梦学刊》第1辑。文章回忆了他与俞

---

❶ 文船山著：《那半壁中国文坛》第88-89页，台北允晨文化实业股份有限公司1988年1月版。

❷ 《悼念俞平老》一文，收入《冯其庸文集》时，改题目为《悼念俞平伯先生》。

平老交往的每一个细节，他写道："犹记数年前，我同上海老友陈从周兄一起去看俞老，……我们到了三里河俞老的家里，俞老很高兴地从房间里一个人扶着墙壁慢慢地走出来，然后又从墙壁摸到椅子，再从椅子摸到八仙桌，然后一步步挪过来。并不是俞老眼睛看不见，眼睛是看得见的。他一面摸着墙壁椅子走路，一边还给我们说话，他说这样比别人搀着还要可靠，可以自己作主，不让人牵着走。"他描写得逼真传神，描摹出了晚年俞平老的自强自立。他遗憾未能在俞平老"长行之前再见上一面"，由衷表达了对俞平老的惜别。

1991年年初，冯其庸应新加坡友人周颖南嘱托，为即将出版的《俞平伯周颖南通信集》作序。他说："我与平老交往，已是平老的晚年，且因为平老年高，我也不敢多去打扰他，因而也就失去了不少请教的机会。"读了这些书信后，"对我是补上了十年学，或者说，弥补了我未能与平老多所请教的遗憾"。他满怀深情地说："平老的书信，是学问的渊薮，也是他生平的实录。他对往事的回忆，他对朋友的怀念，他对诗词的论评，他不经意间留下来的散文精品，以及他对'红学'的关切，还有作为书信文学，他在这方面留下的典范，特别是他一生襟怀磊落，豁达率真，对他的夫人则六十余年伉俪情深，一往如昔，这一切，都洋溢在他的书信里。我们只要随便翻读，就会感到这些书信语可诲人，光可鉴物。"当然，他也举例谈到了作为红学大家的俞平老，"在他的通信里，是不可能不涉及红学的，事实上，也确是从不同的角度涉及了红学"。他说："俞平老的这部通信集，实在是一份丰富的遗产"，几乎可以弥补他没有留下传记或者回忆录的缺憾。

1995年年末，为纪念俞平伯逝世五周年，俞平伯的家乡浙江省德清县政协文史资料委员会编辑出版了《德清籍现代著名文学家俞平伯》纪念集，冯其庸应邀为该书题写了书名。他为《俞平伯周颖南通信集》所写的序言《语可诲人，光可鉴物》也收入了纪念集中。

1997年11月，精装十卷本《俞平伯全集》由花山文艺出版社出版。次年3月25日，中国社会科学院文学研究所与花山文艺出版社在北京联合召开了"《俞平伯全集》出版座谈会"，冯其庸应邀出席并作了热情洋溢的发言。他说："俞老是新红学的代表人物，是本世纪红学的大家，有人问我对俞老有关红学的评价，我是后学，岂可妄评前辈。但新红学对旧红学是一次革命，是一次开创性的前进，这是人所共知的，这是历史的结论。要评价俞平老的红学，首先是承认这个基本事实。要不是胡适、俞平老的努力，红学还停止在索隐派的迷雾里，哪还可能有红学的今天？所以新红学派突破和粉碎旧红学索隐派的迷障，为后来的红学开辟新路，这是一大功绩。……特别是俞平老的红学，是全集里洋洋三大卷，占全集的十分之三，其中不少真知灼见，是我们红学的一份重要遗产，自当珍惜。"他说："俞平老的全集能隆重出版，俞平老的成就和业绩终于能让世人共同看到，这说明真实的东西是打不倒的，世间只有真实的东西最有生命力！"他称赞"俞平老一生为人本色，为学问也是本色，即没有一点虚伪造作，没有一点夸张。读他的文章，无论是研究性的文章还是创作，都是地地道道的本色，这实在是做人和做学问的最高境界"。他的大会发言《祝贺〈俞平伯全集〉的出版》，就发表在1998年8月的《文学遗产》杂志上。

著名文化学者、红学家、著作等身、才华横溢的冯其庸先生对前辈红学大师俞平伯先生的敬重与高度评价，同样令我们高山仰止，景行行止。

（原载2019年5月15日《红楼梦学刊》第三辑）

下编:俞平伯《红楼梦》研究年谱

俞平伯《红楼梦》研究年谱

1900年（清光绪二十六年 庚子） 一岁

1月8日，农历己亥年十二月初八，俞平伯出生于苏州马医科巷曲园寓所乐知堂，取名铭衡，字平伯，以字行，乳名僧宝。原籍浙江省德清县，生长在苏州。俞平伯说："我生在光绪己亥十二月，在西历已入一九〇〇，每自戏语，我是十九世纪末年的人，就是那有名的庚子年。追溯前庚子，正值鸦片战争，后庚子还没有来，……故我生之初恰当这百年中的一个转关"。他说：他不恋恋于这封建帝制神权，"但似乎不能不惦记这中国，尤其生在这特别的一年，对这如转烛的兴亡不无甚深的怀感"。❶ 俞平伯日后回忆说："苏杭谁是我的故乡呢？我不知道"。"如拿着我的名片看，这上面明明写着'浙江德清'；但考其实际，我只在德清县城河里泊了一夜船"，而"在苏州一住十六年"❷。

高祖父俞鸿渐（1781—1846），字仪伯，号剑华，后改铜花，系俞樾之父。清嘉庆二十一年（1816）中式举人。著有《印雪轩文集》《印雪轩诗集》等。

曾祖父俞樾（1821.12.25—1907.2.5），字荫甫，号曲园。浙江

---

❶ 见随笔《我生的那一年》，发表在1948年7月20日《中建》半月刊第3卷第4期。
❷ 见《〈吴歌甲集〉序》，发表在1925年9月6日《国语周刊》第13期；初收北京大学研究所国学门歌谣研究会1926年7月版《吴歌甲集》。收入《杂拌儿》文集时，作了较大删改。

德清人。清道光二十四年（1844）中式甲辰恩科举人。道光三十年（1850）庚戌科进士。散馆授翰林院编修。咸丰五年（1855）八月简放河南学政，七年秋遭弹劾罢归。此后寄寓苏州，以著述为事，并先后主苏州紫阳书院、杭州诂经精舍、上海求志书院等讲席三十余年。著有《春在堂全书》五百卷。时年七十九岁。俞平伯的童年就是跟着曾祖父住在苏州的。

曾祖母姚文玉（1820—1879），字季兰，浙江省仁和县（今杭县）临平镇人。

祖父俞绍莱（1842.10.14—1881.10.17），1876年官北运河同知。卒于天津。

父亲俞陛云（1868.4.9—1950.10.12），字阶青，号乐静。系俞樾次子俞绍荣（1846—？，又名祖仁，字寿山、寿石）所生，过继给俞樾长子俞绍莱，兼祧。清光绪二十四年（1898）戊戌科会试进士，殿试探花及第，授翰林院编修。光绪二十八年（1902）任四川副主考。民国元年（1912）任浙江省图书馆馆长，民国三年（1914）任清史馆编纂。1937年抗战爆发后，在北平闭门索居，以出售自写书画为生。著有《绚华室诗忆》《蜀輶诗记》《小竹里馆吟草》《乐静词》《唐五代两宋词选释》和《诗境浅说》等。

母亲许之仙（？—约1968），是清朝江苏松江知府许祐身（字子原）之第六女，精通诗文。

1903年（光绪二十九年　癸卯）　四岁

2月5日，农历正月初八，立春。"是日甲子于五行属金，于二十八宿遇奎，是谓甲子金奎，文明之兆也。"其时，俞平伯虚年五岁，曾祖父命他于此日开始开卷读书，并对他寄予很大希望。曲园老人曾有诗记之："喜逢日吉又辰良，笑挈曾孙上学堂。一岁春朝新甲子，九天奎宿大文章。更兼金水相生妙，能否聪明比父强。记有而翁前事在，尚期无负旧书香。"

同时，家人送他入寺挂名为僧。俞平伯曾在1932年9月8日所作的《戒坛琐记》中说："四五岁就入寺挂名为僧，对于菩萨天王有一种亲切而兼怖畏之感，甚至于眠里梦里都被这些偶像所缠扰，至今未已。这个童年的印象，留下一种对于寺庙的期待。"

本年，开始由母亲教读《大学》章句，有时长姊俞琎也教其诵读唐人诗句。俞平伯在1984年8月所写谈《大学》一书的短文中，曾回忆说："《大学》为前代开蒙书，自称，四岁初读首篇，尚在光绪甲辰开馆先，原书有先君题记，迄今八十馀年矣。其文义艰于《论》《孟》，垂老犹未能尽通，即朱注亦有误。"

1904年（光绪三十年 甲辰） 五岁

本年，除由母亲教读经书外，开始学习外文。曲园老人曾有诗记之："膝下曾孙才六岁，已将洋字斗聪明。"

1905年（光绪三十一年 乙巳） 六岁

2月8日（农历正月初五），俞平伯入家塾读书。曲园老人曾有诗记之："厅事东偏隔一墙，卅年安置读书床。今朝姊弟新开馆，当日爷娘上学堂。婉娈七龄尚怜幼，扶摇万里望弥长。待携第二重孙至，记得金奎日最长。"

1906年（光绪三十二年 丙午） 七岁

本年，继续从塾师学习背诵经书。

冬,开始每晚跟着曾祖父学写字。俞平伯回忆说:"清光绪丙午冬,曲园公每夕口授若干字,俾我书之,旋因病中止,遂成永诀。"曲园老人在《补自述诗》中,也有描写曾孙俞平伯练习写字的诗句,曰:"娇小曾孙爱似珍,怜他涂抹未停匀,晨窗日日磨朱矸,描纸亲书'上大人'。"并自注曰:"僧宝虽未能书,性喜涂抹。每日为书一纸,令其描写。"

1907 年 (光绪三十三年 丁未) 八岁

2月5日(农历丙午年十二月二十三日),曾祖父俞樾病逝于苏州寓所,终年八十六岁,葬于杭州西湖右台山法相寺旁。俞平伯于灵几前得读曾祖父遗稿,不胜悲怆。

1908 年 (光绪三十四年 戊申) 九岁

本年,继续从塾师读书。

1910 年 (宣统二年 庚戌) 十一岁

本年,因塾师教学不严,又恢复由父母亲督课,继续学习古文。

1911 年 (宣统三年 辛亥) 十二岁

10月10日,孙中山领导的辛亥革命爆发。从此,封建的清王朝被推翻,中华民国成立。

秋,因避兵,俞平伯随全家由苏州到上海,曾随外祖父住导达里,接着,又与大姊一家住舢板厂小楼,前后一年余。在上海期间,除继续学习古文外,又系统地学习了英文和数学。

1912 年（中华民国元年　壬子）　十三岁

年内，俞平伯在上海开始读《红楼梦》，是当闲书读的，"且并不觉得十分好"。他说："那时我心目中的好书，是《西游》《三国》《荡寇志》之类，《红楼梦》算不得什么的。"

冬，由上海回到苏州。

1913 年（民国二年　癸丑）　十四岁

本年，继续在家里读书。

1914 年（民国三年　甲寅）　十五岁

本年，继续在家里读书。

1915 年（民国四年　乙卯）　十六岁

春，入苏州平江中学校读书。俞平伯曾回忆说："1915 年之春，予在苏州平江中学校读书半年，后即北去。校旋亦闭歇，旧时朋侣星散。"

秋，考入北京大学文科国文门。

同时，为了照顾俞平伯读书，父母亲也移家北京，居东华门箭杆胡同，与北京大学后垣毗邻。

1916年（民国五年　丙辰）　十七岁

秋，俞平伯得与由预科升入文本科国文门的傅斯年[1]和由英文学门转入文本科国文门的许德珩[2]为同班同学。

1917年（民国六年　丁巳）　十八岁

9月4日，周作人[3]被聘为北京大学文科教授兼国史编纂处编辑员。

9月10日，留美归来的胡适[4]被聘为北京大学文科教授。

9月末，俞平伯与由苏州返回学校、和傅斯年同宿西斋丙字十二号宿舍的顾颉刚[5]相识。

9月，蔡元培著《石头记索隐》由商务印书馆出版。

年内，俞平伯选定自己的研究科目为小说。此时，同班同学中与俞平伯一样，志在研究小说的只有傅斯年一人。此时，担任小说研究科目指导教师的是周作人、胡适和刘半农。

---

[1] 傅斯年（1896.3.26—1950.12.20），字孟真，山东聊城人。学者。1919年于北京大学毕业后，曾赴英国、德国留学七年。

[2] 许德珩（1890.10—1990.2.8），字楚苏，后写作楚生、楚僧，江西九江人。著名社会活动家、学者，九三学社创始人。1919年于北京大学毕业后，曾赴法国留学七年。

[3] 周作人（1885.1.16—1967.5.6），笔名启明、知堂等，浙江绍兴人。教授、作家、翻译家。

[4] 胡适（1891.12.17—1962.2.24），原名洪骍，字适之，安徽绩溪人，出生于上海。在美国留学期间，即开始提倡白话文和白话诗。

[5] 顾颉刚（1893.5.8—1980.12.25），原名诵坤，字铭坚，号颉刚，江苏苏州人。著名历史学家。1920年毕业于北京大学哲学门。

1918年（民国七年　戊午）　十九岁

2月1日，参加北京大学文科国文门研究所第四次小说研究会，听周作人讲授"俄国之问题小说"，并在会上认定自己的研究项目为"唐人小说六种"。

3月15日下午，至北城二道桥参加北京大学文科国文门研究所小说科第四次研究会，听胡适讲"论短篇小说"，阐述了创作短篇小说的见解。

3月29日下午，参加北京大学文科国文门研究所小说科第五次研究会，听刘半农讲"中国之下等小说"。

1919年（民国八年　己未）　二十岁

5月4日，"五四"运动爆发。北京各校学生三千多人在天安门前举行集会和游行示威，提出"外争主权，内惩国贼"的口号。俞平伯也投身于运动中。他参加了北大学生会新闻组的活动，在学生们罢课期间，他与同学走访商会会长，要求罢市，并向群众散发反帝爱国的传单。四十年后，俞平伯回忆说："五四"运动时，"我才二十岁，还是个小孩子，对于这伟大、具有深长意义的青年运动，虽然也碰着一点点边缘，当时的认识却非常幼稚，且几乎没有认识，不过模糊地憧憬着光明，向往着民主而已。在现今看来，反帝反封建原是十分明确的，在那时却有'身在此山中，云深不知处'的感觉。"

9月1日，按照学校的安排，俞平伯等毕业生进行毕业补考。俞平伯这一学年所学功课：近代文学史、文字学、语言学、词曲以及日文，各科成绩总平均分居全班第四名，傅斯年居其后。

12月中旬，俞平伯毕业于北京大学，获文学学士学位。按照常规，本应该在暑假期间毕业，因为"五四"运动这一特殊情况，毕业延期，他至年底才离开北大，于12月20日离开北京赴上海。

12月25日，到达上海。在上海候船，准备去英国留学。

1920年（民国九年　庚申）　二十一岁

1月4日，乘船离开上海，与傅斯年等一起赴英国留学。

1月11日，在海行船上看《红楼梦》。

2月9日，在海行船上续看《红楼梦》，得以熟读《红楼梦》，并与傅斯年细谈《红楼梦》。俞平伯后在《〈红楼梦辨〉引论》中回忆说："孟真每以文学的眼光来批评他，时有妙论，我遂能深一层了解这书底意义、价值。但虽然如此，却还没有系统的研究底兴味。"

2月21日，海行船抵英国利物浦，历时四十九天，行程约三万五千华里。下午四时登岸，住西北旅馆。

3月4日，因为英国金镑涨价，自费筹划尚有未周，决定回国。

3月5日，至日本邮船公司购回国船票，至中国领事馆取护照等。

3月6日上午，俞平伯乘日本邮船佐渡丸启程回国。

4月19日下午，海行船抵达上海。

4月20日下午，乘车回到杭州岳父家，见到了由北京来杭州的父母亲和夫人许宝驯。

1921年（民国十年　辛酉）　二十二岁

2月，由杭州回到北京。

3月27日，胡适的《红楼梦考证》初稿完成；同年11月12日改定。论文提出了《红楼梦》乃是作者自叙身世的一部写实主义的小说。他考定作者是曹雪芹，并弄清了他的家世、际遇及写作《红楼梦》的背景情况。

4月27日至7月间，受胡适的《红楼梦考证》和顾颉刚研究《红楼梦》的意兴的感染，开始和顾颉刚通信讨论《红楼梦》。在"京事一切沉闷"的日子里，俞平伯以读论《红楼梦》的信为祛病的真药石，以剧谈《红楼梦》为消夏神方。不足四个月，信稿已订几大本。

5月4日，致顾颉刚信，讨论《红楼梦》，提出后四十回的回目定是高鹗补的，理由有三：一、和第一回自叙的话不合；二、史湘云的丢开；三、不合作文时的程序。顾颉刚觉得他的理由很充足，于5月9日将他的信寄给了胡适，于是，他的观点又引起了胡适的重视。

5月，开始预备功课，准备参加年内的留学考试。此时，他看 The Grammar of Science（《科学的语法》），把头脑也看得科学了，"幻想底趣味竟很薄弱了"。

6月18日，复顾颉刚信，谈及"弟感病累日，……发函雒诵，如对良友，快何如之。推衾而起，索笔作答，病殆已霍然矣。"又说："京事一切沉闷，更无可道者；不如剧谈《红楼》为消夏神方，因每一执笔必奕奕然若有神助也。日来与兄来往函件甚多，但除此外竟鲜道及余事者，亦趣事也。"

6月30日，致顾颉刚信，谈及"将来如有闲暇，重印，重标点，重校《红楼梦》之不可缓，特恐我无此才力与时间耳。兄如有意，大可负荷此任也。"顾颉刚在7月20日的回信中说："把《红楼梦》重新校勘标点的事，非你莫属。因为你对《红楼梦》熟极了。别人熟了没有肯研究的，你又能处处去归纳研究。所以这件事正是你的大任,不用推辞的。"

7月上旬,为研究《红楼梦》,到清史馆去查阅有关《红楼梦》的资料。

7月12日,由北京回到上海。随后,由上海回到杭州。

7月23日,复顾颉刚信,谈及《红楼梦》"重新标点之事更须在后,我们必须先把本书细细校勘一遍,使他可疑误后人的地方尽量减少,然后再可以加上标点便于诵读"。

8月7日,致顾颉刚信,谈拟徐徐着手作《红楼梦》多种版本校勘的工作。他认为"若不办到这一步,以后工夫都像筑室沙上,无有是处"。

8月8日,致顾颉刚信,谈"我有一种计划,想办一研究《红楼梦》的月刊,印刷不求精良,只小册子之类;成本既轻,又便广布"。并拟出所刊的内容。

8月9日,《石头记底风格与作者底态度》一文在杭州写讫。他想用这篇文章"祛除社会上对于《红楼梦》底谬见"。朱自清读了此文手稿后,认为论文"平实而精到,许多人极易忽略而极重要的地方,文章里都一一拈出以见原书底真价值。——正可医从前一班红学家太看高了原书,反损了原书底价值的毛病"。❶

9月下旬,用铜元八枚在书摊上买得嘉庆乙丑年刊本《红楼复梦》一部。

10月2日,用小洋三角在杭州城站书店买到《读〈红楼梦〉杂记》等六本书。

---

❶ 见1921年9月23日朱自清《致俞平伯》信。

1922年（民国十一年　壬戌）　二十三岁

1月8日至12日，作为赴美官费生，由杭州到上海办手续、候船，拟于19日乘坐中国邮船公司之中国号启程。后因香港水手罢工风潮，不能出港，遂延期动身。

2月，读了蔡孑民所发表的《〈石头记索隐〉第六版自序——对于胡适之先生〈红楼梦考证〉之商榷》一文后，受到触动，又产生了讨论《红楼梦》的兴致。于是，作了《对于〈石头记索隐第六版自序〉的批评》❶，发表在本年3月7日上海《时事新报·学灯》，署名"平"。

4月中旬，从杭州去苏州，看望顾颉刚，与之商谈合作把1921年的通信整理成一部《红楼梦》辨证的书。顾颉刚因为自己太忙，劝俞平伯独立担当此事。俞平伯"答应回去后立刻起草，到五月底已经做成了一半"。7月初，《红楼梦辨》一书完稿，共三卷十七篇。他希望此书能尽两种责任："一是游人游山地向导，使读者从别方面知道《红楼梦》作者底生平，帮助读者对于作品作更进一步的了解。二是做一个扫除荆棘、荡瑕涤秽的人，使读者得恢复赏鉴底能力，认

---

❶ 胡适读了此文后，曾在1922年3月13日的日记中写道："平伯的驳论不很好；中有缺点，如云'宝玉逢魔乃后四十四回内的事。'（实乃二十五回中事）内中只有一段可取。"这一段的原文如下："这序底本文共分四节。第一节底大意是说著作底内容有考证底价值，这我极为同意，但我却不懂这一点与所辩论的何干？考证情节底有无价值，是一件事，用附会的方法来考证情节是否有价值，又是一件事，万不能并为一谈。考证情节未必定须附会，但《石头记索隐》确是用附会的方法来考证情节的。我始终不懂，为什么《红楼梦》底情节定须解成如此支离破碎？又为什么不如此便算不得情节底考证？为什么以《红楼梦》影射人物是考证情节，以《红楼梦》为自传便不是考证情节？况且托尔斯太底小说，后人说他是自传，蔡先生便不反对；而对于胡适之底话，便云'不能强我以承认'，则又何说？至于说《离骚》有寓意，但这亦并不与《红楼梦》相干。屈平是如此，曹雪芹并不因屈平如此而他也须如此，这其间无丝毫之因果关系，不成正当的推论。"

识《红楼梦》的庐山真面。"

5月13日，作札记《唐六如与林黛玉》，发表在1923年1月1日上海《时事新报·文学旬刊》第60期，后作为"附录"，收入《红楼梦辨》。文章指出《红楼梦》中的黛玉葬花，系受唐六如的暗示。他说："《红楼梦》虽是部奇书，却也不是劈空而来的奇书。他底有所因，有所本，并不足以损他底声价，反可以形成真的伟大。"

5月16日，作《〈读红楼梦杂记〉选粹》，后作为"附录"，收入《红楼梦辨》。俞平伯认为《读〈红楼梦〉杂记》的作者江顺怡对《红楼梦》的评论很有卓见，"开正当研究《红楼梦》底先路。他屏去一切的传说，从本书上着眼，汇观其大义；虽寥寥的几页书，已使我们十分敬佩了"。

5月18日，《〈红楼梦〉底年表》作讫，收入《红楼梦辨》。他说：这年表"原是草创的，既不完备，也不的确，只是一种综括研究的初步"。不久，作者即发现了其中的若干错误，如曹雪芹的生卒年月必须改正；《红楼梦》的著作年代推测有误；更重要的是"编制法根本就欠妥，把曹雪芹底生平跟书中贾家的事情搅在一起，未免体例太差。《红楼梦》至多，是自传性质的小说，不能把它径作为作者的传记行状看"。鲁迅曾在1924年6月出版的《中国小说史略》中，撮要引述了俞平伯的《〈红楼梦〉底年表》。直至1935年6月印行的《中国小说史略》第10版，才删去了撮要引述的部分。

5月下旬，由杭州到苏州。

5月27日下午，带着已经完成了一半的《红楼梦辨》手稿，到顾颉刚寓所访谈。

5月30日上午，应顾颉刚邀请，与王伯祥、叶圣陶同游石湖，游石佛、治平两寺。下午，顾颉刚、王伯祥和叶圣陶送俞平伯乘马车去火车站，回杭州。在乘马车的途中，发生了《红楼梦辨》手稿失而复得的奇迹。顾颉刚在为《红楼梦辨》写的《序》文初稿中，略有记述。

6月16日，作论文《高本戚本大体的比较》，初收入《红楼梦辨》，又收入《红楼梦研究》。

6月17日，作论文《论续书底不可能》，初收入《红楼梦辨》，又收入《红楼梦研究》。

6月18日，作论文《高作后四十回底批评》，发表在本年8月10日《小说月报》第13卷第8期，收入《红楼梦辨》时，题目为《后四十回底批评》。

6月18日，作札记《记〈红楼复梦〉》，后作为"附录"，收入《红楼梦辨》。《红楼复梦》为高（鹗）本的续书，全书共有一百回。俞平伯认为《红楼复梦》全书"异常荒谬，不可言说"。唯书中的几条凡例，表现出作者底可怜可笑的胸襟，"可以作后来续《红楼梦》人底代表心理"。

6月19日，作研究《红楼梦》的论文《辨原本回目只有八十》，文中略述了自己的研究方法："无论研究什么，必先要把所研究的材料选择一下，考察一下，方才没有筑室沙上的危险。否则题目先没有认清，白白费了许多心力，岂不冤枉呢？"此文初收入《红楼梦辨》，后收入《红楼梦研究》时，改题目为《辨后四十回底回目非原有》。

6月20日，作论文《〈红楼梦〉底地点问题》，初收入《红楼梦辨》，后收入《红楼梦研究》时，改题目为《〈红楼梦〉地点问题底商讨》。

6月21日，作论文《论秦可卿之死》，初作为"附录"收入《红楼梦辨》，后经修改，方以正文收入《红楼梦研究》。

6月25日，论文《八十回后底〈红楼梦〉》作讫。文章论述了《红楼梦》八十回后应有的面目，他说：虽然"《红楼梦》研究是学问界中底沧海一粟，无有甚深甚广的价值；我总认定搏兔得用狮子底全力，方才可免兔脱的危险"。他还说："我总时时觉得《红楼梦》一书的价值，很当得有人来做番洗刷底事业。我便是一个冲锋者啊！"此文初收入《红楼梦辨》，后收入《红楼梦研究》。

7月3日，关于《红楼梦》的《札记十则》作讫，作为"附录"收入《红楼梦辨》。其中第九则谈《红楼梦》的语言"用的是当时的纯粹京语，其口吻之流利，叙述描写之活现，真是无以复加"。他认为"方言的，非欧化的作品，也自有他底价值，在现今文艺与民众隔绝的时候尤为需要"。他"反对用文艺来做推行国语统一底招牌"。他说："文学仍以当时通行的言语为本，不是制造言语底工场。"在第十则中，针对"有人以为《红楼梦》既是文艺，不应当再有考证底工夫"，他说："考证虽是近于科学的，历史的，但并无妨于文艺底领略，且岂但无妨，更可以引读者作深一层的领略。"

7月7日上午，自杭赴沪，中午，抵达上海。下午，到美国领事馆办理护照。

7月8日，《红楼梦辨·引论》作讫。作者详谈自己进入"红学"之门和《红楼梦辨》成书的经过。他说："我从前不但没有研究《红楼梦》底兴趣，十二三岁时候，第一次当他闲书读，且并不觉得十分好。那时我心目中的好书，是《西游》《三国》《荡寇志》之类，《红楼梦》算不得什么的。我还记得，那时有人告诉我姊姊说：'《红楼梦》是不可不读的。'这种'像煞有介事'的空气，使我不禁失笑，觉得说话的人，他为什么这样傻？"他又说："一九二〇年，偕孟真在欧行船上，方始剧谈《红楼梦》，熟读《红楼梦》。这书竟做了我们俩海天中的伴侣。孟真每以文学的眼光来批评他，时有妙论，我遂能深一层了解这书的意义、价值。"他希望由于《红楼梦辨》的刊行，渐渐把读者的眼光"从高鹗的意思，回到曹雪芹的意思"，使《红楼梦》的本来面目得以显露，开辟出一条还原的道路。至此，《红楼梦辨》全书完稿，共三卷十七篇。他说："上卷专论高鹗续书一事，因为如不把百二十回与八十回分清楚，《红楼梦》便无从谈起。中卷专就八十回立论，并述我个人对于八十回以后的揣测，附带讨论《红楼梦》底时与地这两个问题。下卷最主要的，是考证两种高本以外的续书。其余便是些杂论，作为附录。"

7月9日下午，与顾颉刚、叶圣陶辞行，并将《红楼梦辨》手稿交给顾颉刚，请他代觅抄写人。晚，乘坐吴淞中国号船，作为浙江省视学，受浙江省教育厅委派赴美国考察教育。

7月31日午前，船抵美国旧金山。

8月7日，动身赴美国芝加哥。

8月10日午前，抵达芝加哥。换车赴华盛顿。

8月11日，抵达华盛顿波定谟汪敬熙寓所。

8月13日，与汪敬熙商谈入学之事。俞平伯拟学心理学。

8月15日夜，复顾颉刚信，谈《红楼梦》中大观园的地点问题。

9月18日下午，由波定谟乘车至纽约，杨振声、赵太侔来接。

9月24日下午，与赵太侔乘公共汽车游览纽约市容。在逸仙楼吃晚饭，商谈选择入学专业之事。

9月25日下午，到哥伦比亚大学办理入学手续。

9月28日上午，到哥伦比亚大学上课，"人甚多，女生尤多。以教员未到"，课未上成。"见哥校学生对于一年级之蛮野举动，虽夙知有此风，而目睹良诧"（日记）。

10月9日，因患皮癣，多次治疗均未有明显效果，遂决定回国。

10月10日下午，到昌兴公司定"俄罗斯皇后号"船票。11日上午，至领事馆领护照。

10月26日，杨振声送俞平伯登上回国的列车。

11月2日上午，登上俄皇后号船，中午，开航。

11月19日上午，船抵上海新关码头。下午，乘火车回杭州。由美国纽约回到杭州，共走了二十三天。

11月23日，乘火车赴北京。

11月24日夜，抵达北京家中。

年底，在北京校对顾颉刚寄来的请人抄写的《红楼梦辨》书稿。

1923年（民国十二年　癸亥）　二十四岁

1月底，离开北京，经上海回到杭州。

3月上旬，收到顾颉刚3月6日来信及为《红楼梦辨》所作的《序》。

4月，《红楼梦辨》由上海亚东图书馆出版。除作者的《引论》和顾颉刚的《序》外，全书分三卷，共收论作十七篇。上卷专论高鹗续书一事；中卷专就八十回立论，并述作者个人对于八十回以后的揣测，附带讨论《红楼梦》的时间与地点问题；下卷是考证两种高本以外的续书，其余是杂论，作为附录。

6月，接受上海大学校务长兼历史学教授邓中夏聘请，自秋季开学始，任上海大学中国文学系教授，讲授诗歌和小说。

8月初，回到北京探亲。

8月5日，致周作人信，告知"下半年拟在上海大学教中国小说。此项科目材料之搜集颇觉麻烦"，希望周作人能见赐一份鲁迅先生所编的《中国小说史》讲义。

9月2日，致周作人信，向他辞行，并告知《小说史讲义》已从鲁迅先生处借阅，觉得条理很好。原书仍交孙伏园奉返。

9月3日，离开北京，与江绍原同车回上海。

9月，到上海大学中国文学系任教，讲授《诗经》、小说等。

1924 年（民国十三年 甲子） 二十五岁

2月初，辞去上海大学教职，回到杭州。

7月末，由杭州动身回北京探亲，顺便寻找工作。

8月下旬初，由北京动身返回杭州。

8月26日，自杭州西湖俞楼致周作人信，请他帮助在北京找工作。

12月中旬，携眷由杭州回到北京，从此，在北京东城老君堂七十九号宅定居。

1925 年（民国十四年 乙丑） 二十六岁

1月13日，至周作人信，其中谈到"拟作《红楼梦》新论"，稿未写出，已被《现代评论》预定去了。

1月16日，论文《〈红楼梦辨〉的修正》作讫，发表在本年2月7日《现代评论》第1卷第9期。文章指出《红楼梦辨》一书首先要修正的是"《红楼梦》为作者的自叙传"这一观点。他检讨自己在书中"不曾确定自叙传与自叙传的文学的区别"，"无异不分析历史与历史的小说的界线"。他希望"净扫以影射人事为中心观念的索隐派的'红学'"。他说："我从前写这书时，眼光不自觉地陷于拘泥。那时最先引动我的兴趣的，是适之先生的初稿《红楼梦考证》，和我以谈论函札相启发的是颉刚。他们都以考据名癖的，我在他们之间不免渐受这种癖气的熏陶。"

1月18日，作《关于〈红楼梦〉——答王南岳君》，发表在本年1月20日《京报副刊》。

1月26日，《修正〈红楼梦辨〉的一个楔子》发表在《语丝》周刊第 11 期，署名平伯。收入《杂拌儿》时，文字略有删改。文章指出："明白和干脆是考证文字的两种美德。明白是能清，干脆是能断。这两种德性在文章上的具备绝非容易——或亦可说十分容易。""凡作考证文字，志在求得密符所考证事物之真。这种真实在概念上虽应该是一致和谐的，在吾人心目中则往往呈复杂淆混的殊异光景。""一致和谐的'真'不可得，所得的只是非一致和谐的'疑真'。处在这种状况下求文字的明白干脆"，绝非容易。然而对于有俯拾即是的本领的"命世之英才"来说，也许又是十分容易的。作者说："我常听见人评我的文章太缴绕，而同时在我方病其太单简；又曾听见人批评《红楼梦辨》一书太不断，而同时在我方病其太不疑，人我两方的意见这般歧异，真令人有怅怅何之之感。'自悔其少作'，这是我辈的常情，少作已经要不得了，而依照他们的估量偏又加上一重新的要不得。破笤帚可以掷在壁角落里完事。文字流布人间的，其掷却不如此的易易，奈何？我对于《红楼梦辨》有点修正的意见，在另一周刊上发布其一部分，希望过失不致因愈改削而愈多，其他更何所求呢。"

3月，开始在北京外国语专门学校任中文教员，时间仅数月。

5月26日，与刘大杰讨论高鹗续《红楼梦》的通信二则发表在《晨报副刊》。

秋，到燕京大学任教，讲授中国文学史等。

1926年（民国十五年　丙寅）　二十七岁

本年，继续在燕京大学任讲师。

1927年（民国十六年　丁卯）　二十八岁

7月1日，致周作人信，告知已辞去燕京大学教职，应傅斯年邀请，将赴广州中山大学任教。

7月18日，复周作人信，续谈赴南方的矛盾心情，他说："粤行尚无期，且彼方似亦风云紧急，更不知如何了。离开北京确也不甚愿意，前因孟真坚邀情不可却，遂辞燕大而去。现在只好等南方来信再说。"

9月上、中旬，应聘赴广州中山大学，途经上海时，得知广州局势不稳，于是，改变主意，乘车返回北京，仍回燕京大学任教。

9月29日，至燕京大学国文系讲授中国小说。

10月21日，收到周作人来信，代燕京大学的学生向俞平伯借《红楼梦辨》。

本年　继续在燕京大学讲授中国小说。对于广州中山大学的邀请，终未能应聘。

1928年（民国十七年　戊辰）　二十九岁

3月10日，《新月》杂志第1卷第1期发表了胡适的《考证〈红楼梦〉的新材料》一文，文章指出："俞平伯在《红楼梦辨》里特立专章，讨论可卿之死。但顾颉刚引了《红楼佚话》说有人见书中的焙茗，据他说，秦可卿与贾珍私通，被婢撞见，羞愤自缢死的。平伯深信此说，列举了许多证据，并且指出秦氏的丫鬟瑞珠触柱而死，可见撞见奸情的便是瑞珠。现在平伯的结论都被我的脂本证明了。"

3月19日，收到周作人来信，并将刊载胡适文章的《新月》杂志借给俞平伯使用。

4月25日，作《关于〈红楼梦〉的一封短信》，发表在本年5月

15 日《贡献》旬刊第 2 卷第 8 期，署名平伯。

4 月 26 日，致周作人信，请他将《关于〈红楼梦〉的一封短信》转给《贡献》杂志。

9 月 5 日，致周作人信，请他推荐他自己用白话直译的小说，以作为燕京大学小说课的阅读书目。他说："小说一项本非素习，只因曾做了一部胡说的《红楼梦辨》，弄得成了专家的模样，岂不哀哉！"

10 月，应罗家伦校长聘请，到国立清华大学中国文学系任讲师。

本年，继续在燕京大学教中国小说，并在北平大学女子学院任教。

1929 年（民国十八年　己巳）　三十岁

4 月 30 日，拟窗课体，作《林黛玉喜散不喜聚论》，后收入《杂拌儿之二》。作者在《小叙》中说："今日阴晦迟起，向校中借半日之闲，雨窗岑寂，忆及儿时从师受读，前窗绿竹一丛，后窗芭蕉三四株，书斋幽翳，每作文课，文虽陋，味颇永也，遂效其体。年时荏苒，故技荒疏，或弥劣于前矣。"作者在文章中说："窃以为《红楼》作者，描绘美人心性，喜着一涩字，如晴雯如龄官，黛玉其尤者耳；故其寄情也，似傲而谄，其赋性也，似慧而痴，用心弥深，于世弥惑，其趣愈下，其情愈可悯矣。"他认为书中的宝玉喜聚而恶散，黛玉天性喜散不喜聚，"性情之美自相映发，譬如泰华并峙各极其雄奇，江汉汇流交抒其苍渀，知人论世之君子将有以得之矣。"

4 月，《红楼梦辨》由上海亚东图书馆再版。

9 月上旬，新学年开学。新学年即 1929 年 9 月至 1930 年 6 月，在清华大学中国文学系被安排为三年级学生讲授《清真词》、戏曲和小说。

秋，应聘到北京大学任教。

本年，继续在女子学院任教。

1930年（民国十九年　庚午）　三十一岁

10月14日，收到周作人来信，请俞平伯接替冰心[1]，担任女子学院国文系二年级以上选修习作课。冰心"因病请休假一年"。俞平伯即复信，接受聘请。

本年，在北京大学教共同必修课"中国诗名著选"，附实习。

本年，继续在清华大学讲"词选"课，并与朱自清、杨振声合开"高级作文"课，俞平伯专授"词"习作课。

本年，继续在女子学院任教。

1931年（民国二十年　辛未）　三十二岁

3月26日晚，开始节抄脂砚斋评在自己的《红楼梦》书上。

3月28日，续抄脂砚斋评《石头记》。

6月19日，应胡适之嘱，为《脂砚斋评〈石头记〉》残本作跋，后收入《燕郊集》。作者说："此余所见《石头记》之第一本也。脂砚斋似与作者同时，故每抚今追昔若不胜情。然此书之价值亦有可商榷者"，他以三个例证说明《脂砚斋评〈石头记〉》"非脂评原书乃由后人过录"。

9月9日，《北京大学日刊》刊载《国文学系课程指导书摘要》，在1931年9月至1932年6月，俞平伯任教"共同必修科目"内的"中国诗名著选（附实习）"，另外，在"分类必修及选修科目"中，俞平伯任教"中国文学"中的"词"和小说。

---

[1] 冰心（1900.10.5—1999.2.28），原名谢婉莹，笔名冰心、男士，福建长乐人。现代著名作家。

本年，继续在北京大学、清华大学任教；同时，在女大兼课。

1932 年（民国二十一年　壬申）三十三岁

9月上旬，新学年（即1932至1933年度）开学，被清华大学中国文学系聘为教授，讲授南唐二主词、《清真词》和"词"习作课，另外讲授戏曲和小说。

本年，仍在北京大学任教。

1933 年（民国二十二年　癸酉）　三十四岁

本年，继续在北京大学、清华大学任教。

1934 年（民国二十三年　甲戌）　三十五岁

9月上旬，新学年（即1934至1935年度）开学。俞平伯在清华大学中国文学系与朱自清、浦江清、杨树达等分教大学一年级国文；与闻一多、刘文典分教大学二年级国学要籍，讲授《论语》；另为大学二、三年级选修科目和研究部讲授名家词和指导"词"的研究。

本年，继续在北京大学任教。

1935 年（民国二十四年　乙亥）　三十六岁

本年，继续在清华大学国文系任教。

1936 年（民国二十五年　丙子）　三十七岁

9 月上旬，新学年（即 1936 至 1937 年度）开学。俞平伯在清华大学中国文学系与朱自清、浦江清、许维遹、余冠英、李嘉言共同担任大学一年级国文"读本作文"课程；另与闻一多、杨树达、刘文典共同担任大学二年级"国学要籍"课程；同时担任选修课程"散曲"，讲授曲之概论及小令散套选本。同时，在清华大学研究院文科研究所中国文学部负责指导"词"的研究。

10 月 8 日，授课之余，绘制《红楼梦》第六十三回"寿怡红群芳开夜宴"座位图。

1937 年（民国二十六年　丁丑）　三十八岁

3 月 8 日，开始复至女子文理学院授课。

5 月 14 日，接到清华大学通知，批准在国内休假研究一年的申请。此为清华大学教授任教五年后方可享受的待遇。

1938 年（民国二十七年　戊寅）　三十九岁

暑假期间，俞平伯休假研究一年期满，收到清华大学自西南联大蒙自分校发来的聘书。

9 月 10 日，给在西南联大的清华大学校长梅贻琦写信，说明因侍奉父母，加上自身体弱、"近复多病"，"只身作万里之游"赴西南联大任教有困难，拟请假一年，"俾得从容料理"好家事，再作打算。

本年，被私立中国大学国学系聘为教授，讲授《论语》和《清真词》。校址在北平西单北大木仓胡同路北清代郑王府旧址。

1939年（民国二十八年　己卯）　四十岁

本年，继续在中国大学国学系任教。

1940年（民国二十九年　庚辰）　四十一岁

9月24日，应嘱为赵肖甫❶所辑《红楼梦讨论集》作序❷，发表在1941年1月1日《责善》半月刊第1卷第21期。后被收入《红楼梦研究参考资料选辑》第2辑；又被收入《俞平伯序跋集》。《红楼梦讨论集》除收入胡适和顾颉刚以及顾颉刚与俞平伯讨论《红楼梦》的笔札外，还收入了俞平伯《红楼梦辨》中的三篇论文，即：《辨原本回目只有八十》《后三十回的〈红楼梦〉》和《论秦可卿之死》。俞平伯在《序》中分析了索隐派与考证派的异同，他认为《红楼梦》"开宗明义之章俨然悬一问题焉，此与其他小说差有分别，则后人从而讨论之，以至于争执而聚讼之，宜也。谨严之考证固其宜，而傅会之索隐亦无不宜。……只是方法途径之不同，而非有态度上之根本差别"。他指出"索隐而求之过深，惑矣；考证而求之过深亦未始不

---

❶ 赵肖甫，浙江富阳人。1941年任中国大学国学系讲师。时住北平西四北小红罗厂八号。

❷ 《〈红楼梦讨论集〉序》初发表时，作者署写作时间为"（民国）十九年九月二十四日"。俞平伯在《序》中说："赵君肖甫以近辑《红楼梦讨论集》问序于余，频年久荒文事，殆无以应之。"按：民国十九年即1930年，正是俞平伯搞研究、创作的兴旺时期，而1940年左右倒是"频年久荒文事"之期，因此，疑写作时间"十九年"应为"廿九年"。又，俞平伯在《序》中说："赵君因有嗜痂癖，而胡（适）顾（颉刚）二君在远方读之，追思在昔读文之乐亦当为之惘然也。"按：1930年顾颉刚正在北平的燕京大学任教，主编《燕京学报》，所以谈不到"在远方"。1940年，顾颉刚在成都齐鲁大学国学研究所任主任，创办《责善》半月刊，倒符合"在远方"之说。遂将《〈红楼梦讨论集〉序》的写作时间改为"廿九年"。

惑。《红楼》原非纯粹之写实小说，小说纵写实，终与传记文学有别。……吾非谓书中无作者之平生寓焉，然不当处处以此求之，处处以此求之必不通，不通而勉强求其通，则凿矣。以之笑索隐，则五十步与百步耳，吾正恐来者之笑吾辈也。"

本年，继续在中国大学国学系任教。

1941年（民国三十年　辛巳）　四十二岁

本年，继续在中国大学国学系任教，为名誉教授。

1942年（民国三十一年　壬午）　四十三岁

8月26日，应嘱为郭则沄❶著《红楼真梦传奇》❷作序，发表在本年11月1日《万人文库》旬刊第30册"十一月文园"。后被收入《俞平伯序跋集》。

本年，除在中国大学任教外，还在家里辅导几个学生，以微薄的收入维持困顿的生活。

1943年（民国三十二年　癸未）　四十四岁

本年，受聘任中国大学国学系主任。在他主持系务工作期间，为了使古今中外文学得以平衡发展与研究，他提议将"国学系"改为"文学系"。此系成立于1922年，初名国文系，至1926年始改为国学系。

---

❶ 郭则沄（1882—1947），字蛰云，号啸麓，福建侯官人。学者。俞平伯的姐夫。
❷ 《红楼真梦传奇》，郭则沄填词，王季烈（螾庐）制谱。1942年石印出版。

1944 年（民国三十三年　甲申）　四十五岁

2月15日至6月15日，赵肖甫辑录的俞平伯与顾颉刚讨论《红楼梦》的书简，连载于《学术界》月刊第2卷第1期至第5期。

本年，继续在中国大学文学系任教。

1945 年（民国三十四年　乙酉）　四十六岁

冬，教育部在北平设"临时大学补习班"，俞平伯被聘到北大红楼临时大学补习班第二分班即文学院，选授《清真词》，为时一学期多。

本年，继续在中国大学文学系任教。

1946 年（民国三十五年　丙戌）　四十七岁

10月10日，复员后的北京大学正式开学。北平临时大学补习班结束。俞平伯转任北京大学文学院教授。

1947 年（民国三十六年　丁亥）　四十八岁

7月25日，作《读〈红楼梦〉随笔二则》，发表在本年8月8日《华北日报·俗文学》副刊第6期；又发表在本年9月16日《论语》半月刊第137期；后收入《红楼梦研究》。作者举出《坚瓠集》中的两个例子，来说明《红楼梦》因袭前人之迹甚明。

本年，继续在北京大学文学院任教。

1948 年（民国三十七年　戊子）　四十九岁

5 月 21 日，论文《"寿怡红群芳开夜宴"图说》写讫，发表在本年 8 月《文学杂志》月刊第 3 卷第 3 期；又发表在本年 10 月 5 日至 9 日天津《民国日报·民园》副刊；后收入《红楼梦研究》。作者慨叹"《红楼》一书今只残篇，续作庸音难传神理，凡情谬赏芳华，多情或伤憔悴，而良工苦心埋没多矣，真人间一大缺陷也"。

6 月 5 日，作《关于"曹雪芹的生年"——致本刊编者书》，发表在本年 6 月 11 日天津《民国日报·图书》副刊第 95 期，署名平伯。作者在文章中提出了批评欣赏《红楼梦》这部作品的问题。他说："《红楼梦》直到今天，还不失为中国顶好的一本小说，任何新著怕无法超过，其价值始终未经估定。这和'索隐'和'考证'俱无关，而属于批评欣赏的范围，王静安先生早年曾有论述，却还不够，更有何人发此弘愿乎？"他还谈到他早年的"《红楼梦辨》一书，近来很有人要找，我想任其找不着也好，因这书可存的只有一部分，如考证八十回的回目非原有，后三十回的推测，其他多失之拘泥，讹谬传流，大非好事。"

8 月 7 日，胡适读完周汝昌的《跋胡藏〈脂砚斋重评石头记〉》文稿后，在给周汝昌的回信中说："此文中如驳俞平伯一段可全删。俞文并未发表，不必驳他。"

本年，继续在北京大学任教，讲授杜甫诗。

1949 年（民国三十八年　己丑）　五十岁

1 月 31 日，北平宣告和平解放。

5 月 5 日，北京大学校务委员会宣告成立，由教授代表十九人和

211

讲师、助教及学生代表各两人组成。俞平伯为校务委员会委员。

10月1日，中华人民共和国宣告成立，并在天安门广场举行三十万人的开国大典。

1950年（中华人民共和国　农历庚寅）　五十一岁

1月，《文汇报》记者黄裳来访，并向他约稿。在黄裳的建议下，俞平伯开始改写旧作《红楼梦辨》中的部分章节。

7月，中央文化部艺术局着手编辑"中国古典文艺丛书"，系统整理自汉乐府迄明清俗文学的中国古典文艺作品，其中包括《乐府诗选》《唐诗新选》《杜甫诗选》《白居易诗选》《宋元话本选》《元曲新选》《明清俗曲选》《红楼梦》《三国志演义》《水浒》等。俞平伯与郑振铎、魏建功、浦江清、钱锺书等参加古籍整理工作。

8月1日，作《〈红楼梦〉脂砚斋本戚蓼生本程伟元本文字上的一点比较》，发表在本年8月7日《文汇报·磁力》副刊。收入《红楼梦研究》时，题目为《红楼梦脂本（甲戌）戚本程乙本文字上的一点比较》。作者把《红楼梦》抄本、刻本进行文字上的一些比较后，认为脂砚斋本"最近真"，戚本"也属于这一个系统"。"程甲本有比乙本近真的地方"，"程乙本每把地道的京话改成通常语"，不如脂本更"能够传神"。作者说：《红楼梦》"当然是极伟大的著作，却并非尽善尽美的，这话我也早已说过了。"

《文汇报》高级记者谢蔚明说："20世纪50年代初，我在北京当记者，陈钦源兄在上海编副刊，要我就近约请名家写稿，其中就有红学名家俞平伯先生。俞先生是位和蔼可亲的长者，当时住在东城区老君堂79号一幢平房里。我一叩门，开门的是俞先生的女弟子，进门大院子里种有高大的槐树。她通报以后，俞先生就出来在堂屋里接待我。他光头、身着浅灰或浅蓝洗得有些发白的长衫，脚穿黑布鞋，交谈中，他几乎一支接一支地抽烟。当烟灰落在衣衫上，他不是牵动下摆把烟灰抖落掉，而是伸开手掌往衣上去抹，天真憨厚的动作简直要叫人发笑。我请求他围绕《红楼梦》写稿，他二话不说接受了我的请求。""文章见报后，我把报纸送去，请他继续供稿，他照样爽快地答应我。最有意思的是，只要文章一发表，隔不到两三天，我就会收到俞先生写给我的明信片，催发稿酬。"❶

8月31日，作《〈红楼梦〉第一回校勘的一些材料》，发表在本年9月5日、6日《文汇报·磁力》副刊；后收入《红楼梦研究》。

9月21日，论文《〈红楼梦〉正名》作讫，发表在本年10月8日《文汇报·磁力》副刊；后收入《红楼梦研究》。

10月12日，父亲俞陛云逝世，为之悲恸万分。因与棠棣出版社有成约，准备出版《红楼梦研究》，所以，不得不勉力删改旧稿。

10月24日，作《前八十回〈红楼梦〉原稿残缺的情形》，发表在1951年8月18日《光明日报·学术》副刊第43期；后收入《红楼梦研究》。

12月，作《红楼梦研究·自序》，后收入《红楼梦研究》。作者总结了《红楼梦辨》中存在的错误，大约可分两部分：一、本来的错误；二、因发现新材料而证明出来的错误。"如中卷第八篇《红楼梦年表》曹雪芹底生卒年月必须改正不成问题，但原来的编制法根本就欠妥善，把曹雪芹的生平跟书中贾家的事情搅在一起，未免体例太差。《红楼梦》至多，是自传性质的小说，不能把它径作为作者的传记行状看啊。第二个例：我在有正戚本评注中发见有所谓'后三十回的红楼梦'，却想不到这就是散佚的原稿，误认为较早的续书。那时候材料实在不够，我的看法或者可以原谅的，不过无论如何后来

---

❶ 谢蔚明：《俞平伯二三事》，见《那些人那些事》第92页，上海远东出版社2006年5月版。

发现两个脂砚斋评本,已把我的错误给证明了。"他谈了《红楼梦》研究中的困难:一、材料的不足;二、《红楼梦》本身的疑问甚多。如据脂砚斋甲戌本之文,书名有五个:《石头记》《情僧录》《红楼梦》《风月宝鉴》《金陵十二钗》;作者的姓名也是五个,空空道人改名为情僧、孔梅溪、吴玉峰、曹雪芹、脂砚斋。"一部书为什么要这许多名字?这些异名……代表些什么意义?……都是雪芹底化身吗?还确实有其人?"并由此断定《红楼梦》"是第一奇书"。

本年,继续任北京大学教授。

1951 年(农历辛卯)　　五十二岁

本年,继续任北京大学教授。

1952 年(农历壬辰)　　五十三岁

9月,《红楼梦辨》的修订增补本《红楼梦研究》作为"中国古典文学研究丛刊"之一,由棠棣出版社出版,上海长风书店发行。除作者的《自序》和文怀沙的《跋》外,全书收论作十六篇,分为三部分,另有附录两篇。第一部分:《论续书底不可能》《辨后四十回底回目非原有》《高鹗续书底依据》《后四十回底批评》《高本戚本大体的比较》。第二部分:《作者底态度》《〈红楼梦〉底风格》《〈红楼梦〉地点问题底商讨》《八十回后的〈红楼梦〉》《论秦可卿之死》《所谓"旧时真本〈红楼梦〉"》。第三部分:《前八十回〈红楼梦〉原稿残缺的情形》《后三十回的〈红楼梦〉》《"寿怡红群芳开夜宴"图说》《〈红楼梦〉正名》《〈红楼梦〉第一回校勘的一些材料》。附录为《〈红楼梦〉脂本(甲戌)戚本程乙本文字上的一点比较》及《读〈红楼梦〉随笔二则》。

10月，人民文学出版社开始有计划地进行古典文学名著的校勘和重印出版的工作。俞平伯承担了《红楼梦》八十回本的整理校勘工作。

1953年（农历癸巳） 五十四岁

2月22日，北京大学文学研究所成立大会在燕园临湖轩举行。文化部副部长、中国作家协会古典文学部部长郑振铎任所长，中央马列学院语文教研室主任何其芳任副所长。办公地址在北京大学哲学楼。俞平伯自北京大学中国文学系调至文学研究所古典文学组任研究员。当时古典文学组组长为余冠英。

5月15日，《文艺报》半月刊第9号在"新书刊"栏目发表了"静之"评介俞平伯《红楼梦研究》一书的文章，指出："过去所有红学家都戴了有色眼镜，做了许多索隐，全是牵强附会，捕风捉影。《红楼梦研究》一书做了细密的考证、校勘，扫除了过去'红学'的一切梦呓，这是很大的功绩。"

6月5日，作《〈红楼梦〉的著作年代》，发表在本年10月14日至18日上海《新民报晚刊》。作者经过考证，认为《红楼梦》的著作年代应为公元1743年至1752年这十年间。作者说："自1923年《红楼梦辨》出版以后，我一直反对那'刻舟求剑''胶柱鼓瑟'的考据法，因而我对这旧版自己十分不满。书中贾家的事虽偶有些跟曹家相合或相关，却决不能处处比附。像那《红楼梦年表》将二者混为一谈实在可笑，……即如近人以曹𫖯来附合这书中的贾政，我以为也没啥道理，不见得比'索隐派'高明得多少。把《红楼梦》当作灯虎儿猜，固不对，但把它当作历史看，又何尝对呢。书中云云自不免借个人的经历、事实做根据，非完全架空之谈；不过若用这'胶刻'的方法来求它，便是另一种的附会，跟索隐派在伯仲之间了。"

他认为,"以事实为蓝本而扩大渲染之,原是一般小说家惯用的手法,中外通行,不独《红楼梦》如此。"

9月13日,《红楼梦旧钞各本所存批注略表》作讫,并总结甲戌、己卯、庚辰、甲辰、有正各本批注的情况,作后记说明,一并附录于《脂砚斋红楼梦辑评》一书中。

秋,文学研究所安排新分配的北京大学中文系毕业生王佩璋❶作俞平伯的助手,协助俞平伯从事《红楼梦》研究、校勘工作。

秋,应《人民中国》杂志之约,作《〈红楼梦〉简论》。此文后发表在1954年3月3日北京《新建设》3月号。

10月30日,《辑录脂砚斋本〈红楼梦〉评注的经过》写讫,发表在1954年7月10日《光明日报·文学遗产》第11期;收入上海文艺联合出版社1954年12月版《脂砚斋红楼梦辑评》时,题目为《引言》,文字略有改动。1959年8月修订后,收入中华书局1960年2月增订本新版《脂砚斋红楼梦辑评》。1963年2月又作订补,收入中华书局1966年5月上海新二版《脂砚斋红楼梦辑评》。作者最初是接受启功❷的建议,开始做辑录脂砚斋本《红楼梦》评注工作的。作者谓自己做这初步汇抄整理脂砚斋本《红楼梦》评注的工作,只为"做将来人进一步研究的阶梯"。他说:"我做这辑评工作,在校本八十回着手之际,刊行以前。"《红楼梦》八十回校本"虽由各脂本汇校而成,却不附批,只是个'白文本'。既出脂本而不见脂评,有人不免遗憾。因此便想趁机会把脂评辑出来。"初版时用"比较完全,较易得的""有正书局石印的戚蓼生序本"作为正文。增订本则采纳葛真的建议,改用《红楼梦八十回校本》出正文。他认为:"脂砚斋虽至今尚不能断定为

---

❶ 王佩璋(1930—1966.8),笔名王惜时,河北丰润人。1953年毕业于北京大学中文系,分配到文学研究所古典文学研究组工作。

❷ 启功(1912.7.26—2005.6.30),字元白,北京人。著名书法家、红学家、教授。

何人，但'脂评'里有部分的批注，看它的情形口吻，大概是作者自己做的。又就各脂本看，批注常常与正文相混，纠缠难辨。大都是批语误入正文，却也有正文误入批语的。揣测起来，大约作者当时就这样夹连批注写下去；所以各脂本都有这样的情况，而愈早的本子混糅得愈利害。"

晚秋，俞平伯自郑振铎处借来两大包旧本《红楼梦》，"其中有从山西新得的乾隆甲辰梦觉主人序本，原封未动，连这原来的标签还在上面。"这些珍贵的资料，为他校勘《红楼梦》提供了方便。

11月21日，札记《西城门外天齐庙》发表在《北京日报·文化生活》副刊；又发表在香港《大公报》，题目为《〈红楼梦〉的天齐庙》。

11月，《红楼梦研究》第六版由棠棣出版社出版，总印数已达两万五千册。

12月19日，由王佩璋❶代写的《〈红楼梦〉简说》发表在天津《大公报·文化生活》第67期；又发表在本年12月26日至30日香港《文汇报》。文章对《红楼梦》的思想性、艺术性、局限性作了简要的解释和分析，解答了读者对《红楼梦》的不理解和所产生的疑问。

年内，应香港《大公报》编辑潘际坰❷约稿，开始陆续写作《读〈红楼梦〉随笔》。

年内，北京作家出版社出版了新中国成立后的第一个排印本《红楼梦》，由汪静之整理。俞平伯与启功等曾先后参与此版本的校阅工作。

---

❶ 王佩璋在《我代俞平伯先生写了哪几篇文章》中说：《〈红楼梦〉简说》一文是《〈红楼梦〉的思想性与艺术性》这篇长文压缩成的。

❷ 潘际坰（1919—2000.7.6），笔名唐琼，江苏淮阴人。1943年毕业于浙江大学。

1954年（农历甲午）　五十五岁

1月1日和3日，《读〈红楼梦〉随笔·〈红楼梦〉的传统性》发表在香港《大公报·新野》副刊；又发表在本年4月25日、26日上海《新民报晚刊》。文章开篇便指出："《红楼梦》一名《石头记》，书只八十回没有写完，却不失为中国第一流长篇小说，它综合了古典文学，特别是古小说的特长，加上作者独特的才华，创辟的见解，发为沈博绝丽的文章。用口语来写小说到这样高的境界，可以说是空前的。"又说："《红楼梦》以'才子佳人'做书中主角，受《西厢》的影响很深。"它的"色""空"观念来自《金瓶梅》。"它的汪洋恣肆的笔墨，奇幻变换的章法，得力于《庄子》很深。"同时，也受到了《水浒》《西游记》《左传》《史记》《离骚》《楚辞》的影响。他认为《红楼梦》是"融合众家之长，自成一家之言"。

1月4日至7日，《读〈红楼梦〉随笔·〈红楼梦〉的独创性》发表在香港《大公报·新野》副刊；又发表在本年4月27日至29日上海《新民报晚刊》。他认为《红楼梦》开创性的特点是"充分表现了北京语的特长"。他说《红楼梦》的前两回"是全书的关键、提纲，一把总钥匙。把这总钥匙找着了再去看全书，便好得多了，没有太多的问题"。他认为《红楼梦》书中，现实的、理想的、批判的三种成分"每互相纠缠着，却在基本的观念下统一起来的。虽虚，并非空中楼阁；虽实，亦不可认为本传年表。虽褒，他几时当真歌颂；虽贬，他又何尝无情暴露"。对于书中的女性，大半用他的意中人作模型，自然褒胜于贬；对于贾家最高统治者的男性，则深恶痛绝之，不留余地。他认为"凡此种种，可见作者的态度，相当地客观，也很公平。他自然不曾背叛他所属的阶级，却已相当脱离了阶级的偏向，批判虽然不够，却已有了初步的尝试。我们不脱离历史的观点来看，对《红楼梦》的价值容易得到公平的估计，也就得到更高的估计"。

1月7日至12日，《读〈红楼梦〉随笔·曹雪芹著书的情况》发表在香港《大公报·新野》副刊；又发表在本年5月2日至5日上海《新民报晚刊》。文章谈到"《红楼梦》的著作权总得归给曹雪芹"。"既作了绝世的文章，以人情论，他也不愿埋没他的辛苦"，但由于当时的违碍太多，"使得他不愿直认，只在本书开首隐约其词，说什么'披阅十载增删五次'。"他说：我始终认为《红楼梦》八十回文字"出于一人之笔"。他认为《红楼梦》的不幸，作者的不幸，"第一，是书没写完；其次，续书的庸妄；再其次，索隐的荒唐；再其次，考证的不能解决问题，其中尤以书的未完为先天的缺陷，无法弥补。"

1月13日至14日，《读〈红楼梦〉随笔·〈红楼梦〉与其他古典文艺》发表在香港《大公报·新野》副刊；又发表在本年5月6日和8日上海《新民报晚刊》。文章指出《红楼梦》主要受了《庄子》《楚辞》《西厢记》《金瓶梅》四部古典文艺作品的影响。他说："我总觉得《红楼梦》所以成为中国自有文字以来第一部的奇书，不仅仅在它的'独创'上，而且在它的并众长为一长，合众妙为一妙，'集大成'这一点上。"

1月15日，《读〈红楼梦〉随笔·宁国公的四个儿子》发表在香港《大公报·新野》副刊；又发表在本年5月9日上海《新民报晚刊》。

1月16日至17日，《读〈红楼梦〉随笔·大观园地点问题》发表在香港《大公报·新野》副刊；又发表在本年5月10日至11日上海《新民报晚刊》。文章指出："大观园在当时事实上确有过一个影儿"，"作者把这一点点的影踪，扩大了多少倍，用笔墨渲染，幻出一个天上人间的蜃楼乐园来。这是文学上可有应有的手腕。它却不曾预备后人来做考证的呵。""作者明说荒唐言，我们未免太认真了。假如在北京城的某街某巷能够找出大观园的遗迹来，在我个人自感很大的兴味，但恐怕事实上不许我们有这样乐观的想法呵。"

1月18日，《读〈红楼梦〉随笔·天齐庙与东岳庙》发表在香港《大公报·新野》副刊；又发表在本年5月12日上海《新民报晚刊》。

1月19日至21日，《读〈红楼梦〉随笔·陆游诗与范成大诗》发表在香港《大公报·新野》副刊；又发表在本年5月13日至15日上海《新民报晚刊》。

1月22日至23日，《读〈红楼梦〉随笔·姬子》发表在香港《大公报·新野》副刊；又发表在本年5月16日上海《新民报晚刊》。

1月24日至25日，《读〈红楼梦〉随笔·贾政》发表在香港《大公报·新野》副刊；又发表在本年5月17日至18日上海《新民报晚刊》。文章从胡适在《〈红楼梦〉考证》和《考证〈红楼梦〉的新材料》中，以为宝玉即曹雪芹自寓，推论曹雪芹的父亲曹𫖯便该是书中人贾政。作者认为这样看法"未免太呆板"。他举了六个例子，说明《红楼梦》"对贾政有贬无褒，退多少步说，亦贬多于褒"。"若贾政是事实上的曹雪芹的父亲，似乎不应该这样写"。

1月25日，应《文汇报》编辑部特约，由王佩璋代写的《我们怎样读〈红楼梦〉?》发表在《文汇报·文化广场》副刊；又发表在本年1月31日至2月2日香港《文汇报》，题目为《怎样阅读〈红楼梦〉》。王佩璋在《我代俞平伯先生写了哪几篇文章》中说："《我们怎样读〈红楼梦〉?》一文我的意见很少，其结构内容都是俞先生指出的，写成后又经俞先生增删改定的。"

1月26日至27日，《读〈红楼梦〉随笔·贾赦》发表在香港《大公报·新野》副刊；又发表在本年5月19日上海《新民报晚刊》。

1月28日至30日,《读〈红楼梦〉随笔·送宫花与金陵十二钗》发表在香港《大公报·新野》副刊;又发表在本年5月20日至22日上海《新民报晚刊》。文章指出《脂砚斋重评石头记》甲戌本首的《红楼梦旨义》,指出了《红楼梦》许多异名在书中的点睛之笔,"惟对于金陵十二钗说得很拖沓,尚不得要领"。作者认为《脂砚斋重评石头记》"第七回'送宫花贾琏戏熙凤',即金陵十二钗之点睛也"。

1月30日至31日,《读〈红楼梦〉随笔·宝玉为什么净喝稀的》发表在香港《大公报·新野》副刊;又发表在本年5月23日上海《新民报晚刊》。

1月,俞平伯将新填词《临江仙·题〈石头记〉》书赠王伯祥。词云:"惆怅西堂人远,仙家白玉楼成。可怜残墨意纵横。茜纱销粉泪,绿树问啼莺。　多少金迷纸醉,真堪石破天惊。休言谁创与谁承。传心先后觉,说梦古今情。"收入1980年版《古槐书屋词》时,副题改为《咏〈红楼梦〉》。

2月1日,《读〈红楼梦〉随笔·曹雪芹卒于一七六三年》发表在香港《大公报·新野》副刊;又发表在本年5月24日上海《新民报晚刊》。作者明确表示不同意"有人认为曹雪芹死于乾隆二十八年癸未"的说法,主张依据"脂评","说曹雪芹卒于一七六三年;再用敦诚的诗'四十年华'往上推,即生于一七二三年。这样说法就不会出大错。因为诗上的'四十年华'也不宜十分呆看的。"

2月2日和6日,《读〈红楼梦〉随笔·刘老老吃茄子》发表在香港《大公报·新野》副刊;又发表在本年5月25日至26日上海《新民报晚刊》。文章指出曹雪芹写这一段,意在"讽刺贵族生活的不近情理的奢侈"。他说:"《红楼梦》原是非常现实的,而有时好像不现实。惟其貌似违反现实,更表现了高度的现实性。"

2月7日,《读〈红楼梦〉随笔·临江仙题词》发表在香港《大公报·新野》副刊;又发表在1979年11月《红楼梦学刊》第2辑,题目为《临江仙·一九六三曹雪芹逝世二百周年作》。

2月8日,《读〈红楼梦〉随笔·香芋》发表在香港《大公报·新野》副刊;又发表在本年5月27日上海《新民报晚刊》。

2月9日至10日,《读〈红楼梦〉随笔·贾瑞之病与秦可卿之病》发表在香港《大公报·新野》副刊。

2月10日至13日,《读〈红楼梦〉随笔·记郑西谛藏旧抄〈红楼梦〉残本两回》发表在香港《大公报·新野》副刊;又发表在本年6月10日至13日上海《新民报晚刊》,副标题为《旧抄〈红楼梦〉残本两回》。

2月14日,《读〈红楼梦〉随笔·增之一分则太长》发表在香港《大公报·新野》副刊;又发表在本年5月29日上海《新民报晚刊》。作者说:"从前有好文章一字不能增减之说,我不大相信,认为过甚其词,说说罢了的。近校《石头记》,常常发见增减了一字即成笑话,方知古人之言非欺我者。"

2月15日,《读〈红楼梦〉随笔·减之一分则太短》发表在香港《大公报·新野》副刊;又发表在本年5月30日上海《新民报晚刊》。

2月16日至17日,《读〈红楼梦〉随笔·〈红楼梦〉下半部的开始》发表在香港《大公报·新野》副刊;又发表在本年6月1日至3日上海《新民报晚刊》。作者通过分析、考证,认为《红楼梦》下半部始自第五十五回。

2月18日至19日,《读〈红楼梦〉随笔·秦可卿死封龙禁尉》发表在香港《大公报·新野》副刊。作者说:龙禁尉在清代,并没有这样的官名,捐官已是谎话。且秦氏至死也没有被封。这是"这一段书上的特笔"。《红楼梦》"作者虽把'淫丧天香楼'的文字删去了,却另外用一种笔法来写这回书。"他指出:"看《红楼梦》一书,现实荒唐每相交错,说现实,便极现实,说荒唐又极荒唐;如用'胶刻'的方法来考证它,即处处发生障碍。"

2月20日,《读〈红楼梦〉随笔·茆官药官藥官》发表在香港《大公报·新野》副刊。作者考证藕官有一个情侣,亚东排本作"藥官";程甲本、道光本、光绪本俱作"药";脂庚辰本正作"茆"。作者说:"这'茆'字很好,'茆'是莲子,与'藕'配合。"其他两字皆误。作者指出:"校理唐宋以来小说戏曲的人每将俗字改写正体,这虽是对的,但也必须特加小心。你认为错字的,它也未必准错。即使是错字,你也不一定能够知道它究竟是哪一个字的错。"如果不弄清楚就去改,就会越改越错。

2月21日至23日,《读〈红楼梦〉随笔·宝玉喝汤》发表在香港《大公报·新野》副刊。文章指出:"整理古书工作的基础应该是校勘。校勘工作没有做好,其他的工作即如筑室沙上,不能坚牢。如标点注释都必须附着本文,若本文先错了,更从何处去安标点下注解呢。这是最浅显的事理。"作者着重谈了标点错误闹出的笑话。

2月24日至25日,《读〈红楼梦〉随笔·作者一七六零年的改笔》发表在香港《大公报·新野》副刊;又发表在本年6月5日至6日上海《新民报晚刊》。作者认为《红楼梦》第九回闹学堂后段,记宝玉的话,脂砚斋庚辰本的改动"绝佳,言言恰当,字字精严,口气之间妙有分寸,合于当日宝玉的身份,也合于《红楼梦》书主人的地位,其为作者最后定稿无疑矣"。

2月26日,《读〈红楼梦〉随笔·林黛玉谈诗讲错了》发表在香港《大公报·新野》副刊;又发表在本年6月7日上海《新民报晚刊》。文章指出《红楼梦》第四十八回,黛玉教香菱作诗,说"虚的对实的,实的对虚的"。这是错的。作者认为这是曹雪芹的笔误,从作诗的实际来看,应改为"虚的对虚的,实的对实的"。他说:"我向来不赞成'以意改字',但碰到有些情形又当别论。像这样明显的错误应当校正的。"

2月27日,《读〈红楼梦〉随笔·曹雪芹画像》发表在香港

《大公报·新野》副刊；又发表在本年6月8日上海《新民报晚刊》。

2月28日，复周作人信，就其来信所谈话题，续谈作家出版社新版《红楼梦》中所存在的不尽如人意之处。信中谈及："前作《红楼梦辨》行世以来殊为寥落，惟闻某君曾以之博取法国博士功名，尚属有用。于一九五〇年友人绍介改名'研究'出版后，忽销行至两万许，诚非始愿所及。"

2月28日至3月3日，《读〈红楼梦〉随笔·香菱地位的改变》发表在香港《大公报·新野》副刊。作者首先谈了曹雪芹在《红楼梦》中使用褒贬之笔的特点，然后谈了香菱地位的改变。他说："香菱地位的降低是作者的特笔。他为薄命女儿抒悲，借香菱来写照。就身份而论确是贬；然而这个贬正是作者对她同情最多最深切的地方，又最容易引起读者同情的地方，这就是褒。"

2月，由王佩璋代写的《〈红楼梦〉的思想性与艺术性》一文发表在《东北文学》2月号。

3月1日，《光明日报·文学遗产》副刊创刊，由中国作家协会古典文学部主办，陈翔鹤任主编。办刊宗旨为："运用科学的观点与方法，也就是辩证唯物主义的观点与方法，对我们的文学遗产做出正确的评价，这是我们努力的目标。"

3月1日，论文《曹雪芹的卒年》发表在《光明日报·文学遗产》第1期。作者经过考证后，认为"曹雪芹死于乾隆壬午除夕，即1763年的2月12日"。

3月3日，《〈红楼梦〉简论》发表在北京《新建设》3月号。该文是根据《读〈红楼梦〉随笔》前四则改写的，它谈了《红楼梦》的传统性、独创性和著书的情况。据王佩璋说，该文是应《人民中国》编辑部之约而作，曾寄给胡乔木看，提了许多意见，把文章退还给俞先生，要他重写。

此外，1955年春，日本友人松枝茂夫请周作人帮助购买1954年

3月号的《新建设》杂志。1955年4月11日,周作人回信说:"大抵杂志的 back number 不易入手,因此有俞平伯论文之'新建设'现在亦无法找得了。"❶

3月3日至5日,《读〈红楼梦〉随笔·曹雪芹自比林黛玉》发表在香港《大公报·新野》副刊。作者认为《红楼梦》"书中人谁都可代表作者的一部分,却谁都不能代表他的全体"。他通过对脂砚斋甲戌本、庚辰本中的脂评和批语的分析,证明曹雪芹也有自比林黛玉之处,希望以此观点来破除"曹雪芹以书中人宝玉自寓生平"的"自传说"。

3月6日,《读〈红楼梦〉随笔·梨园装束》发表在香港《大公报·新野》副刊;又发表在本年6月9日上海《新民报晚刊》。文章指出:"《红楼梦》虽是现实主义的名著,其中非现实的部分却也很多。为什么这样,我想到的有两层:(一)浪漫主义的成分;(二)因有所违碍,故意的回避现实。这两层也不大分得开的,皆所谓'荒唐言'是也。不明白这个,呆呆板板考之证之,必处处碰壁。"他说:"以非现实的荒唐无稽之言来表示真情实感的辛酸之泪,这是本书的特征,种种笔法由此而生,种种变局由此而幻,而种种误会曲解亦由此而起。我常说《红楼梦》是中国有文字以来的一部奇书,读者听者恐不免稍稍疑惑,或以为卖药的自夸药灵,过甚其词,或以为空言赞美不很切实,殊不知我确有此感,只言词笨拙,不能形容其百一罢了。"

3月7日至8日,《读〈红楼梦〉随笔·宝玉想跟二丫头去》发表在香港《大公报·新野》副刊。作者说:"《红楼梦》多用虚笔"。第十五回的宝玉想跟二丫头去即为一例。它反映了作者对农村的人民和他们的生活的羡慕、尊敬。"不必有其事,不可无此说;似乎不近

---

❶ 小川利康、止庵编:《周作人致松枝茂夫手札》第162页,广西师范大学出版社2013年1月版。

情理，实在大有情理。虚笔的用处在这里可见一斑了。"

3月9日至30日，《读〈红楼梦〉随笔·谈〈红楼梦〉的回目》发表在香港《大公报·新野》副刊。作者指出："《红楼》一书荟萃中国文字的传统优异，举凡经史诗文词曲小说种种笔法几无不具，既摄众妙于一家，乃出以圆转自在之口语，发挥京话特长，可谓摹声画影，尽态极妍矣。未知来者如何，若云空前诚非过论。即以回目言之，笔墨寥寥每含深意，其暗示读者正如画龙点睛破壁飞去也，岂仅综括事实已耶。"

3月22日，《读〈红楼梦〉随笔·记吴藏残本》两篇作讫，发表在本年3月31日至4月6日香港《大公报·新野》副刊。"吴藏残本"指吴晓铃所藏钞本《红楼梦》四十回。作者说：该本"原系八十回本，今缺四十一回以下。有乾隆五十四年序，出程高排本三年以前，诚罕见之秘笈也。是否乾隆时原抄固亦难定，但看本文的情形，以原抄论殆无不可。抄者非一手，乃由各本凑合而成者"。作者分析了1791年程本以前，流传的抄本，存在着随意改窜的毛病。他认为："程、高整理《红楼》，虽非原稿之真，却从此有了一个比较可读的本子，二百年来使本书不失其为伟大，功绩是很大的，即有过失，亦功多于罪，有人漫骂程、高，实非平情之论。"

4月7日至17日，《读〈红楼梦〉随笔·记嘉庆甲子本评语》发表在香港《大公报·新野》副刊。

4月18日至20日，《读〈红楼梦〉随笔·有正本的妄改》发表在香港《大公报·新野》副刊。

4月21日至23日，《读〈红楼梦〉随笔·再谈嘉庆本》发表在香港《大公报·新野》副刊。文章指出："用刻本或抄本混合的校理《红楼梦》这个方法，从十九世纪初年直到现在，已有了一百五六十年的历史。最近的作家出版社新本，混合了程乙、亚东、有正各本加以校订，用的方法完全和前人相同。至于这综合的成绩，究竟如何，须看个别的情形，不能一概而论的。我这里不过指出这混合的校订法，在《红楼梦》是古已有之，并非新事而已。"

5月，由王佩璋代写的《〈红楼梦〉评介》发表在《人民中国》半月刊第10期。王佩璋在《我代俞平伯先生写了哪几篇文章》中说："《〈红楼梦〉评介》的底稿就是《〈红楼梦〉简说》，又经《人民中国》编辑部增删修改的。"

6月19日，应中国人民大学中国语言文学教研室邀请，到中国人民大学演讲，讲题为《〈红楼梦〉的现实性》。他说："我以为要研究《红楼梦》的思想性和艺术性，必须与批判相结合，猜谜索隐，为考证而考证，都没有必要。""虽然《红楼梦》有其矛盾，但其憧憬光明、憎恨黑暗、体现生活、反映生活，都是了不起的。我们必须承认其进步性，我们不能以现在的政治水平来要求它。从艺术上来讲，它是自有文学以来少见的作品。《左传》式的散文、汉魏的诗歌、半白话的词、白话的曲和小说，已把语言文字的优点发挥得差不多了，《红楼梦》是百尺竿头更进一步，它发挥了文言凝练的美，白话的生动活泼的美，超过了前人。文学史上对它的评价是不够的，……《红楼梦》列于世界文学名著是没有愧色的。"

9月1日，《文史哲》月刊第9期发表李希凡[1]、蓝翎[2]合写的《关于"红楼梦简论"及其他》一文，批评俞平伯在《红楼梦》研究中的唯心主义观点。认为"从'红楼梦研究'到'红楼梦简论'，俞平伯先生研究红楼梦的观点和方法，基本上仍旧没有脱离旧红学家们的窠臼，并且与新考证学派在某种程度上保持着密切的联系"。

---

[1] 李希凡（1927.12.11—2018.10.29），北京通县人。文艺理论家、红学家。毕业于山东大学中文系。1957年，与蓝翎合著出版了《红楼梦评论集》。

[2] 蓝翎（1931.7.3—2005.2.8），原名杨建中，山东单县人。红学家、文学评论家。1953年毕业于山东大学中文系。1954年10月，任《人民日报》文艺部编辑。1957年，与李希凡合著出版了《红楼梦评论集》。

"把考证方法运用到艺术形象的分析上来了。……其结果，就是在反现实主义和形式主义的泥潭中愈陷愈深。"本年9月30日《文艺报》半月刊第18号对此文予以转载，并由主编冯雪峰加了"编者按"，说："作者是两个在开始研究中国古典文学的青年，他们试着从科学的观点对俞平伯先生在《〈红楼梦〉简论》一文中的论点提出了批评，我们觉得这是值得引起大家注意的。""作者的意见显然还有不够周密和不够全面的地方，但他们这样地去认识《红楼梦》，在基本上是正确的。"

10月3日下午，出席中国作家协会在北京国际俱乐部大厅举行的中外著名作家茶话会，并回答了印度短篇小说作家提出的有关《红楼梦》研究等方面的问题。

10月5日至7日，参加中国文联第二届全国委员会第二次会议，并本着批评与自我批评的精神，就艺术创作与批评问题，发表了自己的意见。

10月10日，《光明日报·文学遗产》第24期发表了李希凡、蓝翎合写的第二篇批评俞平伯的文章《评"红楼梦研究"》，指出："从文学批评观点上说，俞平伯先生的见解就是反现实主义的主观主义的立场。""俞平伯先生这样评价红楼梦也许和胡适的目的不同，但其效果是一致的。即都是否认红楼梦是一部伟大的现实主义杰作，否认红楼梦所反映的是典型的社会的人的悲剧，进而肯定红楼梦是个别家庭和个别的人的悲剧，把红楼梦歪曲成为一部自然主义的写生的作品。这就是新索隐派所企图达到的共同目标，'红楼梦研究'就是这种新索隐派的典型代表作品。"该文章前加了编者按语。1973年，作者在修订版《红楼梦评论集》中，补写的"附记"说："此文是1954年夏天学校放暑假期间在通县写成的。当时手头材料很少，我们还没有看到过俞平伯的《红楼梦辨》，手头只有他的《红楼梦研究》《红楼梦简论》和别人文章中转引的胡适关于《红楼梦》的一些看法和材料。……因而我们文章中的个别判断是有缺陷的，没有从政治上准确地击中要害。等到批判胡适派主观唯心主义的斗争将要开展起来的时候，我们才有机会借到《红楼梦考证》和《红楼梦辨》，进而发现了更多的问题，特别是看到了他们当时在政治态度和学术观点上的一致。我们把这时的看法写成了《走什么样的路?》。"❶

10月13日下午，在东总布胡同中国作家协会驻地，与老舍、冰心、田汉、许广平、萧三、赵树理等同日本作家、东京大学名誉教授仓石武四郎举行座谈，并就客人所问，谈了对中国传统文学的展望。

10月16日，毛泽东主席写了《关于红楼梦研究问题的信》，并在中央领导同志中传阅。信中写道："驳俞平伯的两篇文章附上，请一阅。这是三十多年以来向所谓红楼梦研究权威作家的错误观点的第一次认真的开火。""事情是两个'小人物'做起来的，而'大人物'往往不注意，并往往加以阻拦，他们同资产阶级作家在唯心论方面讲统一战线，甘心做资产阶级的俘虏。这同影片《清宫秘史》和《武训传》放映时候的情形几乎是相同的。被人称为爱国主义影片而实际是卖国主义影片的《清宫秘史》，在全国放映之后，至今没有被批判。《武训传》虽然批判了，却至今没有引出教训，又出现了容忍俞平伯唯心论和阻拦'小人物'的很有生气的批判文章的奇怪事情，这是值得我们注意的。""俞平伯这一类资产阶级知识分子，当然是应当对他们采取团结态度的，但应当批判他们的毒害青年的错误思想，不应当对他们投降。"由此，关于《红楼梦》研究的批判运动拉开序幕。此信在1967年5月27日《人民日报》发表时，俞平伯才第一次读到它。

10月18日，中国作协党组开会，传达毛泽东同志《关于红楼梦研究问题的信》。

---

❶ 参见人民文学出版社1973年12月出版的《红楼梦评论集》第36页。

10月23日，《人民日报》发表钟洛的《应该重视对〈红楼梦〉研究中的错误观点的批判》一文。

10月24日，《人民日报》发表李希凡、蓝翎合写的第三篇批评俞平伯的文章《走什么样的路？——再评俞平伯先生关于"红楼梦"研究的错误观点》，指出："俞平伯先生只不过是以考证的方法代替了文学批评的原则而已，这是和他的实验主义观点密切相关的。因此，在他的批评中就表现出强烈的主观主义色彩。""但在解放以后，在新的政治条件下，俞平伯先生非但没有对过去的研究工作和他的影响作深刻的检讨，相反地却把旧作改头换面地重新发表出来，这就是1952年出版的《红楼梦研究》。""俞平伯先生以隐蔽的方式，向学术界和广大的青年读者公开地贩卖胡适之的实验主义，使它在中国学术界中间借尸还魂。"多年后，据李希凡在《毛泽东与〈红楼梦〉》一文中说，此文是在人民日报总编邓拓的启发下写出的。他说："在这篇文章中，我们按照邓拓同志意见着重提了胡适的实用主义和资产阶级唯心论，只不过其中联系到过渡时期总路线问题却不知是谁加上的，那时我们还没有'那么高的认识'。"

10月24日，俞平伯与助手王佩璋参加中国作家协会古典文学部召开的《红楼梦》研究座谈会，并作发言。俞平伯解释了《〈红楼梦〉简论》《〈红楼梦〉的思想性与艺术性》两篇文章写作、发表的情况，承认自己的研究工作存在错误。他说："叫王佩璋代写文章，这种封建的师徒关系的作风是很不好的。尤其严重的，自己明知可能有问题的文章，还把它发表，这更是错误的，是对读者不负责的态度。""再说我的研究工作，我是从兴趣出发的，没有针对《红楼梦》的政治性和思想性，用历史唯物观点来研究，只注意些零零碎碎的问题。为了应付社会需要，敷衍搪塞，写了些不大负责任的文章，用不正确的意见去影响读者。现在报上发表的批评我的文章，我很感谢。我愿意通过这次会学习一些新的东西。我很虚心地听取大家的意见。"

10月24日，中国作家协会古典文学部召开关于《红楼梦》研究的讨论会，《红楼梦》研究工作者及各大学古典文学教授吴组缃、冯至、舒芜、钟敬文、王昆仑、老舍、吴恩裕、郑振铎、聂绀弩、启功、杨晦、浦江清、何其芳等四十余人应邀出席，另有各报刊杂志编辑约二十人旁听。会上发言的大多数人指出：俞平伯的《红楼梦》研究方法，是沿袭了胡适的资产阶级唯心主义和形式主义的观点、方法，从趣味出发，其结果必然抽掉《红楼梦》这一伟大的古典现实主义作品的巨大社会意义，陷入烦琐的考据中。吴组缃则提出了不同意见，他说："说俞先生的研究是自然主义观点，这我看不出来。也许我们所了解的'自然主义'这一概念有些不同。《评"红楼梦研究"》一文中有些地方引原文，只引了上半句，就未免误解。说贾府败落原因的那一段和注子，我也不很同意。"

10月28日，《人民日报》发表了袁水拍的《质问〈文艺报〉编者》一文，本年11月7日出版的《文艺报》第20号予以转载。文章指出："长时期以来，我们的文艺界对胡适派资产阶级唯心论曾经表现了容忍麻痹的态度，任其占据古典文学研究领域的统治地位而没有给以些微冲撞；而当着文艺界以外的人首先发难，提出批驳以后，文艺界中就有人出来对于'权威学者'的资产阶级思想表示委曲求全，对于生气勃勃的马克思主义思想摆出老爷态度。""《文艺报》在转载李希凡、蓝翎《关于"红楼梦简论"及其他》一文时所加的编者按语，就流露了这种态度。"

10月30日，《人民日报》发表了周汝昌的《我对俞平伯研究〈红楼梦〉的错误观点的看法》一文。文章说："为什么俞平伯说已经懂得要用马克思列宁主义文艺理论来对待〈红楼梦〉的时候，反而极力高唱起〈红楼梦〉的'不可知论'来了呢？我以为，这可能反映了俞平伯的唯心论思想和新事物和马克思列宁主义正面接触的一个具体矛盾。俞平伯虽然一方面因为大家都学习马克思列宁主义，不能不接触马克思列宁主义文艺理论，可是另一方面马克思列宁主义文艺理论与他的唯心论见解处处不对头，因此，他就宣扬起'不可知论'来了。"

10月31日至12月8日，先后八次参加中国文联和中国作协召开的批判《红楼梦》研究中资产阶级唯心论倾向和《文艺报》的错误的联席扩大会议，并作发言。

11月3日，《人民日报》发表了王佩璋的《我代俞平伯先生写了哪几篇文章》。《〈红楼梦〉的思想性与艺术性》《〈红楼梦〉简说》《我们怎样读〈红楼梦〉？》《〈红楼梦〉评介》四篇文章均为王佩璋执笔的。她说："《〈红楼梦〉的思想性与艺术性》一文最长，作在最先；《〈红楼梦〉简说》是这篇长文压缩成的，可以包括在它以内；《我们怎样读〈红楼梦〉？》一文我的意见很少，其结构内容都是俞先生指出的，写成后又经俞先生增删改定的；《〈红楼梦〉评介》的底稿就是《〈红楼梦〉简说》，又经《人民中国》编辑部增删修改的。"她说："存在在俞先生思想中的，不只是资产阶级的文艺观点而已；同时，还伴有残余的封建阶级思想和没落的士大夫阶级的感情。"

11月4日，《人民日报》发表了《文艺报》主编冯雪峰的《检讨我在〈文艺报〉所犯的错误》。本年11月7日出版的《文艺报》第20号予以转载。冯雪峰接受袁水拍的批评，承认"编者按语是我写的"。他说："在古典文学研究领域内胡适派资产阶级唯心论长期地统治着的事实，我就一向不加以注意，因而我一直没有认识这个事实和它的严重性。""对于俞平伯研究《红楼梦》的一些著作，我仅只简单地把它们看成是一些考据的东西，而完全不去注意其中所宣扬的资产阶级唯心论的观点。"

11月5日，《北京日报》发表了李长之的《关于俞平伯对于

〈红楼梦〉的错误看法的讨论说明了什么?》。

11月7日,《光明日报·文学遗产》的编者在该刊第28期发表了《正视我们的错误,改正我们的缺点》一文,承认该刊第24期在发表李希凡、蓝翎的第二篇批评俞平伯的文章《评"红楼梦研究"》一文前所加编者按语是有错误的。

11月7日,《光明日报·文学遗产》第28期发表了陈友琴的《我参加〈红楼梦〉研究座谈会以后的感想》,文章指出:"俞平伯先生在对待文学工作中的这种'趣味'和'消遣'的思想并不是偶然的,是和他的整个人生观有密切联系的。这也就确定了他在学术思想上和胡适、周作人的资产阶级唯心论的反动思想的一脉相承,并且还牢固地植根在自己的思想里而不能自拔。"

11月8日,《光明日报》发表了中国科学院院长郭沫若对该报记者的谈话,指出由俞平伯研究《红楼梦》的错误观点所引起的讨论,是当前文化学术界的一个重大事件。"这不仅仅是对于俞平伯本人、或者对于有关《红楼梦》研究进行讨论和批判的问题,而应该看作是马克思列宁主义思想与资产阶级唯心论思想的斗争;这是一场严重的思想斗争。"他说:"这次写文章批判俞平伯错误思想的李希凡、蓝翎两位同志,他们的年龄都只有二十多岁,俞平伯研究《红楼梦》三十年,当他开始进行研究时,李、蓝两位同志尚未出世,但他们勇敢地而且正确地揭露了俞平伯的错误。"

11月9日,正值俞平伯受批判的日子里,王伯祥来访,邀请俞平伯同游北海公园看菊花,并步至银锭桥,在名店北京烤肉季请俞平伯小酌。俞平伯深受感动,归后即赋诗二首《赠王伯祥兄》。诗中真实地表述了作者此时的处境和孤寂的心情。诗云:"交游零落似晨星,过客残晖又凤城。借得临河楼小坐,悠然尊酒慰平生。""门巷萧萧落叶深,跫然客至快披襟。凡情何似秋云暖,珍重寒天日暮心。"

11月11日,致周扬信,并附上拟修订出版的《红楼梦研究》新版目录一份,请其备览。信中说:"《红楼梦研究》于1953年年底,即嘱出版方面修订,删去《作者底态度》《〈红楼梦〉底风格》两文,改用考证性文字两篇。因出版方面机构变动,尚未出书。"❶

11月16日,致周扬信,并将拟在北京大学文学研究所《红楼梦》座谈会上的发言稿送审。此前,俞平伯已经得到周扬的"宝贵正确富有积极性的指示",表示"我愿意诚恳地接受,不仅仅是感谢"。他说想将此前在文联会上的发言和拟在文研所的发言,两稿合并补充写成文章,请示周扬可否。他说:"我近来逐渐认识了我的错误所在,心情比较愉快。"愿意听从周扬"随时用电话约谈"。俞平伯的这份送审稿,后曾按照周扬的意见作了修改。❷

时任周扬秘书的露菲曾谈及当时的情景,说:"'红楼梦研究'问题引起很大波动,红学专家、学者俞平伯老先生十分紧张。周扬约他到文化部来交谈,解除老先生的顾虑。当然,以那时的形势而言,这种顾虑是解除不了的。"❸

11月19日,《文艺报》半月刊第21期发表了范宁的《俞平伯〈红楼梦研究〉是反爱国主义的》一文。

11月20日,《人民日报》发表了何其芳的《没有批评,就不能前进》一文,文章指出:"俞平伯先生……列举更多的理由来证明后四十回确系续书,说明高鹗的'利禄熏心'的思想和曹雪芹不同,指出在艺术性方面续书远不如原著,但仍肯定其保存悲剧的结局,这是'红楼梦辨'的可取的部分。"作者认为:"由于革命胜利以后人民群众的爱国主义的高涨,古典文学受到了从来不曾有过的广大读者

---

❶ 据徐庆全的《批判〈红楼梦研究〉时俞平伯给周扬的信》,载2000年《百年潮》第4期。

❷ 同上。

❸ 据徐庆全《与露菲谈周扬》。

的重视。在这样的大环境下,二十七年来始终没有得到再版机会的《红楼梦辨》才有可能改编为《红楼梦研究》,重与读者见面。"

11月21日,参加九三学社北京市分社沙滩支社举行的关于开展学术界对资产阶级思想的批判问题座谈会,并在会上首先发言,从立场、观点、方法三方面分析了自己在《红楼梦》研究中的错误。同时,接受了同志们的批评帮助。几天以后,他用修改稿在中国科学院文学研究所作了检讨。

11月21日,札记《西城门外天齐庙》发表在《北京日报·文化生活》副刊;又发表在香港《大公报》,题目为《〈红楼梦〉的天齐庙》。文章考证《红楼梦》中描写的"西城门外天齐庙",即为北京朝阳门外东岳庙。他认为:"《红楼梦》一书用笔灵活且多变化,决不可看呆了。看呆则这儿对了,那儿错了,弄得到处碰壁而有走入迷宫的感觉。"

11月25日至12月17日,北京大学文学研究所共召开《红楼梦》研究座谈会六次,俞平伯参加并作发言,检讨自己在《红楼梦》研究工作中所犯的错误。他说:"我过去的文艺思想是非常落后的,有封建的残余,更有资产阶级的唯心观点;因此在《红楼梦》的研究工作上也犯了很大的错误。""这是政治性的也是政治倾向的错误,是学术脱离了政治,不能发扬、不能配合政治的错误。"他说:"《红楼梦辨》当然受了胡适《红楼梦考证》的影响,不过他偏于考证曹雪芹的生平,我注意本书内容的考证而已。""我从1953年接受本所的工作以后,题目是《红楼梦》。我的研究方向,包括业余写的文章在内,目的很简单的,就是想要恢复曹雪芹原本的真面目,然后再用马克思的文艺理论来评判它。用的材料是各种旧抄本,主要的是脂砚斋评本。用的方法依然是我过去的那一套,跟胡适的实在差不多。胡适他也很相信脂评的,不过他还没有来得及研究罢了。"

11月25日,致周扬信,并附寄由人民大学中语系蔡祥纪录、整理出来的俞平伯在本年 6 月 19 日的讲稿《〈红楼梦〉的现实性》，请其备览。他说："其中自然还有些错误的，不过可以看见我较晚的见解而已。"❶

11 月 26 日，《光明日报》发表魏建功的《批判红楼梦研究中唯心观点的意义》，文章指出："俞平伯先生的研究所以发生错误，固然在于三十年前出发点早就错了，跟着胡适的思想道路走得越来越错；最大的问题还是在于解放以来丝毫没有考虑从学习马克思列宁主义，学习科学的文艺理论，来改造自己，充实自己，武装自己。"

11 月 28 日，《光明日报·文学遗产》第 31 期发表了王佩璋的《谈俞平伯先生在〈红楼梦〉研究工作中的错误态度》一文。

12 月 1 日，中国人民大学校刊《教学与研究》第 11 号发表了李希凡的《俞平伯先生怎样评价了"红楼梦"后四十回续本——对新红学派错误观点批判之四》一文，指出"俞平伯先生批评后四十回的基本观点，无非仍是重复了他的反现实主义的唯心主义的文学观和美学观"。

12 月 2 日，中国科学院院务会议和中国作家协会主席团举行联席会议，决定由科学院和作协联合召开批判胡适思想的讨论会。

12 月 5 日，吴组缃的《评俞平伯先生的"红楼梦"研究工作并略谈"红楼梦"》发表在《光明日报·文学遗产》第 32 期。文章指出"'趣味中心'，贯串在俞平伯《红楼梦》研究的全部工作中"。"撇开社会现实的思想内容，对作品作纯艺术的'观照'和'鉴赏'，是俞先生看艺术的根深蒂固的观念"。"俞先生持着纯艺术观，用胡适派实验主义的考证方法，形式主义地来'研究''红楼梦'人物，而不用现实主义的原则，从社会环境的关连上发展上来研究人物的思想性格；照

---

❶ 据徐庆全的《批判〈红楼梦研究〉时俞平伯给周扬的信》，载 2000 年《百年潮》第 4 期。

上面所引的一些怪论看,证明他对这部书一点都未看懂。"

12月8日,在中国文联主席团、中国作家协会主席团扩大联席会议上,通过了《关于〈文艺报〉的决议》,指出了《文艺报》的主要错误,决定改组《文艺报》的编辑机构,重新成立编辑委员会,实施集体领导的原则。郭沫若在会上发言,提出了《三点建议》;茅盾发言《良好的开端》;周扬做了总结性发言《我们必须战斗》,指出:"我们正在进行的对俞平伯在'红楼梦研究'及其他著作中所表现的胡适派资产阶级唯心论观点的批判,是又一次反对资产阶极思想的严重斗争,同时也是反对对资产阶级思想的可耻的投降主义的斗争。"他说:"假如说电影'武训传'的批判关涉到如何正确地对待中国人民的革命传统的问题,那么,对俞平伯的'红楼梦研究'的批判就关涉到如何正确地对待中国人民的文化遗产的问题。"他说:"俞平伯先生是胡适派资产阶级唯心论在《红楼梦》研究方面的一个代表者。俞平伯的考证和评价《红楼梦》,也是有引导读者逃避革命的政治目的的。"

12月9日,《光明日报》发表了郭沫若的《三点建议》一文,他说:"关于'红楼梦'研究问题的讨论开了八次大会,足足讨论了四个整天。"他说:"俞平伯先生在三十年前要用资产阶级唯心论的方法来研究'红楼梦',本来是不足怪的事情。三十年前,像我们这样年辈而研究古典文学的人们,懂得马克思主义的,真要算是凤毛麟角了。俞平伯先生的研究之所以成为了问题的,是他三十年来,特别是自解放以来,在思想、立场和方法上,都没有什么改变。这种情况特别突出地表现在俞平伯先生对王佩璋的文章的删改上。那表露了俞平伯先生不仅没有摆脱资产阶级唯心论的影响,而且还有浓厚的封建思想的残余。俞先生已经承认了自己的错误,并决心进行新我对旧我的斗争。我们希望俞先生的新我能够获得斗争的胜利。"他说:"俞平伯先生的'红楼梦研究',我一直到现在都还没有看过。李希凡、蓝翎两位同志的文章是引起了注意之后我才追看的。《文艺报》和《文学遗产》对于李、蓝文章的按语,也是在袁水拍同志发表了质问《文艺报》的文章之后我才追看的。这就充分地表明了我自己在思想斗争上的漠不关心。"在怎样改正错误上,他提出三点建议,主张:"应该广泛地展开学术上的自由讨论,提倡建设性的批评"。同时提出"明辨是非,分清敌友,与人为善,言之有物"的十六字的具体做法。

12月29日下午,中国科学院和中国作家协会在中国文联举行《红楼梦的人民性和艺术成就》专题讨论会。俞平伯、张天翼、王昆仑、吴组缃、谢冰心、聂绀弩、林默涵、王崇武、蒋牧良、蓝翎、林庚、力扬、李长之、舒芜等120余人参加,中国作家协会主席茅盾主持。

12月30日,《光明日报》发表了郭绍虞的《从批判"红楼梦研究"问题谈到古典文学教学问题》,文章说:"我觉得俞平伯先生最大的错误,是在他有所谓二元论的想法。他认为政治上倾向马克思列宁主义,文学上就不能用马克思列宁主义来解决问题。这是他造成这一次错误的根本原因。"又说:"俞平伯先生研究红楼梦的错误,还在采用自然主义的文艺理论,把客观的现象当成形象,于是把记录生活现象的工作当作创造形象的工作,所以会作这些无关重要的考证,而把曹雪芹的生活体验和实际生活混而为一了。甚至把正面的典型和反面的典型混在一起。这也是不理解创造典型的关系。所以先学习马克思列宁主义的文艺理论,对研究和讲授古典文学者来讲是非常必要的。"

12月,俞平伯辑录的《脂砚斋红楼梦辑评》作为"中国古典文学研究丛刊"之一,由上海文艺联合出版社出版。

12月,林庚的文章《批判红楼梦研究中的资产阶级唯心观点》发表在《新建设》12月号。文章指出俞平伯在《红楼梦》研究中

"特别强调脂砚斋批语在《红楼梦》研究上的作用","特别强调《红楼梦》的自传性质","对于《红楼梦》后四十回的否定","追求繁琐的考证"。"以上现象,当然并不仅存在于俞平伯先生一个人的研究中,但是俞平伯先生无疑地正是中心的代表人;至于繁琐的考证,自然更不仅存在于《红楼梦》的研究中,但是《红楼梦》研究也无疑地在这方法是最突出的。而这些现象,都是与资产阶级的唯心观点分不开的。"

12月,程千帆的文章《从"红楼梦底风格"看资产阶级的美学观点》发表在《文艺月报》12月号。文章指出"体现在'红楼梦底风格'中的俞平伯先生的美学观点,乃是彻头彻尾地属于资产阶级范畴的,是和工人阶级的美学观点毫无共同之处的"。

年内,潘伯鹰❶有诗《寄平伯:平伯以所著〈红楼梦〉书获谴》。诗云:"绝世佳人淡冶妆,绡衣空谷九秋凉。蛾眉侵鬓痕禁细,凤纸传心语苦长。针线迟逢中妇怒,羹汤热畏小姑尝。人间合剩江南月,解照蒹葭叶上霜。"❷

1955年(农历乙未)　　五十六岁

1月17日,《人民日报》发表了李希凡、蓝翎合写的《"新红学派"的功过在哪里?》,文章着重指出俞平伯对《红楼梦》的研究是功不抵过。文章说:"'新红学派'、尤其是俞平伯……他们利用了红楼梦不是一人所写成的空子,利用了红楼梦中消极落后的一面,用

---

❶ 潘伯鹰(1905—1966.5.25),名式,字伯鹰,号凫公,又号孤云,安徽怀宁人。诗人、书法家。著作有小说《人海微澜》《隐刑》《强魂》《雅莹》《残羽》和《蹇安五记》等。身后由新加坡友人整理出版了《玄隐庐诗》。

❷ 见潘伯鹰著:《玄隐庐诗》卷九第7页,新加坡文化学术协会1987年出版兼发行,非卖品。

'实验主义'的烦琐的考证方法来代替文学批评，歪曲和否定红楼梦的现实主义成就，宣传反动的唯心论的观点、方法，把读者引到俞平伯所制造的'太虚幻境'中去，直接地抵制了马克思列宁主义在古典文学研究领域中的传播和运用。他们的全部罪过就在这里。"

1月，余冠英的《是"微言大义"呢，还是穿凿附会?》发表在《人民文学》1月号，文章批评俞平伯"所谈到的'微言大义'绝大多数并非真正是'微言大义'，而只是俞先生的主观臆测，想当然之说而已。其中有些仅有片面的根据，有些全无根据，穿凿附会往往达到惊人的程度"，"都是由于专在字缝里看文章"。同时承认"穿凿附会的毛病在古典文学研究者中间并非只是个别的存在"。

1月，冯沅君的《俞平伯先生在研究方法上的错误》发表在《文史哲》1月号。文章指出俞平伯《红楼梦》研究中错误的主要原因"是由于他中了胡适所散布的资产阶级反动思想的毒"，"他的研究方法是非科学的，是反马克思列宁主义的。"

1月，完成关于《红楼梦》研究的书面检讨的初稿。在此期间，他得到了九三学社北京市分社沙滩支社三次支委会的帮助。一次讨论了他的检讨提纲；一次讨论了他的检讨底稿；最后一次对他检讨中的几个基本观点提出了具体修改意见。

2月5日，接受叶圣陶的帮助，向他汇报书面检讨修改的情况。

2月，《坚决与反动的胡适思想划清界限——关于有关个人〈红楼梦〉研究的初步检讨》经过反复修改后，终于定稿，又经周扬阅后，发表在本年3月15日《文艺报》半月刊第5期；又发表在本年4月30日《九三社讯》第4号；并被本年《新华月报》第4期转载。后被收入作家出版社1955年6月版《红楼梦问题讨论集》二集。俞平伯在文末写道："我珍重这次学习的机会，我拥护这次由对《红楼梦》的研究所引起的反对资产阶级唯心论的斗争。我必须明确表示我的态度——我的心情是兴奋的。"

数十年后，李希凡也承认在运动中对俞平伯先生的伤害。他说："自然，也要承认这场运动对俞平伯先生有伤害，给他心理上造成的压力很大。后来运动升级，评判也升温了，有些文章也就不实事求是了，包括我们后来的一些文章，也有对俞先生不尊重的称谓和说法。"❶

7月27日，在第一届全国人民代表大会第二次会议的大会讨论中作了发言，主要谈了对知识分子思想改造的认识。《俞平伯代表的发言》发表在7月29日《人民日报》和7月31日《光明日报》。

8月15日，中宣部发布《北京大学和中国科学院对文学研究所的领导关系（草案）》文件，决定北京大学文学研究所划归中国科学院。

9月30日，《文艺报》半月刊第18号，在"国内文讯"栏目下，发表了孙琪璋的《友谊的访问》，报道了"今年六月以来，我国作家与前来我国访问的外国文学家和社会活动家进行了频繁的接触"。"外国朋友们最关心的问题，是关于《红楼梦》研究中的错误思想的批判及对胡适和胡风反革命集团的批判和斗争。……黄药眠、杨朔、蓝翎等向朝鲜作家……介绍了对俞平伯研究《红楼梦》的唯心主义思想的批判以及对胡适的反动文学观点的斗争的情况。"

年内，俞平伯的《读〈红楼梦〉随笔》由中国作家协会武汉分会编辑出版。

1956年（农历丙申）　五十七岁

1月，俞平伯所在的北京大学文学研究所改为中国科学院哲学社会科学部文学研究所。

---

❶ 见李希凡《毛泽东与〈红楼梦〉》，原载《红楼梦学刊》1992年第4期。

2月9日至16日，出席九三学社第一届全国社员代表大会，并当选为九三学社第四届中央委员会委员。

2月13日晚，中共中央统战部举行盛大酒会，招待各民主党派和无党派人士，九三学社第一届全国社员代表大会全体代表应邀出席。毛泽东、刘少奇、周恩来、陈毅、彭真、李维汉等党和国家领导人出席了酒会，毛泽东主席在会上举杯"祝贺大家身体健康，工作顺利"。

4月25日，毛泽东主席在中共中央政治局扩大会议上作了《论十大关系》的报告。4月28日，毛泽东主席就中共中央政治局扩大会议讨论报告的情况作总结发言时，提出：艺术问题上百花齐放，学术问题上百家争鸣，应该成为我们的方针。

5月2日，毛泽东主席在最高国务会议上提出"百花齐放，百家争鸣"的方针。

5月26日，中共中央宣传部部长陆定一❶在北京怀仁堂作《百花齐放，百家争鸣》的报告，同年6月6日修改后，发表在6月13日《人民日报》。报告认为在反对资产阶级唯心主义思想和开展学术批评的工作中，"基本是做得对的，在分寸的掌握上也大体是对的。但错误和缺点还是有的"。他以俞平伯为例，承认"他政治上是好人，只是犯了在文艺工作中学术思想上的错误。对他在学术思想上的错误加以批判是必要的，当时确有一些批判俞先生的文章是写得好的。但是有一些文章则写得差一些。缺乏充分的说服力量，语调也过分激烈了一些"。

5月，在助手王佩璋的协助下，《红楼梦》八十回本的校订、整理工作臻于完成。《〈红楼梦八十回校本〉序言》发表在本月《新建

---

❶ 陆定一（1906.6.9—1996.5.9），江苏无锡人。新中国成立后任中共中央宣传部部长、中央人民政府文教委员会副主任、国务院副总理等。

设》月刊第5期；本月31日出版的《九三社讯》第5号转载时，加了"编者按"，说："俞平伯同志这篇《序言》对于《红楼梦》研究中的一些重要问题，提出了作者的新的看法，这些看法，我们认为基本上是正确的。……本刊转载时删去了关于作者整理《红楼梦》的经过这一部分。"

6月17日和28日，出席九三学社中央常务委员会召集的在京中央委员座谈会，讨论毛泽东主席在最高国务会议上提出的"百花齐放、百家争鸣"的方针。俞平伯发言，提出了民主党派有责任把"百家争鸣"的方针向群众做进一步宣传的问题。

7月8日，出席九三学社北京市分社第一综合支社全体社员会议，座谈"百花齐放、百家争鸣"的方针。俞平伯首先发言，谈了自己对"百家争鸣"方针的理解和认识。他说：有人把"争鸣"比作乐队合唱，不很恰当，因为那是和鸣而不是争鸣。争鸣容许不同意见的存在，即使在矛盾统一以后，仍然容许再提出不同的意见。我认为"百家争鸣"的方针，和"百花齐放"一样，都是用比喻来说明政策，不宜过分在字面上打圈子。争鸣主要地要求"持之有故，言之成理"，不许无理取闹。意见虽有不同，但可以殊途同归，目的都是为了社会主义建设。

7月15日晚，九三学社中央常务委员会举行第三次会议，座谈中国共产党和各民主党派长期共存、互相监督的方针。俞平伯应邀出席并作发言。他说："过去我认为到了社会主义社会，只能有一个党，只能有一种思想，因此，民主党派可能做的工作，也就越来越不多了。自从中共中央提出长期共存、互相监督和在学术上要实行'百家争鸣'的方针以后，我才认识到我过去的看法是不对的。到了社会主义和共产主义社会，还存在着先进与落后的矛盾，存在着生产关系与生产力的矛盾，从而也就必然存在着不同的思想，例如唯物主义与唯心主义的思想，因此，民主党派必然还有存在的必要。"

秋，文学研究所由北京大学哲学楼迁往中关村中国科学院办公楼。

年内，参加了关于何其芳《红楼梦》研究论文的讨论。

年内，由中国科学院哲学社会科学部文学研究所评定为一级研究员。

1957年（农历丁酉） 五十八岁

1月，李希凡、蓝翎合著的《红楼梦评论集》由作家出版社出版；1963年3月再版。书中收入评判俞平伯的文章《关于"红楼梦简论"及其他》《评"红楼梦研究"》《走什么样的路？——再评俞平伯先生关于"红楼梦"研究的错误观点》《"新红学派"的功过在哪里？》四篇，另外附录了《俞平伯先生怎样评价了"红楼梦"后四十回续本》一文。作者在《后记》中说："文章有的曰'论'，……有的曰'评'，……其实都不过是自己的一些片断见解而已。"1973年12月，人民文学出版社出版《红楼梦评论集》修订版。

3月22日至28日，出席九三学社中央委员会第二次全体会议。会前听取了毛泽东主席在最高国务会议第十一次（扩大）会议上和全国宣传工作会议上所作的两个报告的录音，感到"得益处很多，非常兴奋"，随后，作随笔《漫谈百家争鸣》，发表在本年4月14日《文艺报》周刊第1期。他说："依我的看法，'百家争鸣'的提出，不仅为了应付当前的需要，而是建设社会主义社会的百年大计，意义十分重大，我们不要先去限制它，提出若干清规戒律来，怕它会出乱子。'百花齐放'中可能有毒草，'百家争鸣'中有可能有人乱嚷胡说。但是否要防患于未然呢？我想，不必。即使有了错误，通过批评和自我批评，也能得到及时和适当的纠正。"

6月19日，问题解答《〈刘老老一进荣国府〉里板儿的辈分和青儿、板儿的关系》发表在《语文学习》6月号。

7月23日，胡适翻阅俞平伯的旧作《红楼梦辨》，回忆起当年与顾颉刚、俞平伯讨论《红楼梦》的往事，感慨良多，因此撰写了《俞平伯的〈红楼梦辨〉》一文，并在文章最后特别写道："记念颉刚、平伯两个《红楼梦》同志。"

年内，俞平伯辑录的《脂砚斋红楼梦辑评》由上海古典文学出版社再行出版。

1958年（农历戊戌）　五十九岁

2月，俞平伯校订、王惜时（即王佩璋）参校的《红楼梦八十回校本》，由人民文学出版社出版。高鹗续作的后四十回作为附录，另有《校字记》一部，均一并出版。1963年6月再版。

胡适在1961年4月7日与胡颂平谈话中说："这部书（《红楼梦八十回校本》），平伯的确花了一番功夫……光是校勘的文字就有一百一十万字。"

胡适在1961年7月24日《答赵聪书》中说："我觉得俞平伯的《红楼梦八十回校本》……在今日还是第一善本。你若没有细看，请你找来一校，便知此本真不愧为他三十年的功力的结果！"

胡适在1961年10月4日《答苏雪林书》中说："俞平伯的《红楼梦八十回校本》，这是一部最好的'汇校本'，单是《校字记》就有六百九十多页！"❶

胡适在1961年10月14日《答翁慧娟书》中说："俞平伯的《红楼梦八十回校本》是用八种本子合校的……"

---

❶ 参见宋广波编校注释《胡适红学研究资料全编》，北京图书馆出版社2005年10月版，第482页。

王湜华在《红学才子俞平伯》一书中说:"若能细读俞平伯择定的八十回正文,同时仔细参读《校字记》,那对掌握各参校文本是很有好处的……其中王佩璋的功力也是不该轻没的。俞平伯与王佩璋在此书上下的功夫是十分深厚的,不失为善本,所以近年曾再版过。"

10月底,文学研究所的办公地点从中关村办公楼迁至北京东城建国门内大街5号的原海军大院。

年内,将《红楼梦八十回校本》一套寄赠给家乡——浙江省德清县城关镇金星村南埭圩。

本年12月至1960年12月,《红楼梦八十回校本》和附册后四十回被日本国立东京大学文学部教授伊藤漱平译成日文,分精装上中下三册,由平凡社作为三十卷本的"中国古典文学"丛书中的第二十四至二十六卷出版发行。

1959年(农历己亥)　　六十岁

6月25日,随笔《"不当家花拉的"》发表在《北京晚报》。

6月28日,《略谈新发见的〈红楼梦〉抄本》发表在《北京晚报》;又发表在本年7月8日香港《大公报》。作者以中国科学院文学研究所新买到的一部一百二十回抄本《红楼梦》(据说是高鹗手定的稿本),与程高本进行比较,发现了疑点,怀疑它不是高鹗手定的稿本,而是程高未刊《红楼梦》以前约两三年的本子。作者认为《红楼梦》后四十回"不很像程伟元、高鹗做的"这个谜,大概快要揭晓了。

上半年,作《〈红楼梦〉札记两则》,即《东风与西风》和《宝玉得名的由来》,后被发表在1991年11月22日《天津日报》。

1960年(农历庚子)　　六十一岁

2月,俞平伯辑录的《脂砚斋红楼梦辑评》由北京中华书局重新出版。

年末，《蒙古王府本红楼梦》在北京出现。

1961 年（农历辛丑） 六十二岁

5 月 26 日，札记《谈谈古为今用》发表在《文艺报》月刊第 5 期。作者认为："中国古代专门搞理论批评的很少，批评家差不多都是创作家，他们自己懂得创作的甘苦，因而也知道别人的甘苦。"因此，"创作和理论批评相结合很重要，这样才能抓着痒处，有说服力量；这样，将更有利于百家争鸣"。

11 月 26 日，札记《读〈桐桥倚棹录〉，注〈红楼梦〉第六十七回数条》发表在《光明日报·文学遗产》第 390 期。

12 月 1 日，为中华书局影印《脂砚斋重评石头记》十六回本作的《后记》写讫，发表在 1962 年 8 月《中华文史论丛》第 1 辑；收入 1962 年 6 月上海中华书局影印本《脂砚斋重评石头记》。他认为十六回本"虽然这样零乱残缺，而在考证研究《红楼梦》上仍不失为很重要的第一手资料"。通过它"可以推测著作《红楼梦》的大概时期"，"可以确定著作者为曹雪芹"，"可以确定著者的卒年"，"对本书许多异名可以增进了解"。他还认为："版本有先后，也有优劣。优劣当以本身为断，和先后不必有固定的关系。……因此要进行研究，只能就具体事例来比较分析，不宜先怀某种成见。原则性的看法是必要的，但即使有了原则，也看你怎样运用它。"

1962 年（农历壬寅） 六十三岁

2 月 24 日，胡适在台北病逝。

3月2日,周恩来总理在广州召开的科学工作会议和戏剧创作会议上,作《关于知识分子问题的报告》,精辟地阐述了党的知识分子政策,批判了1957年以后出现的"左"的倾向,重申了我国知识分子绝大多数已是劳动人民一部分的观点。

6月6日,端阳节,作吊曹雪芹诗二首,题目为《曹雪芹卒于乾隆壬午,迄今岁壬寅二百年矣。梦中得句,遂吊之以诗,盖呓语耳》。十天后,俞平伯将此诗第一首书赠何其芳。收入《寒涧诗存》时,题目为《曹雪芹卒于乾隆壬午,迄二百年矣。壬寅端阳节赋诗二章以吊之,盖皆漫语耳》。

7月30日下午,写《葬花词》。

7月31日晨,续写《葬花词》。

8月2日下午,整理《葬花》谱毕。

8月20日,九三学社社刊《红专》第8期发表了牟小东的《从有关曹雪芹卒年问题的争鸣谈起——俞平伯同志访问记》。俞平伯根据《乾隆甲戌脂砚斋重评石头记》中的朱笔眉批,坚持认为曹雪芹卒于乾隆壬午除夕。有人根据敦诚《挽曹雪芹》诗,引申到曹雪芹葬于北京西郊键锐营寓处附近。俞平伯认为这样引申,恐与敦诚原意大相径庭了。关于考查大观园在何处的问题,俞平伯认为:"'大观园'是个理想境界,是曹氏把南北园林之好综合而成的东西。""一定要在北京找出'大观园'来,可能是办不到的,而且也是徒劳的。"

10月23日,《重订〈红楼梦八十回校本〉弁言》写讫。因为出版社拟重印《红楼梦八十回校本》,需要请俞平伯重新校对全书;又因为《脂砚斋重评石头记》十六回本(即甲戌本)已影印出版,添了新的材料,正好是修订《红楼梦八十回校本》的机会,因此,他用了约一个月的时间完成重校工作,写了这篇校勘的感想。他认为最初用戚本(即有正本)做校勘的底本是不错的。甲戌本质量很高,戚本很接近甲戌本,甲辰本和程甲本也有和甲戌本相合的。因此,较晚的版本如甲辰本和程甲本等亦不宜一概抹杀。而汇校的工作也是很有意义的。

1963年（农历癸卯） 六十四岁

2月12日，文化部、文联、作协、故宫博物院联合举办纪念曹雪芹逝世二百周年展览会，俞平伯出席观看，并在展览会上得阅《曹氏家谱》。

5月25日，《谈新刊〈乾隆抄本百廿回红楼梦稿〉》作讫，发表在1964年8月《中华文史论丛》第5辑。

5月，《〈影印脂评石头记十六回本后记〉的补充说明》发表在《中华文史论丛》第3辑。

6月，《红楼梦八十回校本》由人民文学出版社增订再版。

7月1日，论文《〈红楼梦〉中关于"十二钗"的描写》作讫，发表在本年8月14日《文学评论》双月刊第4期。该文为纪念曹雪芹逝世二百周年而作。

7月7日，曲社在政协文化俱乐部举行"曹雪芹逝世二百周年纪念曲会"，俞平伯致开幕词，并与社友合唱了毛泽东的《沁园春》词和清代舒元炳为《红楼梦》所作《沁园春》题词。

11月17日，复周作人信并附寄近作诗文各一篇。此前已收到周作人来信两封。俞平伯在回信中谈到发表在《文学评论》上的《〈红楼梦〉中关于"十二钗"的描写》一文"已被节去三分之一，故欠贯串，致结尾尤劣，如此尚苦冗长"，而周作人竟能阅读此文，令他感动不已。

年内，作《红楼缥缈歌——为人题〈石头记〉人物图》，发表在1979年8月《红楼梦学刊》第1辑时，题目为《题〈石头记〉人物图》；又发表在1981年3月1日香港《大公报》，题目为《题〈红楼梦〉人物》。收入《寒涧诗存》时，仍用原题。

年内，清代舒元炳作词、许宝驯谱曲、俞平伯润词并作注的《红楼梦题词》（工尺谱）由北京昆曲研习社出油印本。

1964 年（农历甲辰）　　六十五岁

3月14日，复毛国瑶信，感谢他详告1959年所见旧抄本八十回脂评《红楼梦》的情形，希望他能热心帮助，找到此书。❶

3月，高淡云撰写的批评俞平伯的文章《评〈红楼梦中关于"十二钗"的描写〉》发表在《文艺报》第3期。该文章原题目为《前进了多少?》。

4月1日，复毛国瑶短信，"知旧抄本《红楼梦》遍觅不得，甚为惋惜"。

4月4日，复毛国瑶短信，已收到其挂号寄来的手抄脂评小册子。

4月7日，复毛国瑶信，谓旧抄本《红楼梦》"原书如能找到自最好，万一始终找不着，即您所记，已大可玩味"。他对毛国瑶手抄脂评小册子表示钦佩，认为"在极其讹乱之中，有罕见之资料，又绝非伪作"。至于"说此抄本只有'畸笏'一名"，他认为"无碍其为脂本。所谓'脂砚斋评'只是一个总标题，其实评家非一人，先后非一时，十分混乱"。谈到《文艺报》发表批评《〈红楼梦〉中关于"十二钗"的描写》的文章，他说："拙说本非定论，无妨见仁见智多异说论也。"

4月12日，致靖宽荣信，谈靖藏古本《石头记》事。

4月21日，复毛国瑶信，谈其手抄脂评小册子，"有很清楚的，

---

❶ 俞平伯致毛国瑶信均见1998年11月《红楼》第4期。

有很混乱的。凡是眉批均清楚,不注明眉批的便很混乱"。他怀疑讹乱的原因是因为将双行夹批"改变抄为行间夹批"所造成的。

4月28日之前,寄赠毛国瑶《脂砚斋〈红楼梦〉辑评》一册。

4月28日,复毛国瑶信,告知:北京中华书局将在本年8月间出版"庚辰本"《红楼梦》,他认为"'庚辰本'的好处在于比较完全,约有七十八回之多。从评语论,也有很多的特点。在第一回到第十回却一点没有评语,大约也是经过抄配的。后边的各回,字迹讹乱很多。因此亦并非有了这书就能掌握脂批的全貌"。

5月1日,复毛国瑶信,分五条回答了他的问题。其中谈到《脂砚斋〈红楼梦〉辑评》一书"虽版行多次而缺点颇多,以新印本为较好,但亦尚多缺点"。

5月9日,复毛国瑶信。

5月上旬,开始写作论文《记毛国瑶所见靖应鹍藏本〈红楼梦〉》。

5月16日,复毛国瑶信,感谢他将"有正本"之批语与《辑评》对校的结果见告,并说:"我近来开会较忙,文字不免作辍"。

5月20日,致毛国瑶信,告知《记毛国瑶所见靖应鹍藏本〈红楼梦〉》一文已写完一半,因参加政协组织的学习会,将去霸县参观学习半个月,只好暂搁,俟归后续写。

5月21日上午,收到王佩璋来信,随即将原件转寄何其芳所长。

6月7日,复毛国瑶信,回答了关于《红楼梦》六十八回中凤姐语改用白话的原因,系"听了文学所的意见"。

6月9日,复毛国瑶信,谈到吴世昌[1]文不妥之处颇多。他说:"脂砚斋为史湘云,本系周汝昌在《红楼梦新证》上的说法,自不可

---

[1] 吴世昌(1908.10.5—1986.8.31),浙江海宁人。红学家、翻译家。与俞平伯同在文学研究所工作。

信。至于脂砚是真人,和书中人相混,本来不妥;但这在脂评本即有此项情形,并非吴氏所创,只是沿袭错误未改耳(谈《红楼梦》者每以真人和书中人相混是一大毛病)。"

6月14日,复毛国瑶信,另寄赠1963年新版《红楼梦八十回校本》一套。

6月22日,复毛国瑶信,就其赞许《红楼梦八十回校本》,说:"校本在当时确费了若干的精力,意在不辜负这空前的杰作,使它有一较好、较接近原作的版本流传于世。初意未尝不善。乃人事难料,几经蹉跎,后来虽出版了,仍恐不免讹误,难云慊心贵当耶,去年新版,改正了一部分,比五七年版略好,……将来如有机会,我还想重新整理。"另外回答了毛国瑶的四个问题,其中就秦可卿之死,应作"恭人"还是"宜人"的问题,谈了自己最近的一个想法,认为曹雪芹"在《红楼梦》中实处均虚写。如地名、官名、满汉服装等等,封诰也同样。五品封在清制虽是'宜人',却参错地写作'恭人',亦回避现实,免遭时忌之一道欤"?

6月28日,复毛国瑶信,已收其6月25日挂号信及靖应鹍所赠脂评残页一幅。

6月30日,致靖应鹍信,续谈靖藏古本《石头记》事。

6月30日,将论文《记毛国瑶所见靖应鹍藏本〈红楼梦〉》手稿寄给毛国瑶,并寄还已为之整理、校正后的手抄脂评小册子,另附信一封。

6月,论文《记毛国瑶所见靖应鹍藏本〈红楼梦〉》作讫,手稿于"文革"中佚失。后以毛国瑶手抄件经魏绍昌推荐,发表在1998年4月4日至25日《文汇读书周报》,作品前有"编者按"语。

7月初,将1963年5月完成的论文《谈新刊〈乾隆抄本百廿回红楼梦稿〉》手稿寄给毛国瑶。

7月9日,致毛国瑶明信片,谈靖应鹍所赠脂评残页"夕葵书屋

《石头记》卷一"的批语"就表面上看，其文字好像和'甲戌本'差不多，实际上将'甲戌本'上此批之讹误，都给解决了"。

7月10日，复毛国瑶信，分六条回答了他的问题，其中谈到文学所所藏《乾隆抄本百廿回红楼梦稿》是一个拼凑的本子，揣想靖本可能也是"百衲本"。"从今存各抄本脂评本看，都有拼凑的情形，则靖本恐非例外。"

7月12日，复毛国瑶信，已收其寄回的手稿《记毛国瑶所见靖应鹍藏本〈红楼梦〉》及校读后的修改意见。

7月18日，复毛国瑶信。

7月中旬，将论文《记毛国瑶所见靖应鹍藏本〈红楼梦〉》送交文学研究所审阅。

7月21日，将已发表的论文《谈新刊〈乾隆抄本百廿回红楼梦搞〉》寄赠毛国瑶。

7月22日，应嘱将中华书局影印出版的"甲戌本"《红楼梦》邮寄借给毛国瑶阅览。

7月23日，为"夕葵书屋《石头记》残页"作批语："此脂砚斋评残叶也，靖应鹍先生倩其友毛国瑶先生远道邮赠。按脂斋卒于丁亥以前，甲申泪笔盖即其绝笔也，抄写精审一字不讹。所谓夕葵书屋本者，人间恐只剩此片羽矣。靖、毛二君之惠尤足感也。"并将此件复制寄赠靖应鹍留念。

7月23日，致毛国瑶明信片，索要前寄手稿《谈新刊〈乾隆抄本百廿回红楼梦稿〉》。

7月下旬，将吴世昌近作《残本脂评〈石头记〉的底本及其年代》寄赠毛国瑶，并说："此文不甚佳，我亦不甚同意他的看法，可备参考而已。"

7月31日，复毛国瑶明信片，说暑假"不拟出外，在家以写文为遣"。

8月9日，复毛国瑶明信片，谈及近况："天热忙于学习，校《石头记》仅至十五回耳。也有些不大的收获，主要的为改正旧本的错误或未恰当处。"

8月11日，复毛国瑶信，谈到不同意吴世昌对"甲戌本"的时间的判断，说："我有一看法：即决定某一个本子的早晚，主要当从本文看，而不当从批语看。因批语有很早的，原附的；也有很晚的，后加的。既经过辗转抄录，即无从加以判断。如'甲戌本'虽早，不妨有署年很晚的批语（所谓甲午八月），即我们今日，一九六四年，也尽可以在任何本子加批，当然笔迹不同；但如再经过抄写，便和旧批无所分别了。……因此，经批语定抄本的年代是困难的。'甲戌本'如看原文，应该是较早的。"

8月14日，周淇撰写的批评俞平伯的文章《评〈红楼梦中关于"十二钗"的描写〉》发表在《文学评论》第4期。该文章原题目为《〈红楼梦〉研究中错误倾向的再现》，据说是《文学评论》编辑部给改了题目。

8月17日，复毛国瑶信。信中针对驳吴世昌的观点，分七条回答了他的问题。

8月18日，将"夕葵书屋批语"的照片一份，寄赠毛国瑶。

8月22日，复毛国瑶信，应嘱抄寄张宜泉《春柳堂诗稿》中有关曹雪芹七律诗三首和敦诚《四松堂集》中的《赠曹雪芹》《挽曹雪芹》七律诗各一首。另附《谈新刊〈乾隆抄本百廿回红楼梦稿〉》更正附页。

8月29日，复毛国瑶信。

9月10日，复毛国瑶明信片。信中谈到"脂砚、畸笏两名皆与石头有关。畸笏者，畸零之石头。'笏'可作石头、假山石解。疑畸笏之名乃他晚年所取，不知是否？北京有一'十笏园'，即有十块石头也。"另应靖宽荣之嘱，寄"夕葵书屋批语"的照片一份，请毛国瑶转交靖宽荣的舅父。

9月中下旬，将论文《记"夕葵书屋〈石头记〉卷一"的批语》送交文学研究所审阅。

9月25日，复毛国瑶信。信中谈到"曹頫的遗腹子是否雪芹不能证实。因去年看到曹氏家谱，頫名下只有天受，而天受显非雪芹（曹霑）。頯名下无子。这问题仍悬而未决。脂砚为雪芹之叔父。亦备一说。依我看畸笏更像他的叔父。"

9月26日，复毛国瑶明信片，已收其来信及阅读《红楼梦八十回校本》的校记稿。

9月27日，复毛国瑶信，就南京图书馆所藏戚序新抄本《石头记》之事，建议毛国瑶携带"有正本"至图书馆对看，"如有价值，再设法借出细校。如能将有正妄改之处校出，以恢复戚本之真，对于《红楼梦》校勘关系不小"。

10月4日，复毛国瑶明信片。

10月8日，《记"夕葵书屋〈石头记〉卷一"的批语》修改完成，后发表在1979年11月《红楼梦研究集刊》第1辑。

10月10日，复毛国瑶明信片，向他介绍了查找到的有关"夕葵书屋"的资料情况。

10月12日，复毛国瑶信。

10月18日，复毛国瑶明信片，谓南京图书馆藏本《石头记》"其抄写在有正石印以后，还在以前，是一个问题，颇有仔细考辨之必要。若在后，几无甚用处；若在前，则可校有正妄改处，关系不小"。

10月18日，再复毛国瑶信，依据毛国瑶提供的材料，续谈南京图书馆藏本《石头记》抄写的时间问题。

10月30日，复毛国瑶信，已收其来信及从《全椒县志》上抄录的《吴鼒传》。回信中对南京图书馆限制借阅《石头记》表示理解。谈到自己的论文寄给上海的刊物，"迄今亦未得登载或否之确息。盖文艺革新,一日千里;因此关于刊载古典之论文亦十分小心。文学所中近学习毛选,其宗旨亦在端正方向,为工农兵服务,工作亦甚不易"。

11月中上旬,与来访的毛国瑶畅谈有关校勘《红楼梦》版本的问题。

11月20日,复毛国瑶信,就其所问,谈了红学界对于曹雪芹卒年的两种意见。他说:"我主张壬午,有《曹雪芹的卒年》一文,其时约在1954年。其年秋有《红楼梦研究》的批判,于是诸人群起而主张癸未说,其故我亦不明,可能和批判有些关系。亦一时之风气也。"他在介绍和分析了主张癸未说的根据后,说:"其实我对于曹氏卒年,壬午或癸未,毫无成见;对于癸未说者的曲解,亦不感任何兴味。若非承您示以新材料,本不想写文章的。我不欲加入是非争吵之场。"

11月28日,复毛国瑶信。

12月9日,复毛国瑶信。

12月17日,复毛国瑶信。信中谈及"关于所谓'红学'最易引起纠纷,而且容易走入牛角尖。烦冗的考证于近来文风颇不相宜"。

12月23日左右,复毛国瑶信,已收其12月20日来信。回信中谈到靖宽荣来信,问学古典须看什么书。他说:"我意就性之所好,多看多读,日久自能得益。至于书籍,无甚一定,若古文、唐诗、宋词均可,前人名作都是好的",请毛国瑶转告靖宽荣。

12月,应毛国瑶嘱托,请何其芳所长为毛国瑶的朋友汪诗东审阅创作小说稿一部。何其芳因工作忙,将小说稿交文学所现代室审阅,并写出详细修改意见寄还。

1965年(农历乙巳)　　六十六岁

1月9日,复毛国瑶信,就周汝昌拟来访之事,回答说:"周汝昌与我本相识，如要来，尽可自来，自无须您来函介绍也。至于他以前主持脂砚斋为史湘云，故现在仍保持其为女性之说，我却不信。"又说："南京图书馆一本，知已托人校勘，甚善。得有何结果盼随时见告。北京图书馆之一本，我知道有此书，却未细看，若不仔细校对，匆匆一阅，无多用处。"

1月中旬初，收到周作人来信，为香港友人鲍耀明索要俞平伯的旧著《红楼梦辨》。俞平伯回信告之《红楼梦辨》已无存书。

1月25日，致毛国瑶信，谓拟自阴历明年起，重校八十回本《红楼梦》。

2月5日，复毛国瑶明信片，谈校阅《红楼梦》工作至早当在农历正月十五（即2月16日）左右开始。"因近来学习开会亦甚忙，而此次工作似亦无甚急需。"

2月6日上午，应嘱将溥仪著《我的前半生》一书邮寄借给毛国瑶阅览。

2月6日下午，致毛国瑶明信片。

2月12日，复毛国瑶明信片。

3月17日，致毛国瑶明信片，谓"近日校《石头记》三回，亦颇有意思。惟以这几天学习时多，又搁下了"。

3月21日，复毛国瑶明信片。信中谈到"重校《石头记》须俟学习稍闲，再行续作"。

3月27日，复毛国瑶信，并附鲁海阳撰《怎样看待古人的"早慧"》一文的剪报，文章与周汝昌著《曹雪芹》一书有关。回信中说："周（汝昌）假定作者写书在二十岁，本来太早了。鄙意在三十左右，已见前表，……雪芹早慧原是可能的，我们也如此想，但牵涉曹寅之早慧，却没有什么道理，无怪有此批评也。"

4月12日，复毛国瑶信，表示赞同毛国瑶将靖本材料原抄文给周汝昌看。

4月18日，复毛国瑶明信片。

6月23日，复毛国瑶长信，说："我因忙于政治学习，校《石头记》业务，进行稍缓，已看了十回。这十回改动文字较之新印八十回本有一百四十余字，改动处却不算小"。回信详细回答了《红楼梦》八十回校本的十七、十八回不分回的问题，并列出各版本十七、十八回回目异同表，并附说明，一并寄给毛国瑶。

1966年（农历丙午）　六十七岁

6月1日，《人民日报》发表了《横扫一切牛鬼蛇神》的社论。次日，又发表了《触及人们灵魂的大革命》的社论，号召"坚决向那些反党反社会主义的资产阶级代表人物、资产阶级学术权威，展开坚决的毫不留情的斗争"。

8月1日至12日，在北京举行的中国共产党第八届中央委员会第十一次全体会议通过了《关于无产阶级文化大革命的决定》（即十六条）。

8月下旬至年底，在"破四旧"的名义下，俞平伯被街道的红卫兵抄家，藏书、著作几乎被洗劫一空；待出版的《古槐书屋诗》八卷手稿（收录从民国初年到1959年所作的全部旧体诗）和《古槐书屋词》二卷的清本均下落不明；并由居住数十年的老君堂七十九号宅南院被撵到东跨院的两间破屋中居住。俞平伯在工作单位也被当作牛鬼蛇神、资产阶级学术权威，揪出、批斗。

1967年（农历丁未）　六十八岁

1月23日，中国人民解放军根据中央决定，介入地方"文化大革命"，进行"三支两军"。不久，中国科学院哲学社会科学部也进驻了军宣队。

5月27日,《人民日报》发表了毛泽东主席1954年10月16日写的《关于〈红楼梦〉研究问题的信》。俞平伯挨批十余年后,第一次读到这封信。

9月,一种叫《风雷》的小报,印了批判俞平伯的专刊,并配有漫画,进行人身攻击。

本年,在工作单位参加"文化大革命"运动,继续接受批判。

1968年(农历戊申)　六十九岁

8月25日,中共中央、国务院、中央军委、中央文革发出《关于派工人宣传队进驻学校的通知》。不久,中国科学院哲学社会科学部也进驻了工宣队。

10月1日,作为被批判的对象,未能获准放假回家。

10月中旬,与顾颉刚一同被文学所和历史所联合批斗。

12月31日,作为被改造的对象,未能获准放假回家,仍集中住在单位。因工人节日放假,室内无暖气,被子单薄,不能抵寒。荒芜将自己的一条被子借给俞平伯盖,两人同睡在一个大桌子上。俞平伯为之感动,当即作《一九六八除夕赠荒芜》五言诗一首,感谢荒芜在"牛棚"中对他的关照。诗中写道:"昔偕同学侣,共榻旅英兰。瞬息五十年,双鬓俄斑斑。李君邂逅欢,寒卧同岁阑。嗟余不自儆,晚节何艰难。感君推解惠,挟纩似春还。何时一尊酒,涤此尘垢颜。"此诗于看后即毁去。三年后经忆录,此诗得以保存。后被收入《俞平伯诗全编》。

本年,在工作单位参加"文化大革命"运动,继续接受批判。

1969年（农历己酉） 七十岁

4月22日，现代作家、中国科学院哲学社会科学部文学研究所研究员陈翔鹤被迫害含冤逝世。俞平伯得知后，为这位同龄人、朋友、同事悄作《挽诗》一首，以寄托哀思。诗云："白发苍苍一老魔，康衢一跌返山阿。不须重化归来鹤，来为人间唱挽歌。"

5月至10月末，集体住在单位，参加"文化大革命"运动：进学习班，被迫一次又一次地写检查，交代自己的"罪行"，接受大小会议的批判。

7月18日，得到通知，中国科学院哲学社会科学部将开批判会，要求写检查。

7月21日下午，将长篇检查《认罪与悔过》交出。

7月23日上午，接受第二班的批判。下午，在哲学社会科学部召开的批判会上，与罗尔纲一同接受批判。

7月24日上午，接受所在班扩大会的批判。下午与晚间，接受宣传队单独谈话教育。

7月25日，分别在第三、四、五班的批判会上接受批判。

7月26日上午，接受文学所全所大会的批判。

7月27日，被要求写《翻案的新罪行》。

7月28日，将检查《翻案的新罪行》交出。

7月29日，被要求写交代材料。

8月4日，续写交代材料。

8月8日下午，接受第二班的批判。

8月11日，续写交代材料。

8月12日，至郊外第二轧钢厂劳动、参观。下午，参加批判会。

8月28日，与何其芳、蔡仪、王芸生、陈友琴等九人参加学习班。

8月29日下午，到第二班参加批判会。

9月3日，学习班结束，回到第二班参加小批判会。

9月9日，到黄村部队参加劳动。

9月15日，与唐弢、唐棣华、何其芳、蔡仪、孙楷第、吕林、汪蔚林、李荒芜、王芸生、陈友琴、吴晓铃等参加学习班。

9月17日、18日，在学习班上交代自己的问题。

9月23日，交出个人检查，接受批判。

9月24日，又交检查一篇。

9月25日晨，再交检查一篇。

9月27日下午，交出为庆祝建国二十周年的墙报稿。

10月6日，在学习班上为庆祝国庆发言，又遭到批判。

10月11日，交检查、墙报稿各一份。

10月16日，为毛泽东主席写《关于红楼梦研究问题的信》十五周年纪念日。上午，俞平伯在中国科学院哲学社会科学部召开的纪念会上被批判。下午，在学习班上被批判。

10月17日，为昨晚参加北马坊农民庆祝晚会早退写检查，被批斗。

10月20日，交检查、墙报稿各一份。

10月21日，在学习班上交代自己的问题。

10月27日，被要求重写个人检查。

11月5日上午，在学习班上表态，决定随中国科学院哲学社会科学部文学研究所一起赴河南"五七"干校。学习班至此结束。

11月6日，到文学所帮助整理带走的书籍，写出目录。

11月15日中午，偕夫人许宝驯告别居住了五十年的老君堂寓所，随中国科学院哲学社会科学部文学研究所乘火车赴河南"五七"干校。

11月16日，抵达信阳，住第一招待所。

11月27日下午，乘车赴罗山丁洼"五七"干校，与孙楷第夫妇合居一室。

11月28日，与何其芳、唐棣华、孙剑冰、吕林等分到菜园班劳动、学习。

12月11日，乘车抵达息县包信集，借住在小学校的一间小西屋，与孙剑冰一家为邻。房屋简陋窄小，无煤无电，饮井水，饭食包伙；室温只有摄氏零度上下。此时，文学所连部设在东岳，距包信十五里。

12月25日，冬至。上午，步行十五里路至东岳文学所连部，听贫下中农的报告。返寓时遇雨，泥泞难行，幸有同行数人帮助，才勉强到家，棉鞋、棉裤、棉大衣无一不湿，泥污不堪。

12月28日，文学所和军宣队的领导同志从东岳到包信，来看望俞平伯夫妇。俞平伯为此感到安慰。

1970年（农历庚戌）　七十一岁

1月3日晨，步行至东岳，参加肃清"五一六"分子大会。

1月10日，因看《水经注》，在会上受到批判。

1月12日，交出个人检查，次日退回。

1月16日晨，步行至东岳，参加文学所连部召开的大会。

1月20日，再次交出个人检查。

1月23日下午，由包信移居东岳一间农家小屋，以芦席为门，条件更为恶劣。

1月25日，开始参加文学所连部安排的劳动和学习。仍在菜园班积肥。

1月28日晚，赴读报会，雨后路滑，连跌两跤，多亏路人扶起、挽送。后得知读报会已停开。

2月5日，己酉年除夕。上午，在公社参加大会。

2月7日，农历庚戌年正月初二。下午，在唐坡工地参加文学所连部召开的大会。

2月15日晨，到连部听报告。

2月17日晚，到连部听录音报告。

2月28日，参加斗批大会。

3月4日，参加大会。

3月23日晨，在菜园班与吴世昌、周铮三人开总结会。菜园班其他成员都到工地盖房去了。

3月26日以后，厕所积肥工作停止。

4月6日上午、7日下午，均到村北的小学参加大会。前者动员搞"四好连队"，后者为全所的"讲用会"。

4月8日，写干校生活个人情况小结。

4月15日，到唐棣华处参加"天天读'毛选'"和搓麻绳工作。在此后的五个多月中，劳动以搓麻绳为主。

4月16日，到唐坡的菜地参加翻土劳动。

4月17日以后，与周德恒、吴世昌、钱锺书仍在唐坡上工。

4月19日，参加在"威虎山"土坡召开的大会。

4月25日下午，参加在唐坡召开的大会。

5月2日上午，至"威虎山"土坡参加大会，听报告。

5月3日、4日，到工地参加劳动，绑秫杆把子，为盖房之用。俞平伯说："我并不能捆绑（因非扎紧不可），不过当当下手而已。"

5月8日，冒雨至钱锺书住处搓麻绳。

5月11日傍晚，参加大会，听报告。

7月15日上午，往工地，在经济所听报告。

9月25日上午，文学所连部领导到家中看望俞平伯夫妇，为此感到安慰。

10月16日，为毛泽东主席写《关于红楼梦研究问题的信》十六周年纪念日。俞平伯忆及去年此日在京，"学部及文学所曾大批判我，且为时甚久，在学习班上直搞至11月5日决定下放到干校时方始中断。今年此日，却寂无所闻，亦不知在工地曾开会否。我就得安居了"。

10月28日，文学所连部领导王保生来住所看望，精神上深感安慰。

11月1日晚，军宣队的三位同志与连部领导王保生来访谈，"态度很和气"，俞平伯精神上得到安慰。

11月6日，军宣队的同志与连部领导王保生来访谈。

11月20日晚，军宣队的同志与连部领导王保生来访谈。俞平伯认为"态度和蔼，仍未谈到我的问题，只对我们生活表示关切"。

12月22日，复华粹深信，谓："近日所内专案组嘱写一年总结，拟于年终交卷，如反应尚佳，当有利于问题之解决也。"

12月31日，军宣队的两位同志来访谈。

1971年（农历辛亥）　　七十二岁

1月3日，应所内专案组要求，交出长篇个人总结《一年来我思想的动态》。

1月11日上午，到"五七"干校中心点参加座谈会，宣布哲学社会科学部提前回京老学者名单，俞平伯为其中之一。

1月14日，交出《思想小结》。

1月15日晚，移居公社大院。

1月16日上午，乘车到罗山。下午到信阳，住第三招待所。

1月17日夜，乘火车回北京。

1月18日下午，抵达北京。由学部军宣队安排住在建国门外永安南里招待所。招待所内有暖气设备及煤气灶。俞平伯说："前在东岳用秫杆烧灶，后改用煤炉，今又改用现代装置，变化甚剧。"

1月22日，被安排居住在建国门外永安南里10号楼文学研究所宿舍。

2月4日上午，到学部听关于"五七"干校会议的报告。

2月9日，由河南"五七"干校返京的十一人，开始组成学习小组，每日上班，学习毛泽东主席的五篇哲学著作。

5月14日上午，在学部的学习讨论会上，作专题发言：谈对《红楼梦》自传说的批评，着重在自我批判上。发言清稿于7月1日写出，近5000字。此稿未见收入作品集中。

5月19日，致俞润民信，谈到："吴世昌写了《红楼梦识小录》给我看，其中说到宝钗、麝月命名之解释。又说到贾芸，以芸草的训诂有使死者复生之义。就说后回中宝玉下狱，以小红、贾芸、倪二等人而得救，出于想象未免附会。关于《红》的研究，始终是那么一种'红学'的气味，虽经过运动，大加批判，而读者们的兴味犹如故也。"

6月9日，作《吴世昌〈调查香山健锐营正白旗老屋题诗报告〉附书》，他说："我没有能去西山实地考查，读了吴世昌同志的报告，非常清楚。壁上的诗肯定与曹雪芹无关。虽是'旗下'老屋，亦不能证明曹氏曾经住过。吴的结论，我完全同意。如另有字迹发现，用摄影保存，无碍于拆建。"

7月1日，《人民日报》《红旗》杂志、《解放军报》编辑部在《人民日报》联合发表《纪念中国共产党五十周年》重要文章。

7月1日上午，俞平伯在学习组收听"两报一刊"重要文章。文中提到："全国解放以后，毛主席领导全党从批判《武训传》，批判《红楼梦》研究中的资产阶级思想，批判胡适，批判胡风反革命集团，批判资产阶级右派，……对全党全军全国人民都起了很大的教育作用。"文中虽然未点俞平伯的名，俞夫人仍然感到害怕。俞平伯认为：关于党对知识分子的政策，决不会搞错的。

12月，全国开展"批林整风"运动。

1972年（农历壬子） 七十三岁

4月24日，《人民日报》发表社论《惩前毖后，治病救人》，指出"对一切犯错误的同志不论老干部、新干部、党内的同志、党外的同志，都要按照'团结——批评——团结'的公式，采取教育为主的方针"。

5月10日，中国科学院哲学社会科学部发还自1968年至1971年1月所扣俞平伯的工资，并将银行存款解冻。

5月12日，中国科学院哲学社会科学部落实党的政策，开始陆续发还俞平伯的查抄物资、书籍等。同月26日，俞平伯在致友人信中，谈及退还抄没的书籍。他说："忽来数千册零乱残缺之书，一室狼藉，难于涉足，去取之间，又味同鸡肋也。"

7月10日，因中国科学院哲学社会科学部从河南迁回北京，俞平伯等人的学习组活动终止。

7月20日至22日，到学部听传达关于政治学习的文件。

7月25日下午，重新归入文学研究所，被编入第四班，每周三次参加所内组织的学习。

9月30日，作诗一首，诗云："自叹平生无是处，何曾今我胜当初。只堪步武村夫子，温理儿时所读书。"此诗后被收入《俞平伯诗全编》。

11月30日，复杨冠珊信，回答他所提的四个问题。其中谈到《红楼梦》"杨藏本一百二十回本，现存文学所。昔年曾作部分之探讨，亦限于八十回。载《中华文史论丛》，或可参看。与梦笔主人序本（亦只八十回）孰优孰劣，非通校全书，不能表示意见"。

年内，《红楼梦辨》由香港文心书店重版，而作者俞平伯并不知情。

1973年（农历癸丑）　　七十四岁

1月31日，文学研究所成立六人领导小组，何其芳任组长。取消连排班的编制，仍以学科分组。俞平伯所在的古代文学研究组约有三十人，余冠英任组长，邓绍基任副组长。

2月，忆录旧作自悼联："彼岸竟何之，神灭应无忉利国；此来信多事，诗亡唯有兔爰篇。"他在自跋中说：此联"约在六十年代之初，作于槐屋。以下联有二字属对不成，遂搁置之。及今思得，以'诗亡'偶'神灭'；但在当时尚无其事，即无此念也。岂非'事有前定，数非偶然'耶"。

4月26日，复毛国瑶信，已收其详述南京图书馆所藏戚本《石头记》八十回概况的来信。根据毛国瑶信中的介绍，俞平伯认为："观其大概，殆是一与有正底本相类而未经窜改之脂本之一"。

6月7日，复毛国瑶信，针对近传真伪难定的曹雪芹诗和新发现的"疑问颇多"的曹雪芹画像，他说："《红楼》已成显学，固难免有好事者作此狡狯也"。谈及近况为："在家时多，偶以破书遮眼。回京以后，亦不免有笔墨应酬，非所乐为，亦不便却耳。"

8月，《红楼梦辨》和《红楼梦研究》由人民文学出版社重印出版，内部发行，供研究批判之用。

10月2日，复杨冠珊信，回答其所提问题。其中谈到"《红楼梦》近未继续研讨，过去写作大都陈旧，深悔其流传。手边亦无存者，未能奉借为歉"。

10月20日，致毛国瑶明信片。听传说靖应鹍藏本《石头记》在北京发现，却未知在何所，因此，向毛国瑶打听详情。

10月27日，复毛国瑶信，针对北京近来正在努力寻找抄本《红楼梦》等材料，说："我觉得除靖本以外，其他抄本对于研究本书，很难说有重大的帮助或发现。本书最初在北京庙会上以抄本流传，十分混乱，如程高序中所说，当是实情。迄今二百馀年，欲从字篓中物寻作者残稿之影，其可得乎？"又说："近大力提倡研究《红楼梦》，过去资料陆续新印，闻我的《红楼梦辨》《红楼梦研究》亦在其中（我却未得见），供研究批判之用。"又谈了自己的"近况如昨，文学所大约每周去二三次，参加学习，其他时间大抵均在家。发还一部分书籍，大都残缺，亦可藉以遮眼。笔墨亦疏，偶有酬应而已。"

11月，《红楼梦研究参考资料选辑》第二辑由人民文学出版社编辑出版，内部发行。此书实为俞平伯的《红楼梦》研究论文集，内收他的集外论文和随笔十六题五十三篇，即《修正〈红楼梦辨〉的一个楔子》《〈红楼梦辨〉的修正》《林黛玉喜散不喜聚论》《脂砚斋评〈石头记〉残本跋》《〈红楼梦讨论集〉序》《〈红楼真梦传奇〉序》《〈红楼梦〉的著作年代》《西城门外天齐庙》《〈红楼梦〉简说》《读〈红楼梦〉随笔》（三十八则）、《我们怎样读〈红楼梦〉?》《〈红楼梦〉的思想性与艺术性》《曹雪芹的卒年》《〈红楼梦〉简论》《〈红楼梦〉评介》和《辑录脂砚斋本〈红楼梦〉评注的经过》。

12月24日，复毛国瑶信，就近传发现曹氏家谱和日本发现一百衲本《红楼梦》事，说："以《红楼》已成显学，自不免有人附会编造，辨别真伪匪夷。我对于此事久已抛荒，亦无此精力也。"又谈到自己的情况："近来搞运动，学部仍由军宣队领导。我仍于星期一、三、五上午到文学所。"

12月，李希凡、蓝翎合著的《红楼梦评论集》由人民文学出版社出版修订本。李希凡在《评〈红楼梦研究〉》一文的附记中，对当年写作此文的情况做了说明："当时手头材料很少，我们还没有看到过俞平伯的《红楼梦辨》，手边只有他的《红楼梦研究》《〈红楼梦〉简论》和别人文章中转引的胡适关于《红楼梦》的一些看法和材料。……等到评判胡适派主观唯心主义的斗争将要开展起来的时候，我们才有机会借到《红楼梦考证》和《红楼梦辨》。"

1974 年（农历甲寅）　　七十五岁

春，向单位提出退休申请，学部未予批准。

5月20日，复陈从周信，婉言拒绝为其题识事。他在信中说自己"往昔文字讹谬流传，近在运动中参与学习，更深忤昨非，惧蹈覆辙"。

7月，台北巨浪出版社出版《红楼梦研究汇编》第一辑，内收俞平伯的《读〈红楼梦〉随笔》、王国维的《红楼梦评论》和胡适的《红楼梦考证》等。

年内，《红楼梦八十回校本》由中华书局香港分局翻印出版。

1975 年（农历乙卯）　　七十六岁

2月27日，复吴小如信，谈读《说〈论语·樊迟请学稼章〉》的感想。还谈了"红学"的问题，谓："真事隐去，原为《石头记》之开宗明义，惟所隐何事，事在何世，议者纷纷，遂成红学。愚亦未有灼见，立说总须矜慎。"

4月，《脂砚斋红楼梦辑评》由香港太平书局翻印出版。

9月30日，应周恩来总理邀请，出席国庆招待会。

10月8日，突然中风，患脑血栓而偏瘫。

11月19日，在致友人信中，谈及自己生病之事，谓"经过服药打金针稍见好，能在室内彳亍而行"。

11月23日，在致叶圣陶的信中说："弟虽能勉作字，却总不能如意，只听笔之所至，大有扶鸾之味"。

12月7日，复叶圣陶信，谈及近况"右手尚不甚自如，右腿力软，可以在房中行动，总不免趑趄抚墙摸壁耳"。

1976年（农历丙辰）　　七十七岁

1月8日，周恩来总理在北京逝世。

1月31日，诗人、文艺理论家冯雪峰逝世。

2月7日，在复叶圣陶信中，谈到冯雪峰逝世之事，说"闻雪峰卒，殊悼惜。渠昔肄业于浙江第一师范，盖许昂若及佩公（指朱自清——笔者注）的学生。后来在京开会，弟亦常常相遇，亦一故人也"。

4月5日，在北京天安门广场爆发了"四五"运动。

5月26日中午，再致叶圣陶信，补答关于《红楼梦》的问题。谓："《石头记》之记秦氏颇多特笔，如'享强寿'三字即非一般铭旌之体，殆有意点醒。其年决不逾卅。此书写诸人年龄每多惝恍，特出例如宝玉忽大忽小，而黛玉入府时有一段描写，亦决非幼女情态也。"

7月28日，唐山、丰南一带发生大地震，波及津京。

9月9日，毛泽东主席在北京逝世。

10月6日，党中央代表全国人民的意愿，粉碎了"四人帮"反党集团篡党夺权的阴谋。

11月，填词《临江仙·即事》一章，畅抒粉碎"四人帮"后的心情。词云："周甲良辰虚度，一年容易秋冬。休夸时世若为容。新妆传卫里，裙样出唐宫。　　任尔追踪雉罿，终归啜泣途穷。能诛褒姐是英雄。生花南史笔，愧煞北门公。"收入1980年版《古槐书屋词》时，只保留词牌，删去了副题。

1977 年（农历丁巳）　七十八岁

1月26日，农历丙辰年腊八，俞平伯七十八岁初度。作《悼念周恩来总理》三韵诗一首，称赞周总理："诸葛周郎集一身，罗家演史又翻新。鞠躬尽瘁舆评确，若饮醇醪昔语真。今日阿谁孚众望，为霖作楫继前人。"此诗后被收入《俞平伯诗全编》。

1月26日，复叶圣陶信，并附赠《悼念周恩来总理》一诗。信中说："周公逝世经年而群情震悼无减于初，足见遗爱及人之深。弟昔年无作，于心为歉，所呈小诗恐亦欠庄重，唯其第三句尚觉贴切，一般尚少引用。"

5月，中国科学院哲学社会科学部改为中国社会科学院。

7月24日，著名诗人、文艺评论家何其芳逝世。

8月1日，致何其芳夫人牟决鸣信，对何其芳病逝表示哀悼。

8月2日，在致叶圣陶信中，谈及何其芳逝世，谓："其芳之丧，弟因病不能赴八宝山之会，甚感歉疚，只致函唁其夫人。工作文字因缘有数十载，亲见其创建文学所，最近尚通信讨论其近作律诗，为修订字句，不意其遽卒也，以后所中似失去重心，未审若何。"

8月15日，移居北京西城三里河南沙沟新寓。为此作诗《丁巳秋日》一首，记平安移居的欣喜之情。此诗发表在1978年4月9日《文汇报》，后被收入《俞平伯诗全编》。

1978 年（农历戊午）　七十九岁

1月14日，复叶圣陶信，谈及"吴世昌以其去年所作关于《红楼》论文两篇见示，大有望洋兴叹。此书今已成'显学'矣"。

1月18日，复叶圣陶信，谈及吴世昌两篇红学论文，他认为"论高本者较好；其'钩沉'棠村序，虽颇费心力犹未为定论"。

2月1日，致叶圣陶信，谈及"吴世昌来书仍积极肯定所传之诗为曹作，弟以其来历不明，谓宜审慎，似亦未能采纳也"。

2月18日，致叶圣陶信，谈及"承吴世昌君详示箱子实况，殆妄作，非真品，而欲面献领导，亦可异也"。

6月12日，著名诗人、文学家、历史学家郭沫若在北京逝世。

6月20日，作《咏红楼·檃括〈成都古今记〉中前蜀民谣为句》一首，后被收入《俞平伯诗全编》。

6月22日，致黄君坦信，谈《成都古今记》中有关"红楼"的记载，认为"不堪为红楼书名解惑"。附录《咏红楼》小诗候正。

6月22日，复叶圣陶短信，并附寄近作《咏红楼》诗一首。

夏，美籍华人学者周策纵来访，畅谈俞平伯的红学经历。

7月24日，作《乐知儿语说〈红楼〉》小引，谈关于篇名的由来，他说：昔年苏州马医科巷寓有一个大厅曰"乐知堂"，俞平伯便出生于此。堂额早已不存，而其名实佳，因此用以作篇名。又说："儿语者言其无知，余之耄学即蒙学也。民国壬子在沪初得读《红楼梦》，迄今六十七年，管窥蠡测曾无是处，为世人所嗤，不亦宜乎。炳烛余光或有一隙之明，可赎前愆欤。"此后的两年中，他陆续写作了《乐知儿语说〈红楼〉》随笔十九篇，其中包括1986年发表的《索隐与自传说闲评》《评〈好了歌〉》《拟致国际〈红楼梦〉研讨会书》三篇。收入《俞平伯全集》第六卷时，除上述三篇单独成篇外，另收入《乐知儿语说〈红楼〉》十一篇。《临江仙》词二首另收入诗词部分。

9月7日，作随笔《乐知儿语说〈红楼〉·漫谈"红学"》。他说："《红楼梦》好像断纹琴，却有两种黑漆：一索隐，二考证。自传说是也，我深中其毒，又屡发为文章，推波助澜，迷误后人。这是我平生的悲愧之一。"全文分四部分：一、红学之称，本是玩笑；二、百年红学，从何而来；三、从索隐派到考证派；四、书名人名，头绪纷繁。他指出：索解《红楼梦》，最忌钻牛角尖，求深反惑。他认为"红学之称"是从《红楼梦》本身及其遭际而来。《红楼梦》"初起即带着问题来"，这是它与其他小说不同之点，亦即纷纷谈论之根源。他对近人所说的"《红楼梦》简直是一个碰不得的题目"颇有同感。"何以如此，殆可深长思也。"

9月23日，完成《乐知儿语说〈红楼〉·红楼释名》的写作。文章分为"'红楼'典故"和"楼在何处"两部分论述。

10月17日，作《索隐与自传说闲评》未发表。1986年8月26日重新整理后，发表在1986年11月20日香港《大公报》；又发表在1987年4月15日《文艺界通讯》第4期。后收入《俞平伯论〈红楼梦〉》。

10月28日，作随笔《乐知儿语说〈红楼〉·从"开宗明义"来看〈红楼梦〉的二元论》。文章从"红楼难读，始于甄、贾"和"索隐、考证，分立门庭"两部分，作了分析和论述。

11月10日，作随笔《乐知儿语说〈红楼〉·空空道人十六字闲评释》一文，文章谈了"援'道'入'释'"和"'色'之异义，'空'有深旨"两个问题。

11月13日上午，由中国社会科学院安排，与钱锺书、余冠英一起，在寓所接待由余英时任团长的美国科学院"汉代研究考察团"四人来访，并与余英时谈《红楼梦》。俞平伯认为余英时所著《红楼梦的两个世界》一书"颇饶新意，似胜于国内诸子"。

11月20日，完成《乐知儿语说〈红楼〉·漫说芙蓉花与潇湘子》的写作。文章分"秋后芙蓉亦牡丹""黛先死钗方嫁，但续书却误""蛾眉善妒，难及黄泉"三部分论述了钗黛的命运。作者说："余前有钗黛并秀之说为世人所讥，实则因袭脂批，无创见也。"他认为曹雪芹对于钗黛二人并非没有偏向，不过"怀金悼玉"的初衷并没有改变。评论家把曹雪芹对钗黛的抑扬说成褒贬，已经错解了作者的意旨；续作问世，便把这一错误引向极致，成为巨谬。他认为薛宝钗的厄运，似不减于林黛玉。

12月18日至22日，中国共产党第十一届中央委员会第三次全体会议在北京举行。全会确定了解放思想，拨乱反正，把全党全国的工作重心转移到社会主义现代化建设事业上来的战略决策。

1979年（农历己未） 八十岁

1月12日，复叶圣陶信，谈有关《红楼梦》研究问题。他就海外将编《红楼梦》书目，列二千七百余种之事，慨叹道："不只汗牛充栋哉。是欲作一'红学'家亦须皓首穷经，若弟者诚无能为役矣。"又就伪造曹雪芹诗句事谈了感想，认为"《红楼》已成显学，作伪者多，自以缄默为佳耳"。

1月16日，复叶圣陶信，仍谈有关"红学"论坛上的造伪证等传言。

1月25日，致叶圣陶长信，谈吴世昌论《秦女休行》[1]一文中的疑点，又谈《红楼梦》的考证问题，认为极容易出现穿凿、庸俗的毛病。

2月4日，应嘱为香港许晴野刻"黛玉葬花"肖像印章题词。

2月9日，复叶圣陶短信，并附词作《临江仙·咏〈红楼梦〉》二首。其一为1954年1月所作，其二为近作。第二首《临江仙·咏〈红楼梦〉》词云："谁惜断纹焦尾，高山流水人琴。禅心无那似诗心。蜻蜓才点水，飞絮漫留萍。　　多少深闺幽怨，情天幻境娥英。

---

[1] 吴世昌：《秦女休行》，发表在1978年《文学评论》第5期。

知从罗绮悟无生。蘅潇相假借，兼美亦虚名。"两首词均收入1980年版《古槐书屋词》。

2月17日，复叶圣陶长信，详解前作咏《红楼梦》的两首《临江仙》词。作者解释第一首词的下片"休言谁创与谁承。传心先后觉，说梦古今情"，"谓八十回殆非出一手，曹是最后的整编人而非唯一之作者。"作者谓第二首词的下片多谈十二钗，"钗黛合一之说，见于脂评，非弟之见。二人如何合为一人？本是险语、荒唐言，然知境幻情亦幻，则离合无伤也。蘅潇假借，破三角恋爱之俗套；兼美虚名，成色欲升华之洁本，按书中描绘钗黛形象，纤浓南北迥异，则兼美又当如何？却不道'万紫千红总是春'乎。昔人云，《法华经》是譬喻因缘，《红楼梦》殆亦然也"。

2月28日，复叶圣陶信，谈及对红学研究的余悸，曰："此道今成显学而鄙感颇异时贤。鉴于往辙，不免惩羹吹齑，试览新题，亦复惮为冯妇。然徇世昌之意，亦已有一旧作七言歌行付诸《集刊》矣。"旧作指《寒涧诗存》中的《红楼缥缈歌》，《集刊》指《红楼梦研究集刊》。

3月1日，复周颖南信，并寄赠《临江仙·咏〈红楼梦〉》词并注，以及请顾颉刚为周颖南所书诗幅墨宝。

3月5日，复周颖南信，谈及顾颉刚为周颖南书写的是曹雪芹诗，俞平伯说："顾翁自动写此诗，殊可喜。……此诗之真伪，我却不敢定，因众说不同也。"

3月11日，复叶圣陶信，谈及戴不凡发表在《北方论丛》的论文《揭开〈红楼梦〉作者之谜——论曹雪芹是在石兄〈风月宝鉴〉旧稿基础上巧手新裁改作成书的》。俞平伯认为："戴君之文有新见解。弟方在研读，亦觉其稍冗，未脱自传说与脂批之笼罩。其说若行：一、摇动曹雪芹之著作权，二、降低《红楼梦》之声价，影响非浅，想红学家当众起而咻之，争鸣结局如何，良不可知也。其说之后半（即曹雪芹整理）易成立，而其前半（石头玉兄创作）则否。岂贾宝玉自作《红楼梦》欤？殆非常情所许也。"

3月11日，作随笔《乐知儿语说〈红楼〉·宗师的掌心》。文章说胡适是《红楼梦》考证派的"开山祖师"。"红学家虽变化多端，孙行者翻了十万八千个筋斗，终逃不出如来佛的掌心。虽批判胡适相习成风，其实都是他的徒子徒孙。""顷阅戴不凡《揭开〈红楼梦〉作者之谜》一文似为新解，然亦不过变雪芹自叙为石兄自叙耳。石兄何人？岂即贾宝玉？谜仍未解，且更混乱，他虽斥胡适之说为'胡说'，其根据则为脂批。此即当年《红楼梦》的宝贝书。既始终不离乎曹氏一家与脂砚斋，又安能跳出他的掌心乎。"

3月12日，陈次园来访，俞平伯请他将新作谈《红楼梦》小文带交叶圣陶阅正。

3月15日，复叶圣陶长信，谈及自己的谈红小文，谓"今之谈红学者，其病正在过繁，遂堕入魔境，恐矫枉亦不免过正耳"。

3月16日，将吴世昌文复印本寄给叶圣陶。

3月17日，致叶圣陶信，就所传曹雪芹遗作诗之事，谓"传者云伪而读者认真，似与常情相反，且难得证明。世昌要拉我为援，不得已谢之，文中遂未列贱名。颉兄近为周颖南写此诗则认为雪芹遗作，于吴表示拥护"。

3月18日，复周颖南信，谈到"所传雪芹诗句难定是否原作，而顾（颉刚）翁墨迹堪珍，良朋酒边致赏不虚矣"。

3月23日，复叶圣陶长信，也谈对吴世昌红学论文的看法，说："吴文言亦有理，而意气盛，虽引重言，终难证实，证据如有，亦在周汝昌处也。此件何来，周言亦殊恍惚。"

4月初，由文学所转来语言研究所丁声树[1]于1月16日写来的

---

[1] 丁声树（1909—1989），号梧梓，河南邓县人。著名语言学家。

信。信中提及《红楼梦》中关于茄胙、茄鲞的问题，他认为"鲞"似当作"鯗"，与"鲊"字同，因此，"茄鲞"应以"茄鲊"为正。俞平伯随即复信询问"茄鲊"之详。日后，由丁声树的来信，引发俞平伯写了随笔《茄鲊、茄鲞》一文。

4月3日上午，王湜华来访，邀请俞平伯任《红楼梦学刊》编委，俞平伯当即谢却。

4月5日，致叶圣陶信，谈谢却担任《红楼梦学刊》编委之事。他的理由是："既不能负责，挂名就不大好；又于所谓'红学'抛荒已久，一切新材料都不曾看，如有人来问询，将无法应付之。"

4月6日，复王湜华信，表示欢迎冯其庸❶来家中晤谈。

4月20日，作随笔《乐知儿语说〈红楼〉·甲戌本与脂砚斋》。文章分析了"脂砚'绝笔'在于甲戌本吗？""曹雪芹非作者？"和"红楼迷宫，处处设疑"三个问题，他说："《红楼梦》行世以来从未见脂砚斋之名，即民元有正书局石印的戚序本，明明是脂评，却在原有脂砚脂斋等署名处，一律改用他文代之。我在写《红楼梦辨》时已引用此项材料，却始终不知这是脂砚斋也。程、高刊书将批语全删，脂砚之名随之而去，百年以来影响毫无。自胡适的'宝贝书'出现，局面于是大变。我的'辑评'推波助澜，自传之说风行一时，难收覆水。《红楼》今成显学矣，然非脂学即曹学也，下笔愈多，去题愈远，而本书之湮晦如故。窃谓《红楼梦》原是迷宫，诸评加之帏幕，有如词人所云'庭院深深深几许，杨柳堆烟、帘幕无重数'也。"

---

❶ 冯其庸（1924.2.3—2017.1.22），名迟，字其庸，号宽堂。江苏无锡人。历任中国人民大学教授、中国艺术研究院副院长、中国红学研究会会长、中国戏曲学会副会长、中国作家协会会员、北京市文联理事、《红楼梦学刊》主编等职。以研究《红楼梦》著名于世。

4月中旬，收到丁声树4月10日来信，详细介绍了流行于西南地区的"茄鲊"的做法和贮藏之事。

4月21日，王湜华来访，送来文化部新校《红楼梦》样本，请俞平伯提意见。

4月23日，致俞润民信，谈到自己已经写作了十篇关于《红楼梦》的文章，不拟示人。因系"信笔所书，不宜公开"。

4月末，完成《乐知儿语说〈红楼〉·茄胙、茄鲞》的写作。作者在文末回忆五十年代搞《红楼梦》八十回校本，"用有正戚序本作底子，我当时不大满意，想用庚辰本而条件不够（庚辰本只有照片，字迹甚小，亦不便抄写）。现在看来，有正本非无佳处，'茄胙'之胜于'茄鲞'便是一例"。他哀挽参校《红楼梦》而在"文革"中被迫害致死的王惜时（即王佩璋）女士，说："余年齿衰暮，无缘温寻前书，同校者久归黄土，不能再勘切磋，殊可惜也。"

5月20日，应文化部副部长贺敬之邀请，俞平伯与茅盾、王昆仑、叶圣陶、顾颉刚、吴组缃、启功、吴世昌、吴恩裕、周汝昌、张毕来、端木蕻良等出席《红楼梦学刊》编委会成立大会。午餐时，俞平伯被安排坐在李希凡、蓝翎之间，俞平伯认为"亦颇融洽"。

5月21日，中国社会科学院院长胡乔木签发"学术委员会委员证书"，聘请俞平伯为本院文学研究所学术委员会委员。

5月，应魏绍昌之嘱，为他的"赵丹绘、白杨写《石头记·咏菊》诗"画册题短句："觅句婵娟渺，秋花冷艳同。明星多彩笔，芳袭此图中。"另有一修改本，云："觅句婵娟影，秋花晚艳同。明星留彩笔，芳袭画图中。"

6月2日，复周颖南信，告知："上月《红楼梦学刊》开会颇盛，我非编委，亦偕圣翁列席。港报有传真照片，未知得见否。"

6月9日，俞平伯写下读《红楼梦》的感想："以世法读《红楼梦》，则不知《红楼梦》；以《红楼梦》观世法，则知世法。"

6月21日，复周颖南信，附寄港报刊发的《红楼梦学刊》编委会成立大会上的照片二纸，一是俞平伯与李希凡、蓝翎的合影，二是俞平伯与茅盾、顾颉刚、叶圣陶的合影。

7月4日，复潘耀明❶信，回答他所提出的问题，说："我青年时代只是喜欢瞎写，并非作家。晚年更少写作，亦并无计划。"又说："我对于近来'红学'的看法，觉得有些过于拘泥，如大观园地点的考证"。

8月2日，复许晴野信，并用其馈赠的手制笺书录有关《红楼梦》的诗一首，寄赠许晴野。

10月30日至11月16日，中国文学艺术工作者第四次代表大会在北京举行。俞平伯因病仅出席了三次，其间，作《祝第四次文代大会》诗一首，表达自己的心情。

11月21日，作随笔《乐知儿语说〈红楼〉·秦可卿死封龙禁尉》一文，为杨宪益新译《红楼梦》第十三回回目的译文指谬。同年12月9日，又为此文补记一小节。

11月23日，作随笔《乐知儿语说〈红楼〉·宝玉之三妻一爱人》。

11月25日，复叶圣陶信，谈到"近得港剪报'九三'、文代二会上弟之影片颇多，皆称为'红学家'，却之无术，受之无名，良可愧也"。

11月26日，复周颖南信，谈到周策纵来信，邀请俞平伯出席明年夏天在美国威斯康辛大学召开的国际红楼梦研讨会之事，说："我年老有病，且旧业抛荒，自不能去。此书问题复杂，恐议论纷纷耳。"

年内，《红楼梦辨》由我国台湾台北河洛书局翻印出版。

---

❶ 潘耀明（1947.2.15—），笔名彦火，福建南安人，定居在香港。散文作家。曾任香港《海洋文艺》主编，三联书店香港分店编辑部副主任，香港《明报月刊》主编等。

1980年（农历庚申）　八十一岁

1月1日，复周颖南信，说："《红楼梦》讨论会将于六月中旬在美国威斯康辛开会，策纵来书意甚恳切，我自因衰病未能去，负此佳约。但总需写些诗歌文章以酬远人之望，亦不能草率，故颇费心。"

1月初，接受九三学社牟小东的采访，回答有关《红楼梦》研究的问题，他说："《红楼梦》里有些内容是反映了阶级斗争，……但是，不能说全部是反映阶级斗争的作品。尽管王静安（国维）的《红楼梦评论》是唯心主义的观点和悲观厌世的人生态度，但是，他从美学、伦理学角度来评价《红楼梦》，这一点还是可取的。"

1月11日，复叶圣陶信，谈到因力不从心，不拟参加在美国威斯康辛大学举办的国际《红楼梦》研讨会。

1月18日，寄赠叶圣陶《红楼梦研究集刊》创刊号一册，请叶圣陶、叶至善父子阅正《记"夕葵书屋〈石头记〉卷一"的批语》一文。谓："小文只是片楮孤证，恐无说服力，却是文化革命前未佚之文，亦幸草之属。"

1月20日，复毛国瑶信，详谈《记"夕葵书屋〈石头记〉卷一"的批语》一文得以保存并在《红楼梦研究集刊》创刊号发表的经过。而"夕葵书屋"《石头记》残页原件与照片均已无存。

1月26日，致叶圣陶信，其中谈及"'红楼'已成显学，而愈讲愈坏，以其不向明处走，而向暗里去。如伪制文物从而瞎说之，又不仅争争吵吵也"。

2月15日，农历己未年除夕。复叶圣陶信，由3月初将纪念蔡元培先生逝世四十周年，联想到六十年前蔡元培与胡适讨论《红楼梦》，他认为"楚则失之，而齐亦未为得也。以考证笑索隐，亦五十步笑百步之类耳"。

4月17日，复叶圣陶信，谈及读舒芜论《红楼梦》之文，发现其引后四十回与前八十回之文相混。他说："弟并非坚持己见，但曹作高续既内外证据明确，似亦不能置之不顾。具体之例，如黛玉临终时说'宝玉你好'，我一向觉得很拙劣，决非雪芹笔墨，比写晴雯之死差得太多。舒文引此亦觉未善。"

5月17日，复黄君坦信，寄赠手书诗词的照片四张，其中有《临江仙·咏〈红楼梦〉》词。

5月26日，写致"国际《红楼梦》研讨会"信，信中谈了三点意见：（一）《红楼梦》毕竟是小说，今后似应多从文哲两方面加以探讨。（二）建议编一"入门""概论"之类的书，将红学中的"取同、存异、阙疑"三者皆编入，以便于读者阅读《红楼梦》。（三）《红楼梦》虽是杰作，终未完篇；若推崇过高则离大众愈远，曲为比附则冥赏愈迷，良为无益。他还谈了自己红学思想的变化，说："我早年的《红楼梦辨》对这书的评价并不太高，甚至偏低了，原是错误的，却也很少引起人注意。不久，我也放弃前说，走到拥曹迷红的队伍里去了，应当说是有些可惜的。既已无一不佳了，就或误把缺点看作优点；明明是漏洞，却说中有微言。我自己每犯这样的毛病，比猜笨谜的怕高不了多少。"

6月5日，致香港潘耀明信，称赞他的《当代中国作家风貌》一书："论述精详。关于我的一部分推奖颇多，虽看过原稿仍觉惭愧，……述其他作家，得广见闻，亦幸事也。如有人拟续作《红楼梦》，即向所未知者，此事很有意义，却非容易。"又说："港刊《广角镜》载吴世昌与周汝昌笔战之文，……亦红学之新闻也。"

6月16日至20日，在美国威斯康辛大学召开首届"国际《红楼梦》研讨会"，俞平伯是第一位被邀请的中国红学家，因年老体弱，未能到会。因此，他书赠旧作诗《题〈红楼梦〉人物》一首，托冯其庸带到会上。当时有很多人为俞平伯不能出席在美国威斯康辛大学召开的首届"国际《红楼梦》研讨会"而感到遗憾。文船山在他写的《吴恩裕、周汝昌、冯其庸与大陆红楼梦研究》一文中说:"在大陆被邀的学者中,以俞平伯的名气最大,最老资格,20世纪50年代以前,他是公认的首屈一指的《红楼梦》研究家,他亲自审校的《脂评》,是日后许多红学家研究的基础。20世纪50年代他被……斗垮斗臭,但在海外红学研究界中声誉仍存。海外许多红学家均望有机会与这位集红学研究大家、五四以来散文大家和中国最早新诗人一身的才气纵横、学养深厚的长者一谈,以慰三十年来对他的苦难命运的挂怀,但此次他却没法赴会,使许多企望者都感惋惜。"

6月28日,复周颖南信,谈及《古槐书屋词》《唐宋词选释》,说:"今岁有两书出版,可称幸遇,距《红楼梦研究》行世,二十八年矣。贡献既少,亦未必佳也。"

7月2日,复周颖南信,谈对"国际《红楼梦》研讨会"和目前"红学"现状的看法。他说:"《红楼》本是难题,我的说法不免错误,批判原可,但不宜将学术与政治混淆。现得到澄清便好。""威斯康辛盛会情况,略见报载。如有人以电子计算机来研《红》,得到前八十回、后四十回是一人所作之结论,诚海外奇谈也。周汝昌拟补曹诗,先不明言,近始说出,态度不甚明朗。吴世昌却硬说是真雪芹作,周决做不出,在港《广角镜》以长文攻击,且涉政治,更为不妥。""《红楼梦》成为'红学',说者纷纷,目迷五色。我旧学抛荒,新知缺少,自不能多谈,只觉得宜作文艺、小说观,若历史、政治等尚在其次。此意亦未向他人谈也。"

7月10日,致叶圣陶信,谈到阅读有关国际《红楼梦》研讨会的报道甚多且详,"颇饶花絮,收获似不多"。他认为"若此问题原非开会所能解决者"。

7月10日,复周颖南信,说:"周(汝昌)拟补三诗,如当时明说就好。吴（世昌）武断第一首为曹氏原作却无证据，只说诗做得好，周决计做不出，不能说服人。四日由海道寄去港《广角镜》吴文剪报一叠，对周大加攻击，阅之可知。吴本想请我作证，我婉言却之。"

7月14日，复周颖南信，谈《红楼梦》索隐派与考证派的利与弊。他说："承惠'红'会文件，首尾完整，阅之有味。论文中似以余英时、潘重规为较好，未知然否。'红学'索隐派祖蔡孑民，考证派宗胡适之（虽骂胡适，仍脱不了胡的范围）。考证派虽煊赫，独霸文坛，其实一般社会，广大群众的趣味仍离不开索隐，所谓双峰并峙，各有千秋也。于今似皆途穷矣。索隐，即白话'猜谜'，猜来猜去，各猜各的，既不揭穿谜底，则终古无证明之日，只可在茶余酒后作谈助耳，海外此派似尚兴旺。考证切实，佳矣，却限于材料。材料不足，则伪造之，补拟之。例如云曹雪芹像有二，近来知道皆非也。——或姓俞，——或姓潘，而同字雪芹。殆梁（羽生）所谓'走火入魔'者欤。"

7月19日，复叶圣陶信，续谈有关《红楼梦》的事情。谓"前传王冈画悼红轩像，近发现原来题跋四张，未提雪芹之名，上款或书'进老'，不知何人，是只可存疑。雪芹遗物，传者纷纷，殆皆不甚可靠也"。

7月24日，复周颖南信，谈及"闻近在哈尔滨又开红学讨论会，我不能去，亦不知其消息也。剪报一纸，港友寄来，今附上。说得很可笑，其情形似走火入魔，如羽生言"。

7月30日，"中国红楼梦学会"成立。俞平伯被聘为学会顾问。

8月10日，复周颖南信，并寄赠应嘱所书《咏〈石头记〉人物图》条幅。

8月15日，复张人希信，谈所传曹雪芹像及题诗之事，说："所云《文汇报》载题雪芹小像诗，函中未有。所传两像，殆均不可靠。

《读书》亦尚未寄到。"

8月16日，收到张人希所寄6月19日香港《文汇报》和第7期《读书》杂志，得读双翼撰《〈雪芹小像〉四题咏发现》一文和王延龄撰《略论新红学派》一文。

8月17日，复张人希信，谈王冈所绘曹雪芹像与陆厚信所绘同样不可靠。俞平伯说："《文汇报》所载四题咏，我处有照片。双翼之文叙述清楚。但陆厚信所绘是长脸，与王冈所绘不同。他说'也像同一人'恐非。从四诗看，并不见雪芹之名（更不见曹雪芹），反提'进老'，是此图亦不可靠。"俞平伯认为《读书》杂志上王延龄撰《略论新红学派》一文，"此文不长而三十年来'红学'大概可知。态度平允，没有火气，少提当代人名，不提贱名尤妙。'不以人废言'原是老话，如要'批孔'就不好说了。"同时，还谈到"哈尔滨会上有简报，兹检奉第三期备览。其中对胡适有好评，对我亦有肯定处，当是部分的意见。"

8月28日，复周颖南信，谈及《文学评论》第4期发表的王若望的《从〈红楼梦〉看文艺的社会效果》一文，认为其中"谈五四年批判事平允，亦佳讯也"。

12月25日，著名历史学家、结交六十余年的老友顾颉刚逝世，闻讯悲痛不已。

年内，应嘱为迁居恭王府后旧院一角的黄宗江题写"焦大故居"室名。题字发表在1985年《诗·书·画》第23期。

1981年（农历辛酉）　　八十二岁

1月23日，委托外孙韦奈代表俞平伯参加顾颉刚悼念会。

1月，旧作诗词《戏题外孙女韦梅初演〈还魂记·游园〉二绝句》和《临江仙·咏〈红楼梦〉》由徐振民谱曲，刊载在扬州业余昆曲研究组《内部交流资料》第5期。

2月13日，复邓云乡信，信中就邓云乡、陈从周偕游虹口公园，观"大观园建筑工艺"❶展览事，说："大观园模型轰动申江，难言考订，可供娱悦。若鄙意总是空中楼阁耳。"

2月15日，《红楼梦学刊》第1辑发表庚申钱夷斋画"潇湘秋思"，画上有俞平伯题字："凤尾森森龙吟细细 平伯书"。

3月8日，复俞润民信，说："我近又为人写'红楼'歌，西北大学校长郭君❷属书，虽懒动笔亦不可却。将来此等事不易对付。"

3月22日，作诗《八一年三月廿二日寅刻口际内卯时灯前书》一首，诗云："三年一梦说红楼（谓七九年以后），梦醒全无片纸留。堪笑海南人好事，纷纷函简似空投（无以酬之也）。"❸

3月27日，著名作家、文学家茅盾逝世。俞平伯应叶圣陶之嘱，作挽联："惊座文章传四海，新民德业播千秋。"

4月13日，应"顾颉刚纪念集"编委会征文，作《思往日五首附跋——追怀顾颉刚先生》。诗中述说了他们之间六十余年的交往和友谊。此诗后被收入《俞平伯诗全编》。

4月17日，致周颖南信，并附"为顾翁纪念册"而作的《思往日五首——追怀顾颉刚先生》，希望能在星岛报刊发表。

4月19日，致俞润民信，谈许宝骙拟写关于《红楼梦》文章的事。

4月26日，应邀出席《红楼梦学刊》编辑部在北海公园仿膳饭庄的宴请，并会晤了日本红学家松枝茂夫和伊藤漱平。

---

❶ "大观园建筑工艺"系上海叶其龙父子所做工艺品，1981年元旦在上海虹口公园展出。

❷ 郭君，即郭琦（1917.7—1990.9.9），四川乐山人。1978年6月至1982年3月22日，出任西北大学校长。

❸ 参见韦奈著：《旧时月色：俞平伯身边的人和事》第92页，中国华侨出版社2012年1月出版。

5月16日，致张人希信，谈《红楼梦》。

6月6日，致叶圣陶短信，另附为前作《临江仙·咏〈红楼梦〉》词下半章所作注释候正。

6月14日，致俞润民信，谓："我近作章元善寿诗，又作《红楼琐闻》小诗，今附去一看。每硬抠字面，不顾文理、情事，近来作文风气如此。"

8月10日，《新观察》半月刊第15期，发表了林乐齐的《休言老去诗情减——俞平伯访问记》。此为三年前所访问者。俞平伯在本年8月18日致俞润民信中说："《新观察》15期载我的访问记，作者为广播电台的林乐齐。事隔三年，且中英文文字不同，忽然刊出，不知是怎么一回事。"林乐齐文章中谈到俞平伯回忆1954年那场批判运动时说："那次运动不是没有道理的，但是过了头。""我的书写于1922年，确实是跟着胡适的'自传说'跑。但那时我还不知道共产党，不知道社会主义，怎么会反党反社会主义？"

8月14日，复邓云乡信，云："胡文彬❶君属件，暇当为书之，或可于兄赴济前交卷。"

8月15日，《俞平伯和顾颉刚讨论〈红楼梦〉的通信》发表在《红楼梦学刊》第3辑。俞平伯在小引中说："此一九二一年我与顾颉刚兄讨论《石头记》之往还书札。今经整理缮写，将付《红楼梦学刊》发表。忽忽六十年，故人徂谢，追念昔游，感慨系之。"

8月18日，《记红学琐闻》诗二首，发表在香港《新晚报》。此诗后被收入《俞平伯诗全编》。

9月21日，黄君坦来信，谈读《俞平伯和顾颉刚讨论〈红楼梦〉

---

❶ 胡文彬（1939—），笔名鲁子牛、行余，辽宁大石桥人。当代红学家。中国艺术研究院红楼梦研究所研究员。

的通信》的感想，说："长篇说部剧本言情结尾，不外团圆出家二途，使曹雪芹着笔完篇，除却看破红尘，恐亦无他想法，八十回佳处，清而不浊，雅能通俗，高氏补编，以科名报答所亲，反觉索然，浊而俗矣。公与顾老从此处着眼，可谓探骊得珠。至于小说背境本属迷离，与史传、家传异，不必一一证实也。"俞平伯认为黄君坦来信谈《红楼梦》，"极清明简易"。

9月24日，复俞润民信，说："我近手软，但为应酬却为章元善九旬写寿诗题在册子上，又为十月初在济南召开之红楼梦讨论会写一横披，亦应他们之请，不能却。"

9月27日，复叶圣陶信，谈及："《红楼梦》讨论会十月在济南召开嘱书，为写一横披，长三尺许。诗云：'仙云缥缈迷归路，岂有天香艳曲留，左右朱门双列戟，教人怎看画红楼。'书中写楼房殊少，亦京师邸第实况也。若欲指实之，其唯天香楼乎。"

10月2日，致许晴野信，感谢他赠送"珍品多种，琳琅满目，大快朵颐"。并附赠近作小诗《记红学琐闻》。

10月5日，致张人希信，谈《红楼梦》。

10月5日至10日，在山东济南召开"第二次全国红楼梦学术讨论会"。俞平伯因病未能出席，遂将1978年6月20日所作《咏红楼·檃括〈成都古今记〉中前蜀民谣为句》一诗，及新作序言，书为横幅，题赠第二次全国红楼梦学术讨论会。此诗发表在1982年1月20日《文史哲》第1期；又发表在1982年2月15日《红楼梦学刊》第1辑。

10月26日，复邓云乡信。此时邓云乡的《红楼识小录》已列入"红学"书籍出版计划，拟请俞平伯题签并作序。俞平伯回信说："属题签当如命，届时希将款式写示，以便照样书之，恐拙劣耳。小序以愚自六六年后迄未写作关于此书文字，其发表者皆仅存之旧稿或小诗词，未便破例，希谅察，是幸。"

11月23日，复叶圣陶短信，并附近拟有关《石头记》对联并小引。

12月29日，复邓云乡信，谓："大著中知将谈及怡红夜宴图问题，良慰。其中心在于翠墨此夕是否到怡红院。兄言'的确有一翠墨'固是，但记中只言探春加派伊同春燕邀客，未言其到怡红院，当自回秋爽斋矣。（是夕诸人无带婢者）试问翠墨若来，主乎客乎。周图❶列席香菱之上自是客。来书涉及钱数，是主。殆皆非也。'告假的不算'指怡红诸婢，亦与翠墨无关。若骰点计数，兄言良是，通行之麻将、牌九均然。窃谓原图并无遗漏，周君标新立异，曲解以成其说耳。又补檀云故事则尤奇幻。"并将《记红学琐闻》诗稿寄给邓云乡。

1982年（农历壬戌）　八十三岁

1月11日，复邓云乡信，云："谈怡红文盼得读。"

2月7日下午，夫人许宝驯病逝。俞平伯无比悲痛，欲哭无泪，形同木立。从此，他不再打桥牌、唱昆曲，以此悼念夫人。

2月16日，自拟联语："此后无人惊犹语，从来何处重痴情。"

2月20日，将前拟联语的下联改为"更从何处话前尘"，并将修改后的对联书赠叶圣陶。

3月11日，收到自法国寄来李治华所译《红楼梦》，因"不谙法文，亦无用也"。

3月18日，复张人希信。此前俞平伯曾应嘱为李希凡、蓝翎书写杜甫的《秦州杂诗》之二和李贺的《苏小小墓》一诗。俞平伯在复信中说："前为李、蓝作书，二君见属，亦不便却耳。顷不应人

---

❶ 见周绍良的《红楼梦枝谭》一文，载1980年《红楼梦研究集刊》第4辑。

书，以心绪不佳，无心翰墨也。"

5月9日，复毛国瑶信，对他介绍的南京红学会情况，颇多感慨，说自己于红学之道"已久抛荒，自六六年迄今十六年矣，并无新著"。又说："近'红学'鼎盛，却已入歧途。只读原书，孤陋寡闻，若泛览群言，又看不胜看，只能目迷五色，望洋兴叹。我对于近情亦不甚了了也。"

5月16日，复毛国瑶信，并附应嘱为其书写的条幅，书录二十年代旧作诗。

7月9日，复毛国瑶信，已收其来信及惠赠的"俞平伯先生为夕葵书屋石头记残叶所作批语"原照片的复印件，十分欣喜。回信中说："《红楼梦》久已不谈，恐无意见可供献。近觉得索隐派还不如考证派。漫说猜不着，猜着了也没甚意思。以作者之用隐语，正是不想说破也。"

7月16日，复邓云乡信，谈《红楼梦》靖本批语原件和照片并佚的经过，说："前寄赠件颇有意思。原件是片楮，夹在靖本里，却和它完全无关。吴鼒所藏本存在者只此一张纸，现亦消毁。""靖本批语错得厉害。最先毛国瑶抄示，若非我校理竟不能卒读。错误如此之多，亦是其他脂批所不经见的，其理由亦不甚明。夕葵书屋批，则一字无差（我前文已仔细说明，见《集刊》首期，六六年前旧稿），区别甚大，可见二书无关（已见题跋）。另一点，最末有'卷二'两字，岂此回只有一条批耶？亦可异也。""此纸自靖、毛两君送我后，即保藏之，又摄影颇大，以寄友人。今件即毛近日复照的，已缩小了。我前文中所附，是文学所人不知从何处找来的。原件和照片并佚于丙午。幸毛寄还片影，亦可珍也。又脂砚此评重要，近人估计不足，且不免误解"。

9月4日，著名历史学家谢国桢逝世。俞平伯深感"老成凋谢，不胜悼念"。

9月11日，复周颖南信，谈及"港友所寄《明报》，谈新校本，亦说起我的旧校本《红楼梦》。万事云烟，且此道久荒，不复措意矣"。

10月22日至29日，在上海师范学院召开第三次全国《红楼梦》学术讨论会，并给俞平伯发来请柬。为此，俞平伯于会前给"全国《红楼梦》学术讨论会"寄去明信片，对自己年高久病，不能出席会议表示歉意。

10月29日，复邓云乡信，谈及"京沪各报均载陆厚信绘俞楚江像，与曹雪芹无关，妄人牟利题曰曹雪芹，而居然有人信之，纷纷讨论，诚属可笑。……其实旧传王冈之画，其情亦相似，殆皆是赝品也"。

11月10日，复黄裳信，谈及"近年所传悼红文物，大都以赝品牟名利，而诸贤评论无休，亦可异也"。

11月20日，复黄裳信，谈及自己远离红学，说："弟自六六年后，即未作文谈及，惩羹吹齑，或未惬舆评，而窃自喜。"

11月29日，复俞润民明信片，谈第三次全国《红楼梦》学术讨论会事，说："寄来剪报很有趣，可知沪会花絮，我只见报上官方消息。其实所传雪芹遗物多半是假，不仅陆氏画也。即真，于了解本书亦无甚用处。"

12月2日，复叶圣陶信，谈及"红学"近况，谓"以俞楚江像，'红会'又起风波。河南博物馆来人证其伪，而周汝昌驳之"。俞平伯说自己也不能辨其是非，希望听听叶至善的看法。

12月3日，复黄裳明信片，谈及"红学一名本是谐谑，今则弄假成真，名显而实晦矣"。

12月11日，复叶圣陶长信。信中谈及"俞楚江像问题，本是册页，不知为何弄成单篇。河南博物馆官方亦作伪，可异也。吾宗为两江幕府，与尹督唱和相当显要，岂《石头记》之作者耶。本无其事而论之不休，其幻甚于梦中蕉鹿"。

1983 年（农历癸亥） 八十四岁

5月28日，复周颖南信，并附赠与叶圣陶唱和诗及顾颉刚的最后一封来信，留作纪念。

7月6日，复许晴野信，回答关于个人红学研究的情况。他说："弟于《红楼梦》，自1966年后未写文，瞬及廿载，其间红学著作汗牛充栋，竟无从谈起。欲排众议抒己见，而实无所见，固非其人也。"

7月26日，俞平伯将六十多岁时所拟自挽联，书录寄给儿子俞润民保存。自挽联云："一去竟何之神释应无忉利国，此来信多事诗亡惟有兔爰篇。"末署"癸亥六月，槐客自书"。

12月29日，复邓云乡信，与之探讨文学研究中的一些问题。信中说："《离骚》虽以荃、荪喻君，于家国事却是明言，未尝影射，与《石头记》索隐派不同。不揭底之谜，猜之无益，仅可作茗谈之助耳。"

1984 年（农历甲子） 八十五岁

2月21日，复俞润民信，信中谈及："我近以为客观虚心，则世间一切无非学问；否则就不必谈了。"他认为《红楼梦》用语"世事洞明皆学问，人情练达即文章"最好。

4月15日，复邓云乡信，回答有关《红楼梦》中北静王的装束问题。

5月19日，复邓云乡信，续谈《红楼梦》北静王的装束问题，并从中华书局新印本王应奎《柳南续笔》卷一中找到根据。

7月17日，复俞润民信，谈"《儿女英雄传》文笔很好，其思想、叙事离现代太远了，遂不被人注意。其实过褒《石头记》而贬低此书，盖两失之"。他认为孙子昌实虽不能治文艺，但可从小说入门自修。

7月22日，复俞润民信，谈及孙子昌实学古典文学事，说："古典文学本不限古文，白话文中亦有之，不妨从小说入手"，建议阅读《水浒传》《西游记》《儒林外史》等，认为《红楼梦》不宜初学，"尤忌看一切红学书，包括我所写在内！"谈及《儿女英雄传》说："此书是学《红》而反《红》的，书中有明文。故学习此书亦有关对《红》的了解。——自然此书作者的话亦未必全可信，却总是嘉庆时旗门子弟对《红》的看法之一，比较近真，视索隐之荒唐，考证之拘泥，固犹胜之。"

9月15日，复邓云乡信，已收其赠书《红楼识小录》一册，称赞其"大作甚佳，足为文献之助，俾他年有征，惜我题字笔迹弱耳"。

10月25日，复邓云乡信，谈《红楼识小录》："大作说'红'者，前已为题签，即寓颂美意，其他关于'红'之书籍属题名者已均谢却之。"谈及红学论文，谓："自六六年后迄无所作，所刊出在二刊者皆旧作也，惩羹吹齑，其可再乎？"又说："揆若近写长文，开头一段，述我早年曾将《红楼梦辨》原稿遗失，事确有之，早已忘却。如稿不找回来，亦即无可批判也。"

1985年（农历乙丑）　　八十六岁

1月28日，复孙玉蓉信，要她帮助查找一篇关于《红楼梦》的论文，是"以书中所述'芒种'节气作考证"的，题目已忘记。

2月5日，复孙玉蓉信，告诉"谈红楼文不忙于查。因上海古籍出版社近要出版关于我谈《红》的文字，偶然想到，没有也无妨。

这种考证都是钻牛角尖，与我近意不合"。

5月6日，复邓云乡信。对其所谈拍电视连续剧《红楼梦》将各地风光并入镜头，甚感兴趣。回信中围绕林黛玉谈了一点想法，说："只闻潇湘俭妆上船，未免被作者瞒过。盐务是最阔之差，屡见记载，兄必知之。比北京之破落侯门为远胜矣。如此用笔，一洗熟套。以豪富骄人，尚得为潇湘女耶！"

5月17日，致陈次园信，谈修改词章的意见，并拟借阅旧本《读〈红楼梦〉随笔》。

5月24日，致孙女华栋信，嘱她将发还的《红楼梦》六册带来看看。

5月，吴小如偕中华书局编辑胡友鸣、马欣来来访。俞平伯应约谈了自己的治学经验和体会。后据马欣来笔录，经吴小如修订加工，整理成《关于治学问和做文章》一文，发表在本年8月13日《文史知识》第8期，后被收入《俞平伯全集》。文章指出：做学问要"好学深思，心知其意"，"其一要博，其二要精。学问这东西看上去浩如烟海，实际上不是没有办法对付它的，攻破几点就可以了"。"以《红楼梦》研究为例，就能说明一些问题，我看'红学'这东西始终是上了胡适之的当了。胡适之是考证癖，我认为当时对他的批判是击中其要害的。……现在红学方向就是从'科学的考证'上来的；'科学的考证'往往就是烦琐考证。《红楼梦》何须那样大考证？又考证出什么了？一些续补之作实在糟糕得不像话，简直不能读。""《红楼梦》说到天边，还不是一部小说？它究竟好到什么程度，不从小说的角度去理解它，是说不到点子上的。"他说："我治学几十年，兴趣并不集中。在北大初期写一些旧体诗，到新文化运动时又做新诗。从1918年到1920年没有做旧诗。以前跟老师学骈文，新文学运动开始后，这些也不学了，但这些对于我研读古人的文学作品却很有帮助。"

6月5日，致陈次园信，附近作谈《红》小文一篇，此为看了《读〈红楼梦〉随笔》后所作。

10月12日至19日，中国红楼梦学会在贵阳市举行全国《红楼梦》学术讨论会。选举冯其庸为红学会会长，增补蒋和森为副会长，蓝翎为秘书长。

1986年（农历丙寅）　八十七岁

1月17日，复邓云乡信，告知："今月二十日荷文学研究所雅意，为鄙人召开'从事学术活动六十五周年纪念会'，到者约二百人，旧业抛荒，甚感惭愧不安。其谈及《红楼》者，有两小节，只有旧醅，并无新酒，迟日当检以呈正。以动作、说话都很艰难，拟倩人（外孙韦奈）读之，仅可塞责，奈何。"

1月20日，中国社会科学院文学研究所为俞平伯从事学术活动六十五周年举行庆贺会，俞平伯由亲属陪同，出席会议。中国社会科学院院长胡绳在大会致词中，为俞平伯在1954年因《红楼梦》的学术问题而受到的不公平待遇彻底平反。俞平伯在会上宣读了自己的红学近作《旧时月色》，其中包括《一九八零年五月二十六日，上国际红楼梦研讨会书》的摘录和《评〈好了歌〉》两部分。纪念会之前，俞平伯应嘱重书1963年1月所作诗《九三学社开会席上赋》，诗曰："江湖终古流苍茫，哪怕乌云掩太阳。和劲东风吹百草，春深大地遍红装。"并书跋云："录旧作岂所谓重新评价者欤。"

1月25日，复周颖南信，告知"一月廿日，文学所开会，我久在病中，颇觉意外，而其意甚盛，殊不可却，只得勉力到会，深感惭惶。领导同志出席者，有胡绳、刘再复二君。若我只有旧稿二小篇，并无新酒，聊以塞责。闻拟载《文学评论》上，亦未知'名落孙山'否"。

3月1日,《评〈好了歌〉》发表在《团结报》;又发表在本年11月22日香港《文汇报》;后又发表在1991年2月《红楼梦学刊》第1辑。收入《俞平伯论〈红楼梦〉》时,总题目为《旧时月色》。文章说:一般看法认为《好了歌》中情事一定与后回伏笔相应,就好像第五回中"十二钗册子和曲文"一样。"我早年作《红楼梦辨》时也是这样说的。后来发现脂砚斋的批语,引了许多名字来解释,我认为不确切,也不相信他的说法。如果细读这'解注',就会发现有的好像与后回相应,有的却不相应。它的用意很广,或许已超出了小说中的情节,这是不能与'十二钗册子和曲文'相提并论的。"所谓"歌注""与后文不必相应者,指书中的细节。其言相应者,是说书中的大意。二者不同。"

3月15日,《旧时月色·关于〈红楼梦〉短文二篇》发表在《文学评论》双月刊第2期。

3月29日,复邓云乡信,告知"《文学评论》新版,只赠我两册,未能分致,为歉!"

4月下旬,上海古籍出版社魏同贤来访,并赠送《文学遗产》双月刊第2期二册,内有魏同贤作《俞平伯〈红楼梦〉研究的再评价》一文。俞平伯阅后认为魏文"甚佳"。

5月13日,复俞润民明信片,谈:"得港友来书二封:一为潘际坰文,……。二为说我与胡风,论点相当尖锐,……关'红'事我总不谈,其实可谈者很多,并有新看法,又多空想,不谈为妙。"

6月,孙玉蓉编选的《俞平伯序跋集》由北京三联书店出版,内收1920年12月至1985年4月所作的序跋五十六篇,其中有关《红楼梦》的序跋文章有九篇,即:《〈红楼梦辨〉引论》《脂砚斋评〈石头记〉残本跋》《〈红楼梦讨论集〉序》《〈红楼真梦传奇〉序》《〈红楼梦研究〉自序》《〈脂砚斋红楼梦辑评〉引言》《〈红楼梦八十回校本〉序言》《影印〈脂砚斋重评石头记〉十六回后记》《〈影印脂评石头记十六回后记〉的补充说明》。

7月，接受香港中华文化促进中心和香港三联书店的邀请，将访问香港，作有关《红楼梦》研究的学术演讲。

8月26日，《索隐与自传说闲评》修改整理完毕，发表在本年11月20日香港《大公报·中华文化》副刊第86期；又发表在1987年4月15日《文艺界通讯》第4期，题目为《"索隐"与"自传说"闲评》；又发表在1991年2月《红楼梦学刊》第1辑。收入《俞平伯论〈红楼梦〉》和《俞平伯散文选集》，又被收入巴蜀书社1992年3月出版的《俞平伯先生从事文学活动六十五周年纪念文集》。文章对《红楼梦》研究中"索隐"与"自传说"两派的产生、分歧、得失进行了比较分析，指出两派产生的根底都在《红楼梦》第一回"甄士隐梦幻识通灵，贾雨村风尘怀闺秀"之中。"'梦幻识通灵'虚，'风尘怀闺秀'实，索隐派务虚，自传说务实，两派对立，像两座对峙的山峰，分流的河水。"他认为两派的研究方向相反："索隐派的研究方向是逆入，自传说则是顺流。""好像是顺流对，逆入错，但也并不一定。因为辩证地看，逆中也会有顺，而顺中亦会有逆。""由于矛盾很多，两派搞来搞去，到最后往往是不能自圆其说，于是便引出了许多奇谈怪论，结果是齐国丢了，楚国也没有得到。"他说："索隐、自传两派走的是完全不同的路。但他们都把《红楼梦》当作历史资料这一点却是完全相同。只是蔡元培把它当作政治的野史，而胡适把它看成是一姓的家传。尽管两派各立门庭，但出发点是一个，而且还都有着一个共同的误会"：即钻牛角尖。"结果非但不能有更深一步的研究，反而把自己也给弄糊涂了"。他指出：《红楼梦》毕竟是一部小说，"小说就是虚构。虚构并不排斥实在，但那些所谓'亲睹亲闻'的素材，早已被统一在作者的意图之下而加以融化。以虚为主，实为从，所有一切实的，都溶入虚的意境之中。对这'化实为虚'的分寸，在研究过程中必须牢牢把握。如果颠倒虚实，喧宾夺主，把灵活的化为呆板，使微婉的变做质实，岂不糟糕"。他认为考证的方法使用得当，"对研究工作是有益的。猜谜的方法即猜不着，也无伤大雅，一笑了之就是了。唯有自传说，成绩受到材料的局限，到后来只得'以假混真'，滥竽充数了，这实在很可惜"！

11月19日，应香港中华文化促进中心和香港三联书店的邀请，由外孙韦奈陪同，乘飞机抵达香港讲学。在香港中华文化促进中心召开的记者招待会上，与公众见面。下榻亚洲酒店。

11月20日，在接受香港记者采访时，韦奈向记者介绍说："这次来香港，你们办了件大好事，这两个多月他（指俞平伯）整个精神不一样了，前一段他寂寞极了，无事可做，思想情绪比较沉闷，这次三联和中华文化促进中心邀请他来讲学，他精神有寄托了，他做事是绝不打马虎的，这次他把几年前写的一份未发表过的旧稿拿出来，重新整理，改了三次，一个字一个字地改，字斟句酌，他还会即兴讲一点东西，他一个一个方案拿出来，又一个个推翻，经常一夜里不睡觉，一大清早就找我讲，但过一天又觉得不好，反正他当一回事。这两个多月，他一直在围绕着这个问题在搞，就是为了来香港讲学这事，整个精神面貌完全不一样了。所有看见他的朋友都说，他的精神、谈吐、甚至走路都不一样了。"

11月21日下午，在中华文化促进中心会议厅，俞平伯出席记者招待会。当有记者称他是红学权威时，他说，他从不承认自己是红学家，只是个看过《红楼梦》的人，懂得一些而已。

11月22日下午，俞平伯在香港中华文化促进中心会议厅演讲《评〈好了歌〉》《索隐与自传说闲评》，并回答听众提问近三十个。听讲者近三百人，香港大学中文系退休教授马蒙、中文大学艺术系教授饶宗颐❶等也出席听讲。讲演后，向主办单位赠送题字，赠中华文化促进中心的是："以文会友，促进交流"；赠送三联书店的是："读者之良友"。讲座结束时，应听众的要求，为他们签字留念。

听众黄信今在《看俞平伯》一文中说："我对《红楼梦》的学问一窍不通，虽然该书先后曾看过两遍。这次出席演讲会，不是对红学有什么研究，而是去看俞平伯。""俞平伯今年86岁了。那天看他演讲时，思路仍很清晰，情绪也显得很好，我们感到高兴。但他说不作《红楼梦》的讲演已经三十多年了。今年才做过一次，这次在港算是第二次，听到这里，我又感到心酸。""俞老研究红学，思想一点也不僵化。晚年他有一些新的观点，非常可取。他说不应把《红楼梦》光当作政治小说，应该多从文学上去研究它。又说由于政治原因，把《红楼梦》一书捧得太高，也不恰当。俞老过去对《红楼梦》的研究曾是自传说的拥护者，也钻过牛角尖，今天他对此有新反省，这种态度也是很难得的。"❷

11月25日，结束在香港一周的访问讲学，由外孙韦奈陪同，乘飞机返回北京。游港期间，得诗一首《耶诞节前留赠港友》，诗云："颉刚老去朱公死，更有何人道短长。梦里香江留昨醉，芙蓉秋色一平章（时校《芙蓉诔》）。"后将诗的第一句改为"沧桑易代繁华远"。

12月28日，将《〈红楼梦〉第七十八回〈姽婳词〉〈芙蓉诔〉校记》写讫。

12月29日，复邓云乡信，谈及："港游七日，走马观花，谈'红'皆陈言，仅得一诗耳。"又说："《论红楼梦》稿云将发排，明年出书"。

---

❶ 饶宗颐（1917.8.9—2018.2.6），字伯濂，又字选堂，号固庵，广东潮州人，国学大师，著述颇丰。

❷ 该文发表在1986年12月1日香港《文汇报》。

1987年（农历丁卯）　八十八岁

1月8日，作《谈〈芙蓉诔〉之异文》。

1月末2月初，丁卯年春节期间，中央电视台播出电视连续剧《红楼梦》。俞平伯有兴观看了前半部分，如"天香楼、元妃归省等热闹场面。以病卧未能多看"。

2月19日，复周颖南明信片，说明："前在京与香港发表三篇❶，皆由旧稿改写，无新意。关于《红楼》实无可供献者。"

4月4日，人民政协报记者邹士方经张允和介绍，来访俞平伯，请俞先生为他收藏的《俞平伯论〈红楼梦〉》上册和《脂砚斋〈红楼梦〉辑评》题款签名，并应邀在邹士方的纪念册上题写了："士方同志，嫋嫋兮秋风，洞庭波兮木叶下，俞平伯书楚辞。"❷（此处有1987年4月4日邹士方拍摄的俞平伯照片一张！）

4月7日，复邓云乡信，谈"红楼电视，自以先睹为快，或未尽如人意，能赚到外汇，可慰众望矣"。

5月11日，复张允和明信片，回答有关《红楼梦》中出现的昆曲的一些问题。

6月7日，老友章元善逝世，闻之甚悲痛。

6月20日，复邓云乡信，谈及"红楼电视看了前半段，有天香楼、元妃归省等热闹场面，以病卧未能多看"。

6月，中国社会科学院文学研究所为纪念何其芳所长逝世十周年，编辑了纪念文集《衷心感谢他》，由上海文艺出版社出版。书中

---

❶ 三篇作品指《索隐与自传说闲评》《评〈好了歌〉》和《1980年5月26日上国际〈红楼梦〉研讨会书》（摘录）。

❷ 参见邹士方著：《孤寂而落寞：俞平伯晚年写真》，《北大访师记》第35页，济南：山东画报出版社2012年8月出版。

收入俞平伯的《纪念何其芳先生》一文。俞平伯说:"与其芳几十年的交往,他既是我的领导,又是我从事研究工作的知己。他给我的帮助很多,是我非常感谢的。""我到文学所的第一件事,便是校点《红楼梦八十回本》。郑振铎与何其芳供给我许多宝贵的资料,所里并派王佩璋女士协助。一九五八年'八十回校本'出版时,其芳助我写前言。一九六三年我开始编辑《唐宋词选释》,拟写前言,斟酌选目,亦有其芳的协力。选本中苏轼、李清照的作品较多,也有其芳的意见。这是我从事研究工作的两件事,均因得他相助,而得完成。""其芳在'文化大革命'中的所谓'罪状'很多,重用我自然也是其中之一。以内行的身分,从事领导工作,尊重知识,选拔人才……其芳先生的贡献和功绩,是不可磨灭的。"

1988年(农历戊辰) 八十九岁

1月22日,朱寨先生撰写的《俞平伯〈红楼梦〉研究"自传说"辨证》一文发表在《光明日报》。该文章从学术观点上给俞平伯彻底平反。

2月16日,著名作家、教育家、出版家和社会活动家、民进中央名誉主席叶圣陶逝世。俞平伯得知相交六十八年的老友叶圣陶逝世的消息,心情无比悲痛。

3月,《俞平伯论〈红楼梦〉》全二册由上海古籍出版社和三联书店(香港)有限公司联合出版。此书为俞平伯数十年《红楼梦》研究的集大成者,共七十七万字。启功题扉页。书前有俞平伯照片及手迹六帧。

5月26日,中国第六届《红楼梦》学术讨论会在安徽芜湖召开。

6月,《俞平伯学术精华录》作为"中国当代社会科学名家自选学术精华丛书"第一辑中的一本,由北京师范学院出版社出版。内收：《红楼梦研究》（节选包括《自序》在内的前十四篇作品）、《〈红楼梦〉中关于"十二钗"的描写》《〈红楼梦八十回校本〉序言》《评〈好了歌〉》《索隐与自传说闲评》以及其他论诗词曲作品。

1990 年（农历庚午）　　九十一岁

4月，俞平伯写下预言："一瞑不复秋，黄昏齐至京。身后事在亚运会后，妄涂。"

4月16日，俞平伯再次患脑血栓，卧床不起，神思恍惚。

夏，俞平伯的病情稍有起色，心中念念不忘的仍然是红学研究，他勉强写下了自己的所思所想："胡适、俞平伯是腰斩红楼梦的，有罪；程伟元、高鹗是保全红楼梦的，有功。大是大非。""千秋功罪，难于辞达。"

去世前数日，俞平伯的神智已经不太清楚，他吃力写下临终前的心愿："后四十回小书，拟在美洲小印分送，然后再分布大陆，托栋栋（俞平伯孙女）分布。　　平"。所谓"后四十回小书"是他晚年想写而未能完成的心愿。

10月15日中午，俞平伯在北京寓所安然逝世。吴小如、吕德申、王湜华、张允和、陈颖等前来吊唁。中国社会科学院文学研究所全体同志送挽联："临大节而不可夺也举世咸推真名士，论古今而无所名焉后生痛失大宗师。"中国社会科学院文学研究所古代文学研究室全体同仁送挽联："青毡继业彩笔雕龙治诗治曲治小说 真一世匠师 石破天惊逗秋雨，赤子藏诚偏书甲子友松友菊友无弦 痛百年名士泣兰道送洒酸铅。"同事陆永品、吴庚舜合送挽联："秦淮月色如故叹哲人已逝，槐屋墨香正浓信声名不朽。""巨星陨落文苑今失师长，论著流芳人世早获知音。"同事蔡仪、乔象锺送挽联："文章千古事，品德万人钦。"女婿易礼容送挽联："三代文章，半生风雨。"

10月16日，遗体在北京八宝山火化。

301

逝世以后出版、发表的俞平伯红学论著

1990年12月，俞平伯著《红楼梦辨》被收入"民国丛书"第二编第六十二册，由上海书店依据亚东图书馆1929年版影印出版。

1993年11月，俞平伯校订、王惜时参校的《红楼梦八十回校本》《红楼梦后部四十回》和《红楼梦八十回校字记》共四册，由人民文学出版社第二次印刷出版。

1994年1月，河南人民出版社出版的戴知贤著《文坛三公案》，将俞平伯的《〈红楼梦研究〉自序》和论文《作者底态度》作为"附录"，收入书中。

1994年11月，俞平伯著《红楼梦研究》全书作为"附录"，被收入东北师范大学出版社出版的《林语堂名著全集》第26卷中。

1995年，《乐知儿语说〈红楼〉》发表在《文教资料》第4、5期合刊。

1996年6月，《红楼梦八十回校本》并附录《红楼梦》后四十回，全三册，总名"俞平伯权威校本"《红楼梦》由中华书局（香港）有限公司再版。

1997年11月，俞润民、陈煦等六人合作编辑的《俞平伯全集》精装十卷本由花山文艺出版社出版。其中第五、六、七卷为红学研究著述及《红楼梦八十回校字记》等。

1998年11月，《红楼》季刊第4期发表了俞平伯1964年3月14日至1982年7月9日致毛国瑶的书信63封，题目为《俞平伯致毛国瑶信函辑录——关于〈红楼梦〉版本问题的通信》。此为魏绍昌受毛国瑶委托，将俞平伯书信交给《红楼》杂志发表的。

1998年12月，俞平伯著《红楼梦辨》作为"名家说——'上古'学术萃编"丛书之一，改名为《俞平伯说〈红楼梦〉》，由上海古籍出版社出版。2000年9月，上海古籍出版社再次印刷出版。

2004年1月，《俞平伯点评红楼梦》作为"红楼大家丛书"第一辑，由团结出版社出版，收入俞平伯红学文章30篇。

2004年7月，俞平伯著《红楼梦研究》作为"经典新读·文学课堂"第一辑，由复旦大学出版社出版。

2005年7月，俞平伯著《红楼梦研究》作为"插图本大师经典"丛书之一，由上海古籍出版社出版。书前有魏同贤2005年5月20日写讫的《前言》。2015年1月，上海古籍出版社以新的装帧，重新出版该书。

2005年8月，王湜华主编的俞平伯的《红楼心解——读〈红楼梦〉随笔》插图本，由陕西师范大学出版社出版。内收《读〈红楼梦〉随笔》《〈红楼梦〉中关于"十二钗"的描写》《乐知儿语说〈红楼〉》《"旧时月色"》《索隐与自传说闲评》等。

2006年6月，俞平伯著《红楼梦研究》由上海古籍出版社出版。

2006年6月，俞平伯著《红楼梦辨》作为"红学经典丛书"，由人民文学出版社依据1973年版重印出版。

2010年1月，俞平伯著《红楼梦辨》作为"民国学术文化名著丛书"，由长沙岳麓书社出版。

2010年8月，俞平伯著《红楼梦研究》作为"北斗丛书"，由江苏文艺出版社出版。

2010年12月，俞平伯著《红楼梦辨》作为"中华现代学术名著丛书"，由北京商务印书馆出版。

2011年1月，《俞平伯讲〈红楼梦〉》作为"近代学术名家大讲堂"丛书之一，由凤凰出版社出版。

2011年8月，俞平伯著《红楼梦研究》作为"世纪人文系列丛书

·世纪文库",由上海古籍出版社出版。

2011年9月,俞平伯著《红楼梦辨》作为"中国文库·文学类",由商务印书馆出版。

2013年10月,《俞平伯读书》作为"名家读书系列",由中国社会出版社出版。该书收入《清真词释》和《红楼梦研究》两个集子,以俞平伯早年发表的《读书的意义》作为代序。

2016年7月,俞平伯著《红楼梦辨》作为"百年红学·传世经典",由人民文学出版社依据1973年9月版印刷出版。2018年8月再版。

2017年4月,俞平伯著《红楼梦辨》作为"近代稀见旧版文献再造丛书"《民国红学要籍汇刊》影印本全11卷中的第2卷,由南开大学出版社出版。

2017年12月,俞平伯著随笔集《红楼小札》由中国青年出版社出版精装本,该书收入《读〈红楼梦〉随笔》38则,《〈红楼梦〉中关于"十二钗"的描写》和《乐知儿语说〈红楼〉》11篇。

逝世以后出版的部分研究俞平伯论著及纪念活动

1992年3月，中国社会科学院文学研究所编辑的《俞平伯先生从事文学活动六十五周年纪念文集》由巴蜀书社出版。

1993年9月，韦奈著《我的外祖父俞平伯》作为"文史探索书系"之一，由上海书店出版社出版。

1993年11月8日，"俞平伯纪念馆"在他的家乡浙江省德清县建成开馆。俞平伯的亲属提供了很多家藏珍品在纪念馆中展出。

1994年1月，戴知贤著《文坛三公案》，作为"40年国是反思丛书"之一，由河南人民出版社出版。其中第二公案论述了1954年对俞平伯《红楼梦研究》的批判。

1996年1月，《德清籍现代著名文学家俞平伯》一书作为《德清文史资料》第五辑，由浙江省德清县政协文史资料委员会编辑出版。

1996年11月8日，浙江省德清县在大家山公园举行"俞平伯半身铜像"揭幕仪式，并将铜像身后的小亭子命名为"古槐亭"，以此纪念俞平伯先生。

1997年1月，孙玉蓉编选的俞平伯纪念文集《古槐树下的俞平伯》由四川文艺出版社出版，内收俞平伯的亲属、海内外友人、同事、学生以及文学研究工作者62人撰写的纪念文章74篇。

1997年7月，白盾主编的《红楼梦研究史论》由天津人民出版社出版。其中第三编专门阐述了1954年评判俞平伯运动，题目为《从批俞运动到"评红"热》。

1999年12月，俞润民、陈煦夫妇合著的全面介绍俞平伯家世的专著《德清俞氏：俞樾、俞陛云、俞平伯》一书，作为"文化名门世家丛书"之一，由中国人民大学出版社出版。

1999年12月，欧阳健等合著的《红学百年风云录》由浙江古籍出版社出版。书中谈及俞平伯的红学经历。

2000年1月14日，农历己卯年腊月初八，俞平伯百年诞辰。此前，中国社会科学院文学研究所在北京举行了"纪念俞平伯诞辰百年学术研讨会"，俞平伯的亲属俞润民、陈煦夫妇应邀出席。与会者对俞平伯的人格风范、治学经验、治学态度以及在文学创作和文学研究中所做出的贡献，都给予了恰当评价。

2000年3月，陈维昭著《红学与二十世纪学术思想》作为"旸谷文丛"之一，由人民文学出版社出版。其中也谈及俞平伯的红学观点。

2000年9月，李风宇著《失落的荆棘冠——俞平伯家族文化史》作为"中国近现代文化世家书系"之一，由长江文艺出版社出版。

2001年1月，孙玉蓉编著的《俞平伯年谱》由天津人民出版社出版。

2001年9月，王湜华著《俞平伯的后半生》由花山文艺出版社出版。

2002年2月，杜景华著《红学风雨》作为"20世纪中国文化奇观书系"之一，由长江文艺出版社出版。书中也谈及俞平伯的红学观点。

2003年11月，孙玉明著《红学：1954》由北京图书馆出版社出版。

2005年6月，刘梦溪著《红楼梦与百年中国》作为"经世文库"之一，由中央编译出版社出版。书中第四章《考证派红学的危机与生机》中，谈到"胡适和俞平伯：历史考证和文学考证"。此外有《俞平伯所代表的考证派红学与小说批评派红学的合流》《被误解的俞平伯的"自传说"》等。

2005年9月，陈维昭著《红学通史》上、下册由上海人民出版社出版。书中对俞平伯的红学经历、红学观点多有论及。

2006年4月，苗怀明著《风起红楼》由中华书局出版。其中《命运，因红学而改变：新红学创建时期的俞平伯》《哪儿来的"恩恩怨怨"：俞平伯、周汝昌关系考辨》和《青史凭谁定是非：从学术史角度对1954年评判俞平伯运动的重新考察》等内容都是与俞平伯有关的。

2006年6月，韦奈著《我的外祖父俞平伯》作为"目击历史系列"之一，由团结出版社出版。

2006年12月，王湜华著《红学才子俞平伯》由北京大学出版社出版。

2007年11月，汪大白、白盾著《红楼争鸣二百年》由天津人民出版社出版。书中谈及新红学与脂本震撼（1921—1953）、从批俞运动到批红闹剧（1954—1979）等与俞平伯有关的内容。

2008年1月，香港学者洪涛著《〈红楼梦〉与诠释方法论》由北京图书馆出版社出版。其中第二章《〈红楼梦〉作者的身份及其超强的诠释功能》中，有《俞平伯对反满说"民族主义"理论的抨击》；在本章第五节《后四十回的作者与作者的分类功能》中，有《俞平伯的"性情说"》。在第三章《〈红楼梦〉的文本地位与诠释问题》中，有《俞平伯的"贯通论"与文本地位》。在第四章《〈红楼梦〉的特殊读者与〈红楼梦〉的诠释》的第三节《新红学时期的脂评研究》中，有《俞平伯的犹豫："评者之意"与"作者之意"的分野》等内容。

2010年2月，孙玉蓉编、曾由天津人民出版社1986年出版的《俞平伯研究资料》作为"中国文学史资料全编·现代卷"之一，由知识产权出版社再次出版。

2010年5月，李广柏著《红学史》由广东教育出版社出版。其中下册第九章为《俞平伯的红学研究》，第十二章为《评判"新红学"的一场运动》，第十三章为《评判"新红学"之后》等内容。

2011年6月，沈治钧著《红楼七宗案》由江苏人民出版社出版。内有《俞平伯校书史事钩沉》。

2012年1月，韦柰著《旧时月色：俞平伯身边的人和事》由中国华侨出版社出版。

2017年7月至12月，周文毅著《俞平伯1954年以后的岁月》在《传记文学》杂志连载。

后　记

　　天津市红楼梦研究会为促进红学研究的深入，扩展中国传统文化的传播，决定出版一套"天津《红楼梦》与古典文学论丛"。承蒙天津市红楼梦研究会会长、天津师范大学赵建忠教授不弃，将拙著《荣辱毁誉之间——纵谈俞平伯与〈红楼梦〉》书稿纳入"天津《红楼梦》与古典文学论丛"之中，深感荣幸与愧赧。

　　拙著分为上下两编，其中上编分为两部分，第一部分是"俞平伯的学术经历"，收入文章13篇；第二部分是"俞平伯与友朋的交往"，收入文章15篇，均为多年来陆续写作的，其中大部分曾在报刊上发表过。下编是《俞平伯〈红楼梦〉研究年谱》，从他出生直至他去世之前，他与《红楼梦》的瓜葛，一直没有中断。他在弥留之际，仍然惦记着要写长文章，重新评价高鹗续书的功绩。

　　1954年，因为红学观点的分歧，俞平伯受到批判。当时，批判的调子逐步升级，政治帽子满天飞。许多从旧社会生活过来的老学者，为配合政治运动，也说了一些过头话。这都是当时的政治运动造成的，是可以理解与谅解的。《俞平伯〈红楼梦〉研究年谱》中根据当时报刊发表的文章，摘录了一点学者们的批判观点，借以留下历史的真实。让我们吸取历史的教训，引以为戒，让有违"百花齐放、百家争鸣"学术方针的事件不再重演，这才是我们所期待的。

　　经历了1954年的批判和"文革"运动的磨砺，俞平伯的学术观点发生了很大变化。晚年，他对红学的思考更加理性、客观。对红学界争论的问题，不盲从，不随大流，始终坚持自己的独立见解。他学术思想的进步，在《俞平伯〈红楼梦〉研究年谱》中清晰地体现出来。

  俞平伯先生去世后的二十余年间，他的代表作《红楼梦辨》《红楼梦研究》以及红学随笔等，被各家出版社反复出版，说明他的著作不仅有读者，而且有学术参考价值。笔者在《俞平伯〈红楼梦〉研究年谱》的末尾，补入了《逝世以后出版、发表的俞平伯红学论著》和《逝世以后出版的部分研究俞平伯论著及纪念活动》等史料，可供读者和研究者参考。

  因为学术水平所限，本书中的错误、疏漏之处不可避免，敬请读者不吝批评指教。

孙玉蓉
2018 年 12 月 8 日